사주에 모든 길이 있다

지은이 정담(廷潭)

속명 김근환(金根煥)
1969년 강원도 월정사 상원암 탄허대종사를 은사로 출가 수행
미국 캘리포니아 버나딘 대학 자연치료학과 졸업
원광대학교 동양학대학원 동양철학 석사

현재 삼불사 포교원 산방굴 주지
부산시 동래구 명륜1동 533-43번지

전화 051-554-8163
직통 011-488-0316
팩스 051-553-6237

사주에 모든 길이 있다

1판 1쇄 발행일 / 2005년 9월 16일
3판 1쇄 발행일 / 2019년 6월 15일
발행처 / 삼한출판사
발행인 / 김충호
지은이 / 정담 선사

등록일 / 1975년 10월 18일
등록번호 / 제13-47호

서울 · 동대문구 신설동 103-6호 아세아빌딩 201호
대표전화 (02) 2231-4460
팩시밀리 (02) 2231-4461

값 39,000원
ISBN 89-7460-106-0 03180

신비한 동양철학 · 65

사주에 모든 길이 있다

廷潭 禪師 編著

삼한

■ 머리말

사주를 간명하는데 조금이라도 도움이 되었으면 하는 바람에서 이 책을 쓰게 되었다. 간명의 근간인 오행(五行)의 왕쇠강약(旺衰强弱)을 세분해서 설명했다. 그리고 대운(大運)과 세운(歲運), 세운(歲運)과 월운(月運)의 연관성과, 십신(十神)과 여러 살이 운명에 미치는 암시와, 십이운성(十二運星)으로 세운(歲運)을 판단하는 법을 설명했다.

오행의 생극제화(生剋制化)에서 일어나는 작용을 남명과 여명으로 구분하여 각각 112가지 문제를 일일이 나열했다. 다시 남녀에게 공통으로 일어나는 112가지 문제와 육신(六神)이 지닌 보편적인 특성과 유년(流年)에 일어날 수 있는 여러 현상, 그리고 요결 112 문제를 포함하여 448가지 문제를 실었다.

간혹 간명비결이라 이름했으나 음양오행(陰陽五行)의 생극제화(生剋制化)의 원리를 간파해 보면 비결이라기보다는 오행의 생극제화(生剋制化)에서 일어나는 여러 가지 진상이라고 할 수 있다.

그리고 세상만물은 음양의 조화로 생로병사하니, 그 오행이 중화가 잘 되어 유통이 잘 되면 생생불식(生生不息)으로 건강하게 평생을 무병장수할 수 있다. 그러나 오행 중 어느 하나라도 편중되거나 불화가 생겨 유통이 중단되면 평생을 잔병으로 고생한다.

따라서 사주팔자와 질병편을 탐독하고 식이의 자연요법으로 건강관리에 힘쓰기 바란다. 학자 제현들의 연구에 작게나마 지침서가 된다면 더 이상 바랄 것이 없겠다.

입춘지절 토굴에서

차례

차례

차례

1장. 오행론

사주간명에서 일간(日干) 오행의 강약을 분별하는 것은 가장 중요하며 기본적인 문제다. 따라서 일간(日干)을 중심으로 방조(幇助)와 설기(洩氣)를 저울질하듯이 강함과 약함을 분별해야 하고, 계절에 따라 왕상휴수사(旺相休囚死)와 조후(調候)를 알아야 한다. 총결산하는 의미에서 오행별로 세분해서 살펴보기로 한다.

1. 목(木)

목(木)은 동방에서 태양이 솟아오르면서 발생하는 양기(陽氣)에서 생성된다. 양기(陽氣)를 풍(風)이라 하고, 음기(陰氣)를 수(水)라고 하여 음양의 조화를 풍수학(風水學)이라고 한다. 목(木)은 풍의 화상으로 기의 형상이 되니, 기의 왕쇠강약(旺衰强弱)에 따라

흥망성쇠가 좌우된다.

대기의 운동이 가속화되면 열이 발생하고, 운동이 둔화되거나 조화를 상실하면 한냉의 기가 발생하고 바람이 일어난다. 기(氣)가 왕성하면 건강과 체력이 건전하고, 기(氣)가 쇠약하고 음양의 조화가 깨지면 중화를 잃어 대기의 압박으로 풍기(風氣)가 발생한다.

금(金)이 목(木)을 과도하게 충극(沖剋)하면 목(木)이 상하여 기(氣)의 운동이 저해되어 목기(木氣)가 쇠약해진다. 대기와의 중화를 유지하지 못하여 압박을 받고, 심하게 운동의 장애를 받아 사지오체(四肢五體)의 일부가 마비되거나 불구가 되는 경우가 많다. 이를 중풍(中風)이라고 한다. 이는 목기(木氣)가 심하게 상하거나 설기(洩氣)되거나 압축되어 생기는 기(氣)의 이상현상이다.

식상(食傷)인 화(火)가 지나치게 많아 목기(木氣)가 과다하게 설기(洩氣)되거나 수(水)가 태과(太過)하여 부목(浮木)이 되면 목기(木氣)의 운동이 지나치게 침체되고, 관살(官殺)인 금(金)이 많아 목기(木氣)를 지나치게 손상시키면 목기(木氣)는 이상현상인 풍기(風氣)로 바뀐다.

1. 강목(强木)

- 춘생(春生)인 인묘(寅卯)월생의 갑을목(甲乙木)은 강목(强木)이다. 목기(木氣)가 가장 왕성한 목왕절(木旺節)생이므로 강목(强木)이라고 한다.

■ 강목(强木)이 재(財)인 토(土)를 만나면 뿌리를 박고 경작을 하여 오곡인 재(財)를 생산하니 성공한다.

■ 강목(强木)이 관살(官殺)인 금(金)을 만나면 원목이 유능한 목수를 만나 가공되어 동량이 되듯이 유능한 인재가 된다.

■ 강목(强木)이 인수(印綬)인 수(水)를 만나면 장정이 어머니의 젖꼭지를 물고 있는 형상으로, 만사가 지체되며 기회를 얻지 못하여 실패한다.

■ 강목(强木)이 비겁(比劫)인 목(木)을 만나면 주인이 많은 격이니, 대립 · 불화 · 질시 · 반목에 따른 투쟁으로 손실이 따른다.

■ 강목(强木)이 식상(食傷)인 화(火)를 만나면 왕목(旺木)을 설기(洩氣)하여 총명한 수재로 이름을 떨친다.

2. 약목(弱木)

■ 실령(失令)하고 사주에 인비(印比)가 없어 의지할 곳이 없거나, 득령(得令)했어도 식상(食傷)이나 재관(財官)이 태과(太過)하면 약목(弱木)이 된다.

■ 약목(弱木)이 재성(財星)인 토(土)를 만나면 환자가 경작하는 격으로, 욕심 때문에 사기를 당하고 손재(損財)가 따른다.

■ 약목(弱木)이 관살(官殺)인 금(金)을 만나면 80세 노인이 짐을 지고 절벽을 오르며 채찍을 받는 격이니, 병이 중하며 생명까지 위태롭다.

- 약목(弱木)이 인성(印星)인 수(水)를 만나면 생기를 얻는 격이니, 힘이 솟고 윗사람의 인도로 성공한다.
- 약목(弱木)이 비겁(比劫)인 목(木)을 만나면 친구나 동기간의 도움으로 성공한다.
- 약목(弱木)이 식상(食傷)인 화(火)를 만나면 허기진 사람이 다시 힘을 빼는 격이니, 질병이 생긴다.

3. 부목(浮木)

- 사주에 수(水)가 많은데 신약(身弱)하고 무근(無根)이면 부목(浮木)이 되어 정착하기 어렵다.
- 부목(浮木)이 재(財)인 토(土)를 만나면 많은 물을 흙으로 막아, 뿌리가 정착하고 기름진 땅에 경작하니 자연히 성공한다.
- 부목(浮木)이 관인(官印)인 금수(金水)를 만나면 범람하는 거센 물이 정처없이 흐르는 격이니, 멀리 외국으로 이민을 가거나 의지할 곳이 없고, 결국에는 익사하기 쉽다.
- 부목(浮木)이 비겁(比劫)인 목(木)을 만나면 떠내려 가는 원목이 합세하니, 거센 물결은 더 사나워져 부목(浮木)은 서로 충돌하여 상하는 형상으로 몸을 다친다.
- 부목(浮木)이 식상(食傷)인 화(火)를 만나면 화생토(火生土)로 숨은 돌리나, 많은 수(水)가 화(火)를 극(剋)하니 그림의 떡과 같다.

4. 분목(焚木)

- 일간(日干) 목(木)이 식상(食傷)인 화(火)가 많은데 수(水)가 없으면 분목(焚木)이 된다.
- 분목(焚木)이 재(財)인 토(土)를 만나면 화기(火氣)를 약화시키니 한숨은 돌리나, 조토(燥土)이기 때문에 가뭄에 경작이 어려우니 재물을 모으기 어렵다.
- 분목(焚木)이 관살(官殺)인 금(金)을 만나면 화기(火氣)를 분산 약화시키니, 큰 난은 면하나 금극목(金剋木)이 되어 내몸이 상하기 쉽다.
- 분목(焚木)이 인성(印星)인 수(水)를 만나면 화(火)를 억제하니, 수생목(水生木)으로 생기가 회복되어 성공한다.
- 분목(焚木)이 비겁(比劫)인 목(木)을 만나면 화기(火氣)가 충천하니, 재난이 더 심해져 구사일생 처지에 놓인다.

5. 절목(折木)

- 목(木) 일간(日干)이 재(財)인 토(土)가 많은데 수(水)가 없으면 목(木)이 오히려 꺾어지니 절목(折木)이라고 한다.
- 절목(折木)이 관성(官星)인 금(金)을 만나면 도끼를 만난 것처럼 목숨이 위태롭다.
- 절목(折木)이 인성(印星)인 수(水)를 만나면 윤토(潤土)가 되

니, 토(土)는 생기를 얻어 물없는 황무지가 옥토로 변하여 노목이 회춘하듯 크게 발전하며 성공한다.

■ 절목(折木)이 비겁(比劫)인 목(木)을 만나면 동기(同氣)와 합세하여 옥토를 경작하니, 소원도 이루고 소득도 많아진다. 단 목(木)은 수(水)를 동반해야 한다.

■ 절목(折木)이 식상(食傷)인 화(火)를 만나면 굳은 땅을 조토(燥土)로 만들고, 다시 절목(折木)을 설기(洩氣)시키니 절목(折木)은 기진맥진하여 수명이 줄어든다.

6. 단목(斷木)

■ 목(木) 일간(日干)이 수(水)가 없는데 관살(官殺)인 금(金)이 많으면 단목(斷木)이라고 한다.

■ 단목(斷木)이 인성(印星)인 수(水)를 만나면 관성(官星)인 금(金)을 설기(洩氣)하여 목(木)을 생하니, 관인상생(官印相生)으로 뜻밖의 구원을 받아 환자는 회복되고 평인은 만사형통으로 발전한다.

■ 단목(斷木)이 비겁(比劫)인 목(木)을 만나면 적군 앞에서 지원군을 만난 것처럼 후원자가 생겨 성공한다.

■ 단목(斷木)이 식상(食傷)인 화(火)를 만나면 호랑이 같은 칠살(七殺)을 식신제살(食神制殺)로 병이 되는 금(金) 관살(官殺)을 제거하니, 이름을 떨치고 성공한다. 그러나 사주에 수(水)가

없으면 몸이 허약하니 무리하게 서두르면 실패하기 쉽다.

■ 단목(斷木)이 재성(財星)인 토(土)를 만나면 재생관(財生官)이 되어, 칠살(七殺)인 호랑이에게 고기를 주며 날개까지 달아주는 격이니, 몸도 상하고 손재(損財)도 따른다.

7. 춘목(春木)

■ 인묘(寅卯)월 춘목(春木)은 아직 한기가 남아 있으니, 화(火)로 따뜻하게 조후(調候)하고 수기(水氣)로 성장시키는 한편, 수(水)로 영양을 공급하며 토(土)로 착근(着根)시키고 금(金)으로 전지하면 천하일품이 된다. 그러나 토(土)가 많으면 화(火)가 무력해지므로 싫어한다. 을목(乙木)은 춘목(春木)이라도 금(金)을 두려워한다.

8. 하목(夏木)

■ 하목(夏木)은 인성(印星)인 수기(水氣)를 공급하여 갈증을 해소시키고, 조토(燥土)를 윤택하게 만들면 생기를 얻는다. 금(金)으로 불필요한 가지를 쳐주어 수분의 낭비를 막으면 천하일품이 된다.

■ 하목(夏木)이 재성(財星)인 토(土)가 많으면 수분을 흡수하니 성장에 방해가 된다.

- 하목(夏木)이 관살(官殺)인 금(金)이 많으면 상하니, 상해 · 질병 · 실패 · 재난 등이 따른다.
- 하목(夏木)이 비겁(比劫)인 목(木)이 많으면 밀식(密植)으로 도장(徒長)되니, 약해져 유용한 인재가 되기 어렵다.

9. 추목(秋木)

- 추목(秋木)은 추수기의 성숙한 나무로 쓸모가 많으니 발전지상으로 본다. 초가을 목(木)은 미숙하니 수토(水土)로 성장을 돕고, 중추인 8월 목(木)은 추금(秋金)으로 강하니 벌목하는 것이 좋다.
- 추목(秋木)은 한로 후에는 얼지 않도록 화(火)로 조후(調侯)하는 것이 좋다. 그러나 토(土)가 많으면 재다신약(財多身弱)이 되니 신임을 받기 어렵고 돈을 모으기도 어렵다.
- 9월 중순 후에는 수(水)가 많으면 수진기(水進氣)로 해(亥)월이 임박하면 부목(浮木)이 되니, 이사를 자주하고 마음도 안정되기 어렵다.

10. 동목(冬木)

- 해자축(亥子丑)월의 동목(冬木)은 화(火)로 조후(調侯)하여 생기를 회생시키고, 토(土)로 막아 보온해주며, 금(金)으로 벌목

하면 유용한 자재가 된다.

- 동목(冬木)은 인성(印星)인 수기(水氣)를 가장 두려워 하는데, 수(水)가 많으면 부목(浮木)이 되고, 썩으면 토수(吐秀)하기 어려워 실력을 발휘하지 못하니 항상 침체된다.

2. 화(火)

화(火)는 남방의 양이 극성하여 열이 발생한다. 열이 지나치면 화(火)가 발생하니 양이 쌓여 생기는 열기의 화상(化像)이 화(火)다. 화(火)는 양의 화신으로 태양에 속하고, 불꽃같이 외화내빈(外華內貧)이다.

1. 강화(强火)

- 화(火) 일간(日干)이 득령(得令)했는데 비겁(比劫)인 화(火)가 많으면 강화(强火)라고 한다.
- 강화(强火)가 인성(印星)인 목(木)이 많으면 재성(財星)인 금(金)으로 화기(火氣)를 분산 조화시키면 크게 발전한다.
- 강화(强火)가 관성(官星)인 수(水)로 제화조절(制火調節)하면 품행이 단정하며 유능한 인재가 된다.
- 강화(强火)가 재성(財星)인 금(金)을 만나면 많은 인성(印星)을 제압하고 화기(火氣)를 분산 약화시키니 발전한다.

■ 강화(强火)가 식상(食傷)인 토(土)를 만나면 토수(吐秀)로 수재가 되어 유능한 인재가 된다.

■ 강화(强火)가 인비(印比)인 목화(木火)를 만나면 강렬한 불꽃이 만물을 태우며 해치니, 평생 무용지물로 용도가 없다.

2. 약화(弱火)

■ 화(火) 일간(日干)이 실령(失令)했는데 인비(印比)의 생조신(生助神)이 없거나, 득령(得令)했어도 재관식(財官食)의 설기신(洩氣神)이 지나치게 많으면 약화(弱火)가 된다.

■ 약화(弱火)가 인비(印比)인 목화(木火)로 보신하면 유능한 인재가 된다.

■ 약화(弱火)가 식상(食傷)인 토(土)로 설기(洩氣)하거나, 재성(財星)인 금(金)으로 화기(火氣)를 분산시키거나, 약한 인성(印星)인 목(木)을 극파(剋破)시키면 무능한 인생으로 평생 곤욕스럽게 살아간다.

■ 약화(弱火)가 관살(官殺)인 수(水)에게 충극(沖剋)을 당하면 병든 환자처럼 무능한 인사가 된다.

3. 치화(熾火)

■ 화(火) 일간(日干)이 득령(得令)했는데 인성(印星)인 목(木)이

많으면 화기(火氣)가 충천하여 치화(熾火)가 된다.

- 치화(熾火)는 재성(財星)인 금(金)으로 인성(印星)인 목(木)을 억제하고 화기(火氣)를 분산시키니 크게 발전한다.
- 치화(熾火)는 식상(食傷)인 토(土)로 설기(洩氣)시킬 때는 반드시 수(水)가 있어야 한다. 만약 수(水)는 없는데 토(土)가 많으면 화염에 조토(燥土)가 되므로 생물이 말라죽는다.
- 치화(熾火)의 관성(官星)인 수(水)는 화(火)의 인성(印星) 목(木)을 생(生)하여 치화(熾火)를 조장한다. 만일 사주에 목(木)이 있으면 수(水)를 용신(用神)으로 쓰지 못한다.

4. 회화(晦火)

- 화(火) 일간(日干)이 사주에 식상(食傷)인 토(土)가 많으면 화기(火氣)가 사그러져 빛을 잃으니 회화(晦火)가 된다.
- 회화(晦火)는 인성(印星)인 목(木)으로 토(土)를 억제하고 생화(生火)하는 것을 대단히 기뻐한다.
- 회화(晦火)는 관살(官殺)인 수(水)로 제화(制火)하는 것을 가장 두려워한다.
- 회화(晦火)는 재성(財星)인 금(金)이 왕토(旺土)를 설기(洩氣)시켜 구제되나, 사주에 목(木)이 있으면 극인(剋印)이 되어 불리하다.
- 회화(晦火)는 비겁(比劫)인 화(火)가 와서 생토(生土)하는 것

을 싫어한다.

5. 식화(熄火)

- 화(火) 일간(日干)이 재성(財星)인 금(金)이 많으면 약한 불이 많은 금(金)을 녹일 수 없으니 화(火)는 오히려 사그라지고 만다. 금(金)이 많으면 재다신약(財多身弱)이 되니 사물을 올바로 판단할 수 없어 욕심 때문에 패망하는 일이 많다.
- 식화(熄火)는 인성(印星)인 목(木)으로 생화(生火)하고, 많은 금(金)의 힘을 분산시키면 발전한다.
- 식화(熄火)는 비겁(比劫)인 화(火)를 만나 협동으로 금(金)을 다스리면 큰 재물을 얻을 수 있다.
- 식화(熄火)는 식상(食傷)인 토(土)로 금(金)을 생하는 것을 크게 두려워한다.
- 식화(熄火)는 관살(官殺)인 수(水)를 만나면 큰 화가 닥친다. 그러나 사주에 목(木)이 있으면 관인상생(官印相生)으로 위기에서 벗어난다.

6. 춘화(春火)

- 인성(印星)으로 어머니인 목(木)은 인묘(寅卯)월에 왕(旺)하고, 자식인 화(火)는 상(相)이 되니, 모왕자상(母旺子相)이 되어 화

기(火氣)가 늠름하다.

- 인성(印星)인 목(木)은 연료로 생화(生火)하여 많은 금(金)을 다룰 수 있어 기뻐한다. 그러나 사주에 목(木)이 많으면 염화로 변하여 가뭄만 주니 싫어한다.
- 관성(官星)인 수(水)는 생목(生木)을 습하게 만들어 화(火)를 중화시킬 수 있으나, 수(水)가 많으면 오히려 연기를 만들기 때문에 만사가 불성이다.
- 그러나 사주에 목(木)이 많으면 수(水)는 생목(生木)으로 기름 역할을 하니 불꽃을 더욱 강하게 만든다.
- 춘화(春火)가 재성(財星)인 금(金)을 만나면 용광로인 화(火)가 고철을 얻으니 큰 공을 세운다.
- 춘화(春火)가 식상(食傷)인 토(土)를 많이 만나면 회화(晦火)가 되어 약화(弱火)가 되니 만사가 막혀 성사되기 어렵다.
- 춘화(春火)가 비겁(比劫)인 화(火)가 많으면 화기(火氣)가 지나치니 성격이 화급하며 감정으로 흐르기 쉽다.

7. 하화(夏火)

- 화광이 천리를 비치니 권위가 만리에 뻗친다.
- 재성(財星)인 금(金)을 만나면 양공(良工)이 양재(良材)를 만난듯 사회적으로 유능한 인재가 된다.
- 사주에 식상(食傷)인 토(土)가 많으면 오히려 초토가 되니 경

작이 어려워 패농이 된다.

■ 비겁(比劫)인 화(火)를 만나면 양이 극(剋)하여 성격이 극단적이며 위험한 사고를 즐기고, 수명이 줄어든다.

■ 인성(印星)인 목(木)을 만나면 강렬한 불꽃이 되니 극성으로 인하여 만사에 실패하고 수명도 짧다.

■ 관살(官殺)인 수(水)를 만나면 오히려 거센 불길을 중화시켜 오곡을 생산하니 이름도 떨치고 생활도 안정된다.

8. 추화(秋火)

■ 신유(申酉)월은 금왕(金旺)하니 화(火)가 많으면 금(金)을 녹여 만금을 주조하기 때문에 화(火)는 많을수록 더 좋아진다.

■ 인성(印星)인 목(木)을 만나면 생화(生火)하니 크게 영달한다.

■ 관성(官星)인 수(水)를 만나면 추화(秋火)는 꺼지니 수명이 온전하기 어렵다.

■ 재성(財星)인 금(金)이 많으면 용광로인 화(火)는 약하고 고철만 쌓여가기 때문에 생산하기 어렵고 쇠뭉치만 나뒹구니 상해나 수술 등이 따른다.

9. 동화(冬火)

■ 해자축(亥子丑)월의 화(火)는 절태지(絶胎地)에 있어 약화(弱

火)가 되었으니, 인성(印星)인 목(木)으로 수기(水氣)를 설하여 생화(生火)하는 것을 기뻐한다.

■ 비겁(比劫)인 화(火)를 만나면 적군 앞에서 지원군을 만난 격이니 용기를 얻어 크게 발전한다.

■ 식상(食傷)인 토(土)는 왕수(旺水)를 억제하여 화(火)를 보호하니 아랫사람의 덕이 놀랍다.

■ 재성(財星)인 금(金)을 만나면 생수(生水)하여 화기(火氣)를 억제하기 때문에 호랑이에게 고기를 주는 격이 되어 반드시 재난을 당한다.

3. 토(土)

중앙에서 음양이 교정하여 습(濕)이 생기고, 그 습(濕)이 살이 되고 피가 되어 형으로 화상하니 토(土)가 생성된다. 토(土)는 사방에 자리하면서 사계절에 동화하므로 개성이 뚜렷하지 않다. 사상(四象)인 태양(太陽)·태음(太陰)·소양(少陽)·소음(少陰)을 내포하니 사성(四性)을 지닌다. 토(土)는 태과(太過)하거나 태약(太弱)한 것을 싫어하고 허실을 겸비한다.

1. 강토(强土)

■ 토(土)가 득령(得令) 득지(得地) 득세(得勢)했는데 사주에 토

(土)가 많으면 강토(强土)로 변한다.

- 강토(强土)가 인성(印星)인 화(火)를 만나면 조토(燥土)로 황무지가 되니 평생 무능하여 만사가 되는 일이 없다.
- 강토(强土)는 재성(財星)인 수(水)로 윤토(潤土)하고 관성(官星)인 목(木)으로 경토(耕土)하면 크게 발전한다.
- 강토(强土)는 식상(食傷)인 금(金)으로 설토(洩土) 토수(吐秀)하면 재능이 뛰어나니 좋은 때를 만나 출세한다.

2. 약토(弱土)

- 토(土)가 실령(失令) 실세(失勢) 실지(失地)하여 생부(生扶)됨이 없거나, 간혹 득령(得令)을 하고도 재관식(財官食)이 태과(太過)하면 약토(弱土)가 된다.
- 약토(弱土)를 인비(印比)인 화토(火土)가 와서 생부(生扶)하면 회생하여 발전한다.
- 약토(弱土)를 재성(財星)인 수(水)로 토기(土氣)를 분산시키거나, 식상(食傷)인 금(金)으로 설토(洩土)하거나, 관성(官星)인 목(木)으로 충극(沖剋)하면 환자가 고난을 겪으며 피를 토하는 격이니 무능무력하다.

3. 초토(焦土)

- 토(土)는 화(火)가 많으면 초토(焦土)로 변한다.
- 재성(財星)인 수(水)로 윤토(潤土)하면 생기가 발랄하여 발복한다.
- 관살(官殺)인 목(木)이 거센 불길을 생부(生扶)하면 더욱 초토화(焦土化)되니 크게 꺼린다.
- 식상(食傷)인 금(金)으로 설토(洩土)하면 길하나 생수(生水)를 못하니 공(功)이 없다.
- 비겁(比劫)인 토(土)를 만나면 마른 흙덩이만 난무하니 용도가 없어 만사가 불통이다.

4. 변토(變土)

- 금(金)이 많아 설기(洩氣)가 심하면 토(土)는 붕괴되어 형태마저 일그러지니 변토(變土)라 한다.
- 인성(印星)인 화(火)로 금(金)을 억제하고 생토(生土)하면 변토(變土)는 다시 활기를 찾아 발복한다.
- 관성(官星)인 목(木)을 만나면 극토(剋土)하니 변토(變土)는 더욱 일그러진다. 그러나 사주에 인성(印星)인 화(火)가 있으면 관인상생(官印相生)으로 전화위복이 된다.
- 재성(財星)인 수(水)를 만나면 왕금(旺金)을 설하여 윤토(潤

土)가 되니 옥토로 만금의 가치를 드높인다.

■ 비겁(比劫)인 토(土)를 만나면 생금(生金)만 하니 손실이 크다.

5. 유토(流土)

■ 재성(財星)인 수(水)가 많으면 토(土)는 물에 흘러가니 유토(流土)라 한다.

■ 비겁(比劫)인 토(土)로 제수(制水)하고 부토(扶土)하면 길하다.

■ 인성(印星)인 화(火)로 수기(水氣)를 분산시키고 생토(生土)하면 길하다.

■ 식상(食傷)인 금(金)으로 생수(生水)하는 것을 크게 꺼리고, 관성(官星)인 목(木)을 만나면 설수(洩水)되나 유토(流土)를 극제(剋制)하니 오히려 재난을 가져온다.

6. 경토(耕土)

■ 관살(官殺)인 목(木)이 많으면 토(土)가 지나치게 파헤쳐지고 형태가 기울어지니 경토(耕土)라 한다.

■ 인성(印星)인 화(火)를 만나면 설목(洩木)하여 생토(生土)하니 모든 일에 능통하여 크게 성공한다.

■ 식상(食傷)인 금(金)으로 식신제살(食神制殺)시키면 이름을 떨친다.

- 재성(財星)인 수(水)를 만나거나 관살(官殺)인 목(木)을 만나면 기신(忌神)인 목(木)을 생부(生扶)하니 재난이 겹친다.

7. 춘토(春土)

- 인묘(寅卯)월은 목왕절(木旺節)이니 목(木)은 왕하고 토(土)는 사계 중에서 가장 허약하고 무력하다.
- 인성(印星)인 화(火)로 설목(洩木)하여 생토(生土)하면 길하고, 비겁(比劫)인 토(土)로 부신(扶身)하면 인인성사(人因成事)로 길하다.
- 식상(食傷)인 금(金)으로 제목(制木)하면 식신제살(食神制殺)로 병을 치료하니 만사형통한다.
- 재성(財星)인 수(水)로 생살(生殺)하거나 관살(官殺)인 목(木)이 많으면 토(土)가 무너지니 만사가 불성이다.

8. 하토(夏土)

- 사오미(巳午未)월 토(土)는 너무 조열(燥熱)하니, 재성(財星)인 수(水)로 윤토(潤土)하고 식상(食傷)인 금(金)으로 생수(生水)하면 길하다.
- 인성(印星)인 화(火)를 만나면 초토화되니 만사가 이루어지지 않는다.

■ 관성(官星)인 목(木)을 만나면 오히려 생화(生火)하니 크게 상한다.

■ 재성(財星)인 수(水)가 있으면 윤토(潤土)되니 목(木)이 극토(剋土)하는 것을 기뻐한다.

■ 수(水)가 없어도 사주 중에 화(火)가 없으면 목(木)으로 경토(耕土)하는 것이 길하다.

9. 추토(秋土)

■ 가을은 금왕절(金旺節)로 금(金)은 왕하고 토(土)는 쇠하니 모쇠자왕(母衰子旺)이 된다.

■ 인성(印星)인 화(火)로 생토(生土)하여 쇠한 토(土)를 돕고, 화(火)로 왕금(旺金)을 연금하면 기뻐한다.

■ 관성(官星)인 목(木)으로 금기(金氣)를 분산시키고 경토(耕土)하면 길하다.

10. 동토(冬土)

■ 해자축(亥子丑)월은 수왕절(水旺節)로 한냉하니 동토(冬土)가 된다.

■ 인성(印星)인 화(火)를 만나면 생기를 얻으니 자연히 발복한다.

■ 비겁(比劫)인 토(土)를 만나면 동지를 만나는 격이니 용기를

얻어 발복한다.

■ 식상(食傷)인 금(金)을 만나면 생수(生水)하여 한기만 가중시키니 크게 꺼린다.
■ 재성(財星)인 수(水)를 만나면 동수(凍水)가 되니 만사불성이고 수명도 길지 못하다.
■ 관성(官星)인 목(木)을 만나면 소토(疏土)하여 전답을 개간하니 이름을 떨친다.

4. 금(金)

서방의 음을 거두어 조(燥)를 생성하니, 조(燥)가 화상(化像)하여 단단한 금(金)이 생성된다. 금(金)은 소음(少陰)에 속하고 음 중에 양을 간직하여 어두우나, 불을 보면 빛을 내고 견고해진다.

1. 강금(强金)

■ 득령(得令)이나 득지(得地)했는데 금(金)이 많으면 강금(强金)이 된다.
■ 인성(印星)인 토(土)를 만나면 강금(强金)을 다시 생(生)하고 가족만 늘어나니 가난을 면하기 어렵다.
■ 비겁(比劫)인 금(金)을 만나면 농토는 없는데 일꾼만 모여드니 한인으로 무위도식한다.

- 식상(食傷)인 수(水)를 만나면 토수(吐秀)가 되니 수기(水氣)를 발휘하여 유능한 인재로 명성을 얻는다.
- 재성(財星)인 목(木)을 만나면 인수(印綬)를 억제하니 재능을 발휘한다.
- 관성(官星)인 화(火)를 만나면 금화로 주인(鑄印)이 되니 크게 발전한다.

2. 약금(弱金)

- 금일간(金日干)이 실령(失令)하거나 사주에 재관식(財官食)이 태과(太過)하면 약금(弱金)이 된다.
- 약금(弱金)은 인성(印星)인 토(土)로 생금(生金)하면 생기를 얻어 발신한다.
- 약금(弱金)이 비겁(比劫)인 금(金)을 만나면 동기(同氣)를 만나 협동하니 발복하여 재물을 모은다.
- 약금(弱金)이 식상(食傷)인 수(水)를 만나면 출혈이 심하니 무능하고 무력한 점쟁이가 된다.
- 약금(弱金)이 재관(財官)인 목(木)이나 화(火)를 만나면 환자가 짐을 지고 가다 호랑이를 만난 격이니 손재(損財)는 물론 질병에 시달린다.

3. 매금(埋金)

- 금(金)은 토(土)가 많으면 매몰되니 매금(埋金)이라고 한다.
- 매금(埋金)이 되어 비겁(比劫)인 금(金)을 보아도 도움이 되지 않고, 식상(食傷)인 수(水)로 토기(土氣)를 분산시키면 길하다.
- 재성(財星)인 목(木)은 많은 토(土)를 소토(疏土)하여 금(金)을 구출하니 기뻐한다.
- 관살(官殺)인 화(火)는 기신(忌神)인 토(土)를 생(生)하니 관의 일로 구설이 따르고 건강도 좋지 않다.
- 인성(印星)인 토(土)를 만나면 산넘어 산 격으로 흙더미에서 헤어나지 못하니 토다금매(土多金埋)로 고생이 심하다.

4. 침금(沈金)

- 금(金)은 수(水)가 많으면 물에 가라앉으니 수다금침(水多金浸)으로 침금(沈金)이 된다.
- 인성(印星)인 토(土)를 만나면 제수(制水) 생금(生金)하니 살길이 열린다.
- 비겁(比劫)인 금(金)을 만나면 생수(生水)하니 범람을 가중시켜 더 침체된다.
- 식상(食傷)인 수(水)를 만나면 침금(沈金)은 더욱 빠져들어 출혈이 심해지니 무용지물이 된다.

■ 재성(財星)인 목(木)을 만나면 왕수(旺水)를 설기(洩氣)시키니 숨통이 열린다.

■ 관성(官星)인 화(火)를 만나면 왕수(旺水)를 증발시키고 조후(調候)로 금(金)을 따뜻하게 감싸주니 생기를 얻어 발전한다.

5. 결금(缺金)

■ 금(金)은 목(木)이 많으면 목다금결(木多金缺)로 일그러진다. 거목을 연약한 톱이나 낫으로 자르면 날이 상하듯이 금(金)이 일그러진다.

■ 비겁(比劫)인 금(金)으로 왕목(旺木)을 억제하고 결금(缺金)을 도와주면 용기백배하여 출세한다.

■ 인성(印星)인 토(土)가 생금(生金)하고 많은 목(木)의 기를 분산시키면 길하다.

■ 관성(官星)인 화(火)가 금(金)을 연금하고 왕목(旺木)을 설기(洩氣)하면 길하다.

■ 재성(財星)인 목(木)이나 식상(食傷)인 수(水)로 군목(群木)을 생부(生扶)하면 기신(忌神)에게 영양을 공급하는 격이니 재난도 겹치고 쓸모없는 인생이 된다.

6. 용금(熔金)

- 금(金)이 화(火)가 많으면 화다용금(火多熔金)으로 금(金)이 녹아 무력해지니 용금(熔金)이라고 한다.
- 인성(印星)인 토(土)로 설화(洩火)하여 생금(生金)하면 귀인의 총애로 출세길이 열린다. 식상(食傷)인 수(水)로 제화(制火)하면 식신제살(食神制殺)로 이름을 떨친다.
- 재관(財官)인 목화(木火)를 만나면 기신(忌神)인 화(火)를 생부(生扶)하니, 기신(忌神)은 극성하고 금(金)은 극쇠해지니 가난의 곤경에서 벗어나기 어렵다.

7. 춘금(春金)

- 인묘진(寅卯辰)월은 목왕절(木旺節)로 금(金)이 허약하니 재왕신약(財旺身弱) 사주가 된다.
- 절지(絶地)에 있는 약금(弱金)은 정화(丁火)로 연금하면 강금(强金)이 되니, 관성(官星)인 화(火)를 보면 크게 발전하고, 인성(印星)인 옥토로 생금(生金)하면 금상첨화가 된다.
- 비겁(比劫)인 금(金)으로 방조(幇助)하는 것도 좋으나 절지(絶地)에 있는 춘금(春金)이 힘이 없으니 별 도움이 되지 않는다.
- 식상(食傷)인 수(水)는 왕목(旺木)만 생(生)하고 금(金)의 힘만 빼니 춘금(春金)은 더 무력해질 뿐이다.

■ 재성(財星)인 목(木)을 만나면 재다신약(財多身弱)으로 환자가 짐을 지고 태산을 오르는 격이니 질병과 손재(損財)가 겹친다.

8. 하금(夏金)

■ 사오미(巳午未)월의 여름은 화왕절(火旺節)로 금(金)이 녹으니 약금(弱金)이 된다.

■ 약금(弱金)은 인성(印星)인 토(土)로 설화(洩火)하여 생금(生金)하면 길하나, 토다(土多)하면 금매(金埋)가 되니 재능을 발휘할 기회가 없다.

■ 비겁(比劫)인 금(金)도 연금으로 주화가 되어 재화가 늘어나니 발복한다.

■ 식상(食傷)인 수(水)를 만나면 왕화(旺火)를 억제하여 하금(夏金)을 보호하니 이름을 떨치고 토(土)를 겸하면 안태하다.

■ 하금(夏金)은 임계수(癸水)로 조후(調候)하고 무토(戊土)로 설화(洩火)하며 생금(生金)하는 것이 상책이다.

9. 추금(秋金)

■ 신유술(申酉戌)월은 금왕절(金旺節)로 금왕(金旺)하니 화(火)를 얻어 연금하면 크게 발전하여 이름을 떨친다.

■ 인성(印星)인 토(土)나 비겁(比劫)인 금(金)으로 추금(秋金)을

생부(生扶)하면 재주가 있어도 기회를 얻지 못하여 무용지물이 된다.

- 식상(食傷)인 수(水)를 만나면 유감없이 재능을 발휘하여 사방에 이름을 떨친다.
- 재성(財星)인 목(木)이 식상(食傷)인 수(水)와 같이 있으면 모든 일에 능숙하여 큰 공을 세운다.

10. 동금(冬金)

- 해자축(亥子丑)월은 수왕절(水旺節)로 화(火)가 없으면 동금(冬金)이 된다.
- 인성(印星)인 토(土)로 제수(制水)하고 화(火)로 생토(生土)하고 조후(調侯)하면 크게 발전한다.
- 화(火)가 없는데 목(木)이 많으면 재다신약(財多身弱)으로 동금(冬金)은 무력하여 결단력이 없고, 우유부단한 성격으로 호기를 놓치며, 평생 노력은 많이 하나 재복이 없다.
- 식상(食傷)인 수(水)가 많으면 금침(金沈)이 되니 평생 두각을 나타내기 어렵고 그늘 속에서 살아간다.
- 비겁(比劫)인 금(金)이 많으면 한냉한 쇠뭉치만 딩구니 무용지물로 살상이나 상해로 상신(傷身)함만 있다.

5. 수(水)

북방은 음만 쌓여 음이 극성하니 한(寒)이 생(生)하고, 한(寒)의 화상(化像)으로 나타난 것이 수(水)다. 수(水)는 태음(太陰)에 속하고, 음 중에 양이 있어 겉은 어두우나 속은 밝다.

1. 강수(强水)

- 해자축(亥子丑)월의 수(水)가 득령(得令) 득세(得勢) 득지(得地)하면 강수(强水)가 된다.
- 식상(食傷)인 목(木)을 만나면 수기(水氣)를 나타내니 총명하며 재능을 발휘한다.
- 재성(財星)인 화(火)를 만나면 수기(水氣)를 분산시켜 재(財)를 얻는데, 식상(食傷)인 목(木)이 있으면 성재(成財)가 더 쉬워진다.
- 관성(官星)인 토(土)로 제수(制水)하면 분수를 지키며 윗사람에게 순종하여 이름을 얻는다.
- 인비(印比)인 금수(金水)를 만나면 만사가 지연되며 인인패사(人因敗事)가 허다하다.

2. 약수(弱水)

- 수(水)가 실령(失令) 실세(失勢) 실지(失地)하여 재관식(財官食)이 지나치게 많으면 약수(弱水)로 변한다.
- 인성(印星)인 금(金)으로 생부(生扶)하면 귀인의 총애로 성공한다.
- 비겁(比劫)인 수(水)를 만나면 지원자가 생기니 선배·친구·부모·형제의 도움으로 만사를 이룬다.
- 약수(弱水)가 식상(食傷)인 목(木)을 만나면 출혈이 심하여 만사불성이 된다.
- 재성(財星)인 화(火)를 만나면 환자가 욕심으로 짐을 지는 격이니 재물 때문에 크게 다친다.
- 관성(官星)인 토(土)를 만나면 병약자가 매를 맞는 격이니 손재(損財)와 상신(傷身)이 있다.

3. 체수(滯水)

- 수(水)가 인성(印星)인 금(金)이 많으면 모왕자쇠(母旺子衰)로 물이 흐르지 못하고 막히니 체수(滯水)라고 한다.
- 체수(滯水)는 식상(食傷)인 목(木)으로 금(金)을 분산시키면 숨통이 열린다.
- 체수(滯水)는 재성(財星)인 화(火)로 제금(制金)하면 병신(病

神)인 금(金)을 제거하여 크게 발전한다.

■ 관성(官星)인 토(土)로 생금(生金)하면 병이 중한데 약이 없으니 곤궁에 빠진다. 이때 비겁(比劫)인 수(水)로 설금(洩金)하면 난국을 헤쳐나갈 수 있다. 이것은 왕한 인수(印綬), 즉 어머니의 생(生)을 나혼자 받으면 태과(太過)하여 불길하나, 형제 비겁(比劫)과 나누어 받으면 왕한 인수(印綬)가 분설(分洩)되어 대길하게 된다는 뜻이다. 이것을 순모지리(順母之理)라 한다.

4. 축수(縮水)

■ 수(水)가 식상(食傷)인 목(木)이 많으면 수(水)가 말라붙으니 축수(縮水)라고 한다.

■ 인수(印綬)인 금(金)으로 제목(制木)하고 생수(生水)하면 귀인의 도움으로 발복한다.

■ 비겁(比劫)인 수(水)로 생목(生木)하면 병이 중한데 약이 없으니 곤경에서 헤어나지 못하고, 관성(官星)인 토(土)를 만나면 목기(木氣)를 분산시키며 금(金)을 생하니 이름도 얻고 병도 고친다. 그러나 분수를 지키지 않으면 구설과 관재가 따른다.

5. 비수(沸水)

■ 수(水)는 화(火)가 많으면 끓으니 비수(沸水)라고 한다.

- 식상(食傷)인 목(木)을 만나면 기신(忌神) 화(火)를 생해주니 만사가 이루어지지 않는다.
- 인비(印比)인 금수(金水)를 만나면 윗사람의 총애와 친구나 형제의 협력으로 인인성사(人因成事)한다.
- 관성(官星)인 토(土)를 만나면 병든 환자가 고문을 당하는 격이니, 근기를 잃고 손재(損財)와 중병으로 크게 고생한다.

6. 어수(瘀水)

- 수(水)가 흙이 많으면 진흙으로 변하는데, 이것을 어수(瘀水)라고 한다.
- 식상(食傷)인 목(木)으로 제토(制土)하면 숨통이 열리고 이름도 떨친다.
- 인성(印星)인 금(金)으로 설토(洩土)하여 생수(生水)하면 무관이나 의사로 출세한다.
- 비겁(比劫)인 수(水)를 만나면 수토(水土)가 서로 싸우니 오히려 만사불성이 된다.
- 재성(財星)인 화(火)로 생토(生土)하면 병신(病神)이 날개를 펴니, 더욱 곤경으로 빠지고 수명도 보전하기 어렵다.

7. 춘수(春水)

■ 인묘진(寅卯辰)월의 춘수(春水)는 식왕신쇠(食旺身衰)이니 금(金)으로 생수(生水)하면 길하나 반드시 화(火)가 있어야 한다.

■ 영농기가 아니니 수(水)가 많거나 금(金)이 많으면 불리하다.

■ 화(火)가 많으면 재다신약(財多身弱)이 되어 규모는 크나 실속이 없고, 모든 것이 형식적이며 유명무실하다.

■ 식상(食傷)인 목(木)이 많으면 무력하여 만사불성이 된다.

■ 관성(官星)인 토(土)가 많으면 모든 것이 막혀 곤욕 속에 살아간다. 만일 수(水)가 많으면 토(土)로 제수(制水)하면 유용한 인재가 되고, 목(木)으로 설기(洩氣)하면 총명하다.

8. 하수(夏水)

■ 사오미(巳午未)월 하수(夏水)는 재왕신약(財旺身弱)이 되니, 금(金)으로 화(火)를 분산시키며 생수(生水)하면 기뻐한다.

■ 비겁(比劫)인 수(水)로 제화(制火)하고 수(水)를 방조(幇助)하면 동기간이나 친구의 도움으로 큰 재물을 얻는다.

■ 식상(食傷)인 목(木)을 만나면 힘들여 투자하고도 큰 손해를 본다.

■ 재관(財官)인 화토(火土)를 만나면 재물 때문에 재난을 당하고, 신약(身弱)에 칠살(七殺)을 만나니 상신(傷身)한다.

9. 추수(秋水)

- 신유술(申酉戌)월의 수(水)는 모왕자상(母旺子相)하니 청순하며 유능하다.
- 재성(財星)인 화(火)를 만나면 양공(良工)이 양재(良材)를 얻은 격이니 크게 발전한다.
- 식상(食傷)인 목(木)을 만나면 재능을 발휘하여 재물은 물론 처덕도 많다.
- 관성(官星)인 토(土)를 만나면 탁수가 되어 만사가 막힌다.
- 인성(印星)인 금(金)을 만나면 물은 더욱 맑아져 옥수가 되니 귀를 누린다.
- 비겁(比劫)인 수(水)를 만나면 범람으로 인인패사(人因敗事)가 허다하다.

10. 동수(冬水)

- 해자축(亥子丑)월의 겨울물이 한냉으로 결빙되는 것을 동수(冬水)라 한다.
- 식상(食傷)인 목(木)으로 동수(冬水)를 설기(洩氣) 유통시키면 재능을 발휘하여 출세한다.
- 재성(財星)인 화(火)로 동수(冬水)를 녹이면 생기가 왕성하여 크게 발전한다.

- 관성(官星)인 토(土)로 제수(制水)하면 분수를 지키니 편안해지나, 토(土)가 많으면 수토(水土)가 서로 싸우니 윗사람을 배반하며 은혜를 원수로 갚는다.
- 인비(印比)인 금수(金水)를 만나면 왕수(旺水)를 생부(生扶)하니 한냉으로 불모지가 되어 만사불성이 된다.

2장. 선천운과 후천운

사주는 크게 선천운(先天運)과 후천운(後天運)으로 나누어 감정한다. 선천운(先天運)은 년월일시의 4기둥인 사주로, 타고난 육체 정신 그리고 체력과 재능을 관찰하는 기본이다. 예를 들면 유능한 기사가 자동차나 기차 또는 선박의 겉만을 보고도 성능과 내구성을 판별할 수 있는 것과 같은 이론이다.

선천운(先天運)인 사주는 운명의 체격이요 정신으로, 주인공이 어떻게 생겼고, 무엇을 할 수 있으며, 어떤 능력이 있는가를 추리할 수 있다. 예를 들어 체구나 얼굴 · 살결 · 머리숱 · 오장육부 · 성격 · 육친관계 · 직업 · 재물을 파악할 수 있고, 수완이 있고 없는 것까지도 헤아릴 수 있다. 이는 신이 창조한 무형의 자산이자 기능으로 운명의 주체이며 원동력이다. 이것이 곧 선천운(先天運)이 되는 사주팔자가 된다.

그러나 사주는 조립한 차체와 같은 것으로, 그 차량이 운행하는 도로에 따라 미래의 역사가 좌우된다. 도로가 넓고 곧게 포장되어 평탄하면 속도를 내도 안전하니, 빠른 시간에 목적지에 도착하여 업무를 무난하게 수행하여 훌륭한 업적과 좋은 결과를 바랄 수 있는 것이다.

그러나 도로가 좁거나 울퉁하거나 가파르면 위험하고 자동차도 쉽게 상한다. 이처럼 도로사정이 불리하면 능력을 발휘할 수 없으니 기회를 놓치고, 장애물로 인한 불안과 초조로 사고까지 생길 수 있다. 만일 튼튼하고 기능이 좋은 자동차라면 같은 조건에서 훨씬 빠르게 많은 역할을 할 수 있을 것이다. 그러나 아무리 뛰고 나는 자동차라도 낭떨어지에 떨어지면 꼼짝없이 기능을 상실하여 쓸모없는 고철덩어리가 되고 만다.

이와 같이 인생도 타고난 선천운(先天運)이 좋으면 인물이 좋고 능력도 비범하여 뛰어난 재능을 발휘할 수 있다. 그러나 사주의 길인 운로가 불리하면 평생 무용지물로 업적이나 공을 세울 수 없다. 인간의 운명은 선천운(先天運)으로만 평가하는 것이 아니라, 후천운(後天運)인 대운 즉 사주의 운행항로로 결정된다. '사주불여대운(四柱不如大運)' 이라는 뜻이다.

사주와 대운의 비중은 3:7이다. 사주는 3/10, 대운은 10/7의 무게를 가는 것이다. 흔히 사주를 선천운(先天運)만으로 왈가왈부하는데, 이는 사주의 진상을 모르는 소리다. 때문에 사주를 감정할 때는 대운 · 세운(歲運) · 월운(月運) · 거주지역 · 방위 · 직업 등을 면

밀하게 살핀 후 종합적으로 검토하여 최종판단을 내려야 한다.

대운과 세운(歲運)은 후천운으로 사주감정에서 매우 중요하기 때문이다. 그래서 본질과 통변에 관하여 대운・세운(歲運) 월운(月運) 등을 구체적으로 살펴보기로 한다.

1. 대운 감정

사주를 선박에 비유하면 대운은 항로의 방향과 선장의 기호와 같다. 예를 들어 임오(壬午) 대운이면 오향(午向)인 정남으로 항해하는 운로에서 임(壬)이라는 선장이 운전한다는 것을 명시하는 것이다. 같은 임오(壬午) 대운이라 해도 금수(金水)가 왕한 겨울생의 주인공 갑목(甲木) 어부와 목화(木火)가 왕한 여름생의 주인공 을목(乙木) 어부는 운명이 다르다. 금수(金水)가 왕한 사주의 갑목(甲木)은 목화(木火)를 기뻐하고 금수(金水)를 싫어하나, 목화(木火)가 왕한 사주의 어부 을목(乙木)은 금수(金水)를 기뻐하고 목화(木火)를 싫어한다.

운로인 항로가 오방(午方)인 정남으로 향하는 임오(壬午)운을 맞이하면서 금수(金水)가 왕한 겨울생의 어부 갑목(甲木)은 더없이 기뻐하나, 목화(木火)가 왕한 여름생의 어부 을목(乙木)은 더없이 슬퍼할 것은 필연적인 사실이다.

그러나 실제로 항해를 책임지는 선장은 오화(午火) 남인이 아니라 임수(壬水) 북인이니 사정은 달라질 수밖에 없다. 비록 항로는 오화(午火)의 고장이지만 책임자인 선장은 북인인 임수(壬水)이니, 금수(金水)를 싫어하는 어부 갑목(甲木)에게는 냉정하고, 금수(金水)를 기뻐하는 어부 을목(乙木)에게는 더없이 다정하다. 고로 어부 갑목(甲木)의 입장에서는 호사다마이고, 어부 을목(乙木)에게는 어두운 밤중에 전등을 얻은 격으로 전화위복이 된다.

목화(木火)를 기뻐하는 겨울생 어부 갑목(甲木)은 기다리던 어군은 왔으나, 선장인 북인 임수(壬水)가 사사건건 방해를 하니 고기를 잡을 수가 없다. 발만 동동 구르며 몸부림을 쳐보지만 외면하는 선장 임수(壬水)의 방해작전으로 실적과 공이 나타나지 않는다. 그러나 호운인 목화(木火)운이 오면 개운된다.

금수(金水)를 기뻐하는 여름생 어부 을목(乙木)의 경우에는 비록 무서운 항로인 오화(午火)에 뛰어들어 궁지를 빠져나가기는 하나, 다정다감한 선장 임수(壬水)를 만나 안전한 보호와 따뜻한 지원을 받으니 전화위복이 되어 즐겁고 어획고를 올릴 수 있다. 그러나 적지인 오화(午火)운에 있으니 언제 발각되어 박해를 받을지 불안하여 전전긍긍이다.

만일 임오(壬午) 대운이 아니라 임자(壬子) 대운이나 임신(壬申) 대운이면 어떻게 될까. 이는 북방 수지에서 임수(壬水)가 운전하니 금수(金水)를 기뻐하는 어부 을목(乙木)은 크게 발전하나, 금수(金水)를 싫어하는 어부 갑목(甲木)은 크게 패한다.

운로인 대운의 지지(地支)는 좋은데, 운전하는 선장인 대운의 천간(天干)이 나쁘면 기회가 와도 막힘이 있어 기능을 제대로 발휘할 수 없다. 여기에 대운의 묘미가 있는 것이다. 천간(天干)과 지지(地支)의 작용이 다르듯이 갑목(甲木)이라 해도 인(寅)과 묘(卯)에는 건록(建祿)과 제왕(帝旺)이 득왕(得旺)했으니 왕성하고, 사오(巳午)나 신유(申酉)에서 병사절태(病死絶胎)가 되어 설기(洩氣)되니 작용은 미약하다.

대운은 10년간 사주의 전권을 위임받아 관리하는 위탁관리자로, 사주의 주인공은 10년 동안 대운의 직접적인 지배와 통치를 받는다. 상품을 위탁하면 모든 권한이 위탁자에게 넘어가고, 그것이 팔리고 안 팔리고는 위탁자의 수완과 능력에 달려 있다. 위탁자가 무능하거나 무성의하면 아무리 좋은 상품이라도 팔리지 않고 사장되는 것이다. 그러나 위탁자가 유능하고 성실하면 비록 상품이 부실해도 큰 돈을 벌 수 있다. 이와 같이 상품인 사주는 위탁자인 대운에 의하여 성패와 부귀와 빈천이 판가름난다.

2. 대운과 세운의 감정

대운이 10년 동안의 위탁관리자라면 세운(歲運)은 1년 동안의 운영책임자다. 대운이라는 황제의 대명을 받고 1년 동안 사주를 다스리는 자, 곧 총독이 세운(歲運)이다. 총독은 황제의 신하이지만 집행권이 있다. 그러므로 총독격인 세운(歲運)은 살생여탈을 자유자재로 한다. 그러나 황제격인 대운에게 거역할 수 없기 때문에 황제의 친족이나 측근들을 외면할 수 없다. 그래서 대운이 길하면 세운

(歲運)이 나빠도 무사하다는 것이다.

세운(歲運)은 비록 대운에게 임명된 총독이지만 1년 동안 법을 집행하는 통치권을 가지므로, 사주가 불여대운(不如大運)이듯이 '대운불여(大運不如) 세운(歲運)'으로 대운과 세운(歲運)의 비중을 따진다면 3:7이 된다. 여기서 대운보다 세운(歲運)이 배 이상의 권한이 있다는 것을 알 수 있다. 때문에 대운이 길해도 세운(歲運)이 나쁘면 만사가 이루어지지 않는다. 다만 생명을 박해하는 극형만을 면할 따름이다.

왜냐하면 사주의 생명은 대운이 관리하므로 생사의 결정은 대운만이 할 수 있는 것이다. 때문에 세운(歲運)이 나쁘더라도 대운이 길하면 물심양면으로 피해는 크지만 생명만은 보전한다. 만일에 대운이 흉한데 세운(歲運)도 흉하면 사형집행을 대운이 재가하여 수명이 온전하기 어렵다.

세운(歲運)의 천간(天干)은 총독이며 지지(地支)는 총독의 보좌관이 된다. 그래서 세간(歲干)과 충극(沖剋)하면 직접적인 피해가 오고, 세지(歲支)와 충극(沖剋)하면 간접적인 피해가 온다. 가령 경오(庚午)년이라면 목화(木火)를 기뻐하는 갑목(甲木)은 총독인 세간(歲干) 경금(庚金)에게 직접적인 피해를 받으나, 총독의 보좌관인 세지(歲支) 오화(午火)에게 간접적으로 구제를 받는다.

금수(金水)를 기뻐하는 을목(乙木)은 총독인 세간(歲干) 경금(庚金)의 총애와 지원을 받지만, 총독의 보좌관인 세지(歲支) 오화(午火)에게는 간접적인 방해와 손실을 당한다. 때문에 갑목(甲木)은 경오(庚午)년만은 관청을 상대로 하는 인허가나 상거래는 힘들다. 보좌관들은 해주려고 애쓰지만 세간(歲干)인 총독 경금(庚金)이 거부하니 어려운 것이다. 을목(乙木)의 경우 경오(庚午)년은 총독인 세간(歲干) 경금(庚金)이 기뻐하니, 관청을 상대로 하는 인허가나 상거래가 성사된다. 그러나 세지(歲支) 오화(午火) 보좌관들의 방해로 애로와 지연은 불가피하다.

3. 세운과 월운의 감정

세운(歲運)이 일년 동안 사주를 통치하는 통치자라면, 월운(月運)은 한달 동안 세운(歲運)을 보좌하며 집행을 대리하는 장관이다. 모든 업무는 장관인 월천간(月天干)이 결정하므로 월운(月運)의 역할은 중요하다.

장관은 위임받은 업무에 대해서는 전결권이 있기 때문에 집행기간 중에는 사실상 세군(歲君)을 대리하여 통치한다. 때문에 월운(月運)은 세운(歲運)을 훨씬 능가한다. 그래서 '세운불여(歲運不如) 월운(月運)'이라는 이치도 여기에 있는 것이다. 비록 대통령이 임명한 장관이라도 결재권이 있는 만큼 대통령과 사돈이어도 장관이 불응하면 모사는 불가능하다.

그래서 세운(歲運)이 나빠도 월운(月運)이 좋으면 대통령과는 사이가 나쁘더라도 장관과는 다정하다. 대통령 권한의 대사는 불가능해도 장관 권한의 모사는 가능하게 되는 것이다. 반대로 세운(歲

運)이 좋아도 월운(月運)이 나쁘면 장관이 방해하기 때문에 그 달은 막히고 지체될 수밖에 없다.

이는 월운(月運)과 일운(日運), 일운(日運)과 시운(時運)의 경우도 마찬가지다. 월운(月運)이 한 달 동안의 최고책임자가 되고, 일운(日運)은 하루의 당직사령이 된다. 시운(時運)은 시간을 관장하는 집행관이니 그 비중은 현직자가 훨씬 더 크다. 월운(月運) 대 일운(日運)의 비중은 3:7이요, 일운(日運) 대 시운(時運)도 3:7이다. 그래서 최후의 최대최고의 운명사령관은 시간을 관장하는 시운(時運)이라는 것을 명심해야 한다.

3장. 유년감정법

대운과 세운(歲運), 월운(月運)과 일운(日運)을 감정할 때는 다음 원칙에 입각해서 판단해야 한다. 사주는 왕쇠강약(旺衰强弱)을 위주로 희기신(喜忌神)을 분별하고, 그 희기신(喜忌神)을 토대로 길흉화복을 판단한다. 가령 희신(喜神)이 목화(木火)이면 목화(木火)운에 발신(發身)하고, 목(木)을 억제하는 금(金)운과 화(火)를 극(剋)하는 수(水)운을 만나면 패망한다.

희신(喜神)을 생부(生扶)하거나 희신(喜神)이 왕성한 대운이나 세운(歲運)·월운(月運)·일운(日運)·시운(時運)은 만사가 형통하니, 반드시 귀인이나 지원자가 나타나 만사가 순조롭게 성취된다. 반대로 기신(忌神)을 생부(生扶)하거나 기신(忌神)이 왕성한 대운이나 세운(歲運)·월운(月運)·일운(日運)·시운(時運)은 만사불성이다. 방해자와 중상모략자가 나타나고 반복과 불화, 시비와 쟁송으로 만사가 막히며 지체되니 울화와 과민·과로로 질병을 앓거나 뜻밖의 재난을 당한다.

대운이나 세운(歲運)이 서로 충(沖)되거나 합(合)되면 충(沖)은 불화와 반복, 합(合)은 색정을 암시한다. 충(沖)되면 대운과 세운(歲運)의 선장끼리 반목과 질시로 불화를 조성하고, 합(合)되면 대운과 세운(歲運)의 선장이 색정에 빠져 운항을 외면하니, 사주는 방향을 잃고 거센 물결에 떠내려가 언제 어디서 좌초하여 파선될지 모른다. 따라서 유년(流年)에서 충(沖)이나 합(合)을 만나면 사주라는 운명선이 항로를 잃고 풍파에 표류하는 중대한 위기에 직면한다. 사주가 표류되면 사주의 주인공은 만사가 침체되고 부진함은 물론 뜻하지 않은 사태와 재난이 발생해도 속수무책으로 헤어날 길이 없다.

충(沖)은 반목·불화·시비·쟁송에 의한 손재(損財)·질병·재난을 초래하고, 합(合)은 색정·유혹·오판에 다른 불의의 재난을 암시한다. 일주(日柱)를 위주로 천지동(天地同)·천지충(天地沖)·천지합(天地合)의 암시를 다음에 열거하니 해당 운에는 각별한 주의와 분수를 지켜야 한다.

1. 천동지동(天同地同)의 유년(流年)

일주(日柱)가 갑인(甲寅)일 경우, 갑인(甲寅)을 만나면 천동지동(天同地同)이 된다. 사주학상 일주(日柱)는 군주의 성명이니, 갑인

(甲寅)은 곧 명주인 일주(日柱)의 성과 이름이다. 갑(甲)은 성이요 인(寅)은 이름이 된다. 고로 갑인(甲寅)이 갑인(甲寅)을 만나면 군주가 두 명인 격이니 큰 이변이다.

유년(流年)으로 오는 갑인(甲寅)은 나그네로 가짜 주인이니, 한 집안에 주인이 두 명 나타나 진짜와 가짜가 주인이라고 다투는 것이 된다. 성씨도 이름도 같을 뿐만 아니라 생김새와 음성까지도 같으니 어찌 진가를 구별할 수 있겠는가.

이러한 현상은 생각지도 않은 복병이 된다. 진짜는 정정당당하게 행동하지만 가짜는 눈을 속여야 하기 때문에 복병처럼 어두운 곳에 숨어서 주인을 호시탐탐 노리는 것이다. 진짜를 없애야만 자신이 진짜노릇을 할 수 있기 때문에 언제나 숨어서 음모를 꾀하며 틈을 노리다 주인이 한눈을 팔거나 방심하면 기습하여 순식간에 주인을 해치고 만다.

동서남북에서 신출귀몰하면서 가짜가 진짜로 행세하니 구설과 누명을 쓰고, 매사에 가짜가 나타나 진짜와 겨루니 시비가 분분하고 반목과 질시가 따른다. 이와 같이 천동지동(天同地同)의 운에서는 나를 노리는 복병이 있어 기습하니, 진가의 혼돈으로 시비와 쟁송이 있고, 중상모략으로 구설과 누명이 분분하게 된다.

만약 사람으로 인한 피해가 없으면 짐승이나 공작물의 기습을 당할 수도 있다. 이러한 복병의 공세가 지나치면 질병이 생기고, 가짜와 반목대립에 염증을 느끼면 모든 것을 정리하고 떠날 수밖에 없다. 이동·이사·전직·전업이 따르고, 가짜에게 유혹당하여 손재(損財)가 되고, 배신자나 적대자에게 중상모략을 당하여 좌천이나 뜻밖의 사고로 재난이 발생하고, 군비쟁재(群比爭財)로 손재(損財)와 손처(損妻)가 따른다. 부모 중 특히 편재(偏財)인 부친에게 이변이 있고, 아내와 재물에 불리하다.

천동지동(天同地同)이 되는 운에서는 신상의 변동이 두드러지게 나타나는데 이익보다 손해가 크다. 모두가 인인패사(人因敗事)이니 비밀을 누구에게도 말하지 말고, 남을 과신하지도 말며, 대인관계 특히 동업이나 경제상 대인거래는 신중을 기하거나 가능하면 피하는 것이 상책이다. 특히 유혹이나 집단행동을 자제하며 항상 분수를 지키도록 힘써야 한다.

2. 천충지충(天沖地沖)의 유년(流年)

일주(日柱)의 천간(天干)과 지지(地支)를 정면으로 충(沖)하는 것을 천충지충(天沖地沖) 또는 천지충(天地沖)이라고 한다. 갑인(甲寅)일생이 경신(庚申)을, 을묘(乙卯)일생이 신유(申酉)를, 경술(庚戌)일생이 병진(丙辰)을 만나는 경우를 말한다.

천충지충(天沖地沖)은 군주인 일주(日柱)에게 노골적으로 반격하는 형상이니 반역이 분명하다. 적이 불시에 기습공격하니 불의의 화를 당하는 꼴이 된다. 적이 불시에 공격하니 미처 손쓸 여지도 없이 억울하게 당한다. 비록 싸운다 해도 준비없는 싸움이라 역진탈기하여 무능무력 상태로 빠진다.

이와 같이 천충지충(天沖地沖)이 되는 운에는 지나가는 나그네가 갑자기 강도로 변하여 손발을 묶어놓는 것처럼 꼼짝달싹할 수가 없어 모든 것을 그대로 당한다. 하늘이 무너지고 땅이 꺼지는 격이니 속수무책이다. 모든 것이 동결되니 새로운 길을 찾을 수밖에 없다. 직업을 정리하고 새로운 출발을 하게 되니 거구영신으로 신상변동이 불가피하다.

사업의 변동과 좌충우돌의 격돌과 방해, 본분을 망각한 제삼자의 개입으로 막대한 피해와 불의의 급습으로 도난·횡액·노상봉변·교통사고·상해 등 불미한 사태가 발생한다. 하늘이 무너지고 땅이 꺼지는 격이니 부모님의 이변과 처자 또는 부자의 비운을 암시하고, 사면초가로 고군분투하니 기진맥진하여 마침내 손을 들고 마는 패배를 면하기 어렵다.

천충지충(天沖地沖)의 운이 되면 적은 예고가 없으니 언제 어디서 쳐들어올지 예측할 수 없듯이, 불의의 재난을 헤아릴 수 없다. 천충지충(天沖地沖)의 운에는 감정과 기분을 억제하고 이성과 인내로 매사를 처리하며, 일체의 대인관계 사업을 피하고 경제활동을 자중하면 피할 수도 있다.

그러나 건강의 이변으로 질병 등이 따르고, 무엇이든 손해를 보게 되고 근심과 걱정이 생긴다. 특히 가정과 배우자의 건강과 화목에 세심한 주의를 기울여야 한다. 혹 이사나 출가를 하면 그것으로 이변을 대신할 수도 있다. 천지충(天地沖)의 운에는 신규사업이나 업무확장은 금물이고, 현상유지만 해도 큰 성공이다.

3. 천합지합(天合支合)의 유년(流年)

천합지합(天合支合)은 일주(日柱)의 천간(天干)도 합(合)되고, 지지(地支)도 합(合)되는 것을 말하는데, 천지합(天地合)이라고도 한다. 예를 들면 갑인(甲寅)일이 기해(己亥)를 만나고, 경술(庚戌)일이 을묘(乙卯)를 만나는 것이다.

천지합(天地合)이 되면 지나가는 나그네가 유혹을 하며 정으로 감아묶으니 꼼짝하지 못하고, 도둑이 모든 것을 훔쳐가도 정에 취해 세상을 모른다. 남녀가 대낮에 정사하는 틈에 몽땅 도둑맞는 형국이니 반드시 후회할 일이 생긴다. 애인을 만난 것이 화근이 되어 다정이 다병으로 변한다. 이와 같이 천지합(天地合)의 운에는 온갖 유혹이 몰아치고, 깨가 쏟아지듯 일확천금을 한다는 달콤한 유혹에 빠져, 큰 일을 저지르고 실패한다. 눈뜨고 도둑맞는 격이니 어찌할 도리가 있겠는가.

만사가 불성이니 실패하고 정리할 단계에 이르는 동시에 뜻하지 않은 갖가지 이변이 생기니 부모와 배우자의 이변도 암시한다. 자칫 잘못하면 생명에 중대한 이변이 생길 수도 있는 일생일대에 가장 큰 위기다. 신규사업이나 사업확장 등은 금물이고, 무엇을 하든 실패하고 후회하니 아무것도 하지 않는 것이 상책이다. 그래도 신상은 안전하니 다행이다. 천지합(天地合)이 되는 운에서 당한 상처는 좀처럼 치유되기 어려워 여파가 크고 오래 간다.

4. 천동지충(天同地沖)의 유년(流年)

천동지충(天同地沖)은 천간(天干)은 같은데 지지(地支)가 충(沖)되는 것을 말한다. 갑인(甲寅)일생이 갑신(甲申)운을 만나거나, 경술(庚戌)일생이 경진(庚辰)운을 만나는 것이다.

두 사람이 어깨동무를 하고 가는데 발이 어긋나 전진하지 못하는 것이니, 정신적인 고통이 따르고 가정에 근심걱정이 생긴다. 이것은 동신이심에서 생기는 부작용으로, 예상이나 기대가 어긋나는 결과를 암시한다. 특히 배우자의 이변이나 가출이나 자신의 가출도 고려할 문제이고, 동업자와의 관계 이변도 생각할 문제이니 대인관계에 세심한 검토가 필요하다.

5. 간합간충(干合干沖)의 유년(流年)

일주(日柱) 천간(天干)이 합(合)되거나 충(沖)되는 운은 천지합(天地合)이나 천지충(天地沖)에 비하여 가벼우나, 심상치 않은 이변이 돌발하기 쉬우니 항상 조심해야 한다. 누군가 나를 증오하며 호시탐탐 노리는 것은 손재(損財)와 상신(傷身)을 암시하니, 신규사업이나 사업확장은 불리하다. 대인관계를 원만하게 하면서 동업 등은 유보하는 것이 좋다.

특히 합(合)은 지나가는 멋쟁이를 넋을 잃고 보다가 소매치기를 당하는 형국이니 방심과 유혹은 금물이다. 마치 포승줄에 묶여 질질 끌려가듯이 남에게 이끌려 투자하다 큰 손해를 보는 것이니 인정이나 친절이 화근이 된다.

4장. 유년해설법

운세의 판단은 어떤 육친이 어떻게 작용하는가를 관찰하는 것인데, 일주(日柱)의 강약왕쇠(强弱旺衰)로 희신(喜神)과 기신(忌神)을 분별하여 두 가지로 나누어 판단한다.

1. 육친에 의한 유년(流年) 해설법

1. 비견(比肩)과 겁재(劫財)

비겁(比劫)이 용신(用神)인 년월(年月)의 운세

재다신약(財多身弱)이나 관왕신쇠(官旺身衰)이면 비겁(比劫)이 용신(用神)이 된다. 비겁(比劫)이 용신(用神)인 년월(年月)을 만나면 친지의 지원을 받아 어렵고 막혔던 일이 원만하게 해결된다. 재산이 늘고 발복하니 기쁨과 안정이 찾아든다. 만사가 인인성사(人因成事)로 다른 사람과 동업이나 협동으로 큰 재물을 얻고 이름을 크게 떨친다.

비겁(比劫)이 기신(忌神)인 년월(年月)의 운세

대인관계가 서투르며 불화하니 시비와 쟁송이 따르고, 중상과 모략에 따른 대립으로 손재(損財)가 크다. 특히 가까운 친구나 형제와 투쟁할 일이 생긴다. 생리사별을 암시하기도 한다.

2. 식신(食神)과 상관(傷官)

식상(食傷)이 희용신(喜用神)인 년월(年月)의 운세

동토(凍土)가 해동하고 생기를 얻으니 만물의 싹이 올라오듯이 막혔던 일이 풀린다. 실직자는 취직하고, 자금난으로 휴업했던 사업가는 다시 가동할 수 있으며, 허덕이던 사람은 희운을 만나 날개를 펴고 재기하고, 병으로 고생하던 사람은 치유되고, 혼기를 놓친 사람은 좋은 배우자를 만나고, 기다리고 소원하던 일이 모든 일이 이루어진다. 식신(食神)이 희신(喜神)인데 식상(食傷)운을 만나면 정신적인 기쁨과 안정을 되찾아 생기가 넘치는 호운이 된다.

식상(食傷)이 기신(忌神)인 년월(年月)의 운세

어리석고 완고한 고집으로 매사 실패만을 가져온다. 특히 유혹과 감언이설의 사기에 걸리기 쉬우니 투자 · 신규사업 · 업무확장은 금물이다. 항상 수심이 가득하여 생기와 식욕이 없으니 건강마저 잃고 질병에 시달리기 쉽다.

3. 정재(正財)와 편재(偏財)

재성(財星)이 희용신(喜用神)인 년월(年月)의 운세

일이 없어 한가했던 차량이 많은 화물을 위탁받으니 활기가 넘치고 크게 발전한다. 만사가 순조롭고 소득도 만족하니 요령과 수완과 역량이 커져 능률이 향상된다. 대인관계가 원만하여 신규사업이나 업무확장으로 큰 재물을 얻는다. 역량을 최대한 멋지게 발휘하여 이름도 얻는다. 미혼자는 좋은 규수를 만나 성혼하니 아내의 내조가 산과 같다.

재성(財星)이 기신(忌神)인 년월(年月)의 운세

무리한 투자나 확장, 유혹에 따른 욕심 때문에 사기를 당하여 크게 실패하고 함정에 빠지는 형국이다. 돈이 있으면 유혹과 향락에 빠져 낭비가 많아지고, 색정으로 인한 문제가 발생한다. 돈이 없으면 직장인은 실직하고, 사업가는 사기에 걸리거나 자본의 동결로 부도를 내며 무리한 욕심으로 파산한다. 재극인(財剋印)의 원리로 극모(剋母)가 되어 모친상을 당하기 쉽고, 극인(剋印)으로 문서상 재난이 발생하며 학생은 학업을 중단할 수도 있다.

4. 정관(正官)과 편관(偏官)

관살(官殺)이 희용신(喜用神)인 년월(年月)의 운세

관의 힘으로 출세와 이름을 얻는다. 자신의 역량을 인정하는 귀인을 만나니 업무에 의욕과 열의가 생긴다. 실력이 인정되고 공이 나타나 승진과 영전이 따르고, 사회적으로도 두각을 나타내 명진사해한다. 출마자는 당선되고 구직자는 취직한다. 관청을 상대로 하는 면허나 인허가 등이 성사되고 재판관계도 승소한다.

관살(官殺)이 기신(忌神)인 년월(年月)의 운세

허약한 노인이 무거운 짐을 지고 절벽을 오르는 형국이다. 정신적인 불안과 번뇌가 몰아치고, 질병이나 상해 등으로 큰 손해를 본다. 관재구설이나 상해를 당하기 쉽고, 윗사람 때문에 고통을 받기도 한다.

5. 정인(正印)과 편인(偏印)

인수(印綬)가 희용신(喜用神)인 년월(年月)의 운세

다정한 어머니가 보살펴주듯이 힘이 생겨 의욕도 대단히 상승한다. 사령장이나 계약서 등으로 좋은 일이 생기고, 집을 늘리거나 새집을 장만하고, 진학하려는 사람은 합격증을 받고, 팔리지 않던 상품이나 가옥·토지 등의 매매가 이루어진다. 물심양면으로 큰 기쁨이 생기고, 윗사람의 총애와 신임으로 요직에 발탁되며, 신규사업이나 기업을 일으켜 크게 발전한다. 인수(印綬)는 도장을 상징하니 도장과 관계있는 문서관계는 모두 원만하게 이루어진다. 사령장・합격증・면허증・계약서・자격증・여권・등기부・소송관계 등은 모두 문서와 인장에 해당한다.

인수(印綬)가 기신(忌神)인 년월(年月)의 운세

문서상 불리한 판결을 받거나 문서로 인하여 큰 손해를 보고, 도장을 잘못 사용하여 재난을 당하는 경우도 많다. 보증선 것이 잘못되어 문제가 생기거나 문서나 인장으로 재난이 발생하고, 계약이 이행되지 않거나 부진하며, 가옥의 문제가 생기거나 나쁜 집으로 이사하게 되고, 직장에서 좌천되거나 파직된다. 진학・승진・면허・여권 등은 모두 막히며 지연되고, 재판관계도 불리하다.

2. 포태법(胞胎法)에 의한 유년(流年) 해설법

운은 기요, 기는 십이운성(十二運星)에서 발생하니, 십이운성(十二運星)을 보고 운세를 판단한다는 것은 자연의 이치다. 육친법으로 운세를 판단할 때와 같이 십이운성(十二運星)도 희신(喜神)과 기신(忌神)으로 나누어, 세운(歲運)을 기준으로 판단한다.

1. 장생(長生)

장생(長生)이 희용신(喜用神)인 세운(歲運)

진실한 후견인과 지원자를 만나 예상 외의 성공을 거둔다. 매사가 인인성사(人因成事)이니 반드시 기쁜 일과 인덕을 누린다.

장생(長生)이 기신(忌神)인 세운(歲運)

포식을 하고도 또 먹는 것과 같이 무리를 한다. 의욕과 취미를 잃으니 소극적이며 만사가 순조롭지가 못하여 막히고 지체된다.

2. 목욕(沐浴)

목욕(沐浴)이 희용신(喜用神)인 세운(歲運)

기쁨이 있고 하는 일에 요령과 능률이 오른다. 미혼자는 혼담이 들어오거나 연인이 생긴다.

목욕(沐浴)이 기신(忌神)인 세운(歲運)

공연히 마음이 들뜨고 변덕스러워진다. 신기한 꿈을 찾아 천방지축 덮어놓고 날뛰며 경거망동을 하다 크게 실패한다. 색정관계로 문제가 생기기도 한다.

3. 관대(冠帶)

관대(冠帶)가 희용신(喜用神)인 세운(歲運)

소원을 이루는 희망의 운이다. 미혼자는 성혼되고, 실직자는 취업을 하며, 휴업자는 개업을 하고, 수험생은 합격한다.

관대(冠帶)가 기신(忌神)인 세운(歲運)

용기만 믿고 경험이 없는 일을 시작하나 고생만 하고 실패한다. 조심성과 치밀한 분석을 하지 않고 기분과 패기만으로 돌진하니 모두 중도에서 좌절된다. 이성에 눈이 멀어 서둘러 결혼하고는 크게 후회하는 운이니, 이성관계는 가능하면 미루는 것이 상책이다.

4. 건록(建祿)

건록(建祿)이 희용신(喜用神)인 세운(歲運)

벼슬을 하며 녹(祿)을 받으니 자립득재한다. 신규사업을 시작하고 직장인은 영전한다.

건록(建祿)이 기신(忌神)인 세운(歲運)

힘은 있으나 기회가 없으니 답답하기만 하다. 만사가 막히며 부진하여 재물을 얻기 힘들고, 손재(損財)나 손처(損妻)를 당하기 쉽다. 수입보다 지출이 많고, 사람으로 인하여 손재(損財)하기 쉬우니 대인관계를 신중하게 하는 것이 좋다.

5. 제왕(帝旺)

제왕(帝旺)이 희용신(喜用神)인 세운(歲運)

전성기로 정상에 오르는 호운이다. 명성을 떨치며 주가가 상승하고, 수완과 역량을 최대한으로 발휘하며 주도권을 잡는다. 만사가 순탄하고 어려웠던 일이 일사천리로 해결되니 박력과 용기로 전진하는 것이 성공의 첩경이다.

제왕(帝旺)이 기신(忌神)인 세운(歲運)

지나치게 서두르며 돌진하면 크게 실패한다. 극성지패라고 극성스러운 것이 탈이 되어 유명무실한 것만을 취하니 손해가 크다. 극부극처(剋父剋妻)도 암시하니 아버지와 아내의 건강이 염려된다. 권리다툼을 피하며 시비를 삼가해야 한다. 영웅심 때문에 일을 그르치며 불화와 반목을 초래하니 만사불성이 된다.

6. 쇠(衰)

쇠(衰)가 희용신(喜用神)인 세운(歲運)

의기가 쇠퇴하니 패배의식에 사로잡혀 매사에 소극적이다. 만사가 침체되어 막히며 부진하다.

쇠(衰)가 기신(忌神)인 세운(歲運)

과격하며 흥분하여 불안했던 정신이 안정을 찾아 정상적인 생활을 하기 시작하는 운이다.

7. 병(病)

병(病)이 희용신(喜用神)인 세운(歲運)

병든 병아리처럼 기력이 없는 운이다. 지위와 직장이 불안하고, 주거지와 주택도 흔들린다. 매사가 비관적이며 감성적이고 신경질적이다. 매사 차분하지 못하고 흥분하여 오해하기 쉬우니 병지(病地)에 들면 수양하는 것이 상책이다. 건강도 좋지 않은데 특히 위장병을 조심해야 한다. 직업과 주택의 문제 등 타의에 의한 변화가 암시되는 운이다.

병(病)이 기신(忌神)인 세운(歲運)

다정다감하며 풍류적인 감정이 어느 때보다 풍부하게 샘솟는 운이다. 여행을 즐기며 사회봉사에 공헌한다.

8. 사(死)

사(死)가 희용신(喜用神)인 세운(歲運)

무기력한 상태에 빠져 의욕마저 잃고 매사에 피동적이다. 우수가 깃들어 종교적인 인생관에 눈뜨나 현실을 타개할 수 없다. 현실에서 벗어나려고 애쓰나 뜻대로 되는 것이 없다.

사(死)가 기신(忌神)인 세운(歲運)

오랜 연구와 노력이 결실을 맺는다. 실력을 인정받아 지위가 오르고 이름을 떨친다.

9. 묘(墓)

묘(墓)가 희용신(喜用神)인 세운(歲運)

경제문제와 활동무대가 막히니 매사가 동결되는 상태다. 인색하기가 소금보다 짜지만 경제적인 어려움은 가중될 뿐이다. 소견도 옹색하며 고집이 강하고 지나치게 세상물정에 어두우니 처세가 원만하지 못하다. 만사가 침체되는 답보상태다.

묘(墓)가 기신(忌神)인 세운(歲運)

십 년 노력이 열매를 맺는 운세로 물질적인 성공으로 재물을 이룬다. 삶의 터전을 닦는 성공의 관문으로 철이 들고 돈에 대한 관념도 생긴다.

10. 절(絶)

절(絕)이 희용신(喜用神)인 세운(歲運)

하강세로 바뀌는 운으로 무모한 변동으로 곤두박질한다. 계획없이 변동을 감행하다가 궁지에 빠져 재기하기 어려운 상태에 이른다. 거구영신의 변동기는 되나 거의 실패로 끝나고, 설상가상 색정문제까지 겹쳐 공든탑이 무너지기 쉽다.

절(絕)이 기신(忌神)인 세운(歲運)

미루고 부진했던 일들이 청산되고 새로운 희망과 성공의 길을 걷는 거구영신의 운이다. 모든 악몽과 흉액이 사라지고 소망을 이루는 새출발의 관문이 된다. 부동산을 매입하면 대길하고, 신규사업이나 전직·전업에 적합한 운이다.

11. 태(胎)

태(胎)가 희용신(喜用神)인 세운(歲運)

말 때문에 구설이 분분하고, 청탁을 쉽게 받고는 실천하지 못하여 신용을 잃는다. 불평불만이 가득하여 아무에게나 말하다가 말썽을 빚기 쉽고, 덮어놓고 변동을 단행하여 크게 실패한다. 부부간에 이변이 생기고, 무모한 전직·전업·이사 등으로 곤경에 빠지기도 한다. 타인에 의한 변동으로 손해를 보고 결국에는 후회한다.

태(胎)가 기신(忌神)인 세운(歲運)

바라던 변화가 이루어지고 심기일전하는 새로운 기운의 태동기다. 상배자는 재혼을 하고, 정신적으로 향락을 즐기는 태평성세의 운이다. 변동은 무엇이든 성공하니 심기일전하는 것이 좋다.

12. 양(養)

양(養)이 희용신(喜用神)인 세운(歲運)

열 달이 되면 태아가 만삭이 되듯이 실력배양이 완숙한 단계에 이른다. 시험에 합격하고 모든 꿈이 이루어지는 성공의 기회다. 자신을 갖고 유연하게 전진하면 매사 순조롭게 성취될 것이다.

양(養)이 기신(忌神)인 세운(歲運)

십 년 공부가 허사가 되고 공들였던 탑이 무너지는 운이다. 선무공덕으로 소망은 수포로 돌아가고, 만사가 무기력하여 되는 일이 없다. 마치 열 달이 된 태아가 사산되는 것처럼 노력하고 기대했던 일이 모두 허사가 된다. 시험이나 승진 등 모든 계획이 실패하니 낙심천만의 운이다.

지금까지 십이운성(十二運星)인 포태법(胞胎法)으로 세운(歲運)을 판단하는 방법을 설명했다. 희기신(喜忌神)의 행장을 세심하게 살펴 운명을 감정하는데 오류가 없기 바란다.

5장. 간명비결론

1. 형충파해(刑沖破害)의 간명

■ 사주에 인사신(寅巳申) 삼형(三刑)이 있으면 남명은 판관이 많고 여명은 고독하다.

■ 사주에 축술미(丑戌未) 삼형(三刑)이 있으면 성격이 냉혹하며 무정하고 망은망의한다. 여명은 임신 중 어려움이 있고 난산의 위험이 따르기도 한다.

■ 사주에 자묘형(子卯刑)이 있으면 난폭하고 무정하다.

■ 사주에 자형(子刑)이 있으면 인내심이 부족하니 용두사미격이 되어 시작은 있으나 끝이 없다. 자존심은 부족하나 열성과 집착은 강하다.

■ 년월(年月)이 상충(相沖)하면 일찍 고향을 떠나 자수성가할 명이나 직업의 풍파도 많다.

■ 생월(生月)이 생년(生年)을 충(沖)하면 직업의 풍파가 많아 정착하기 어렵다.

■ 년지(年支)·월지(月支)·시지(時支)가 부부궁인 일지(日支)를 충(沖)하면 부부간에 싸움이 많고 심하면 이혼을 한다.

■ 부부궁인 일지(日支)를 시지(時支)가 충(沖)하면 반드시 두세 번 결혼한다.

■ 다른 주(柱)에서 자식궁인 시지(時支)를 충(沖)하면 자손이 가출하고 자식덕도 없다.

■ 금년의 태세(太歲)가 사주의 년월(年月)을 충(沖)하면 사회적으로 장애가 생겨 직업에 변화가 생기고 배신자가 생긴다.

■ 금년의 태세(太歲)가 사주의 생월(生月)을 충(沖)하면 해당 육신과 이별하거나 이사나 분가가 따른다. 그렇지 않으면 본인이 가출한다.

■ 금년의 태세(太歲)가 부부궁인 일지(日支)를 충(沖)하면 부부싸움이 일어나고 심하면 이혼한다.

■ 금년의 태세(太歲)가 자식궁인 시지(時支)를 충(沖)하면 자식과 이별하거나 가출·질병이 따르고, 부하가 배신하며 말썽을 부린다.

■ 궁합도 남녀의 사주를 대조하여 보는데, 생년(生年)과 생년(生年)이 충(沖)하면 사회적인 장애로 출세하기 어렵다.

■ 남녀의 사주를 대조하여 생월(生月)과 생월(生月)이 상충(相沖)하면 부모형제와 불화하고 언쟁이 많다.

- 남녀의 사주를 대조하여 생일(生日)과 생일(生日)이 상충(相沖)하면 남녀가 같이 외정을 즐긴다.
- 남녀의 사주를 대조하여 시지(時支)와 시지(時支)가 상충(相沖)하면 자녀양육에 애로가 있고, 불효불충하는 자식을 둔다.
- 유년(流年)에서 일주(日柱)나 희용신(喜用神)을 천충지충(天沖地沖)하면 매사가 동결되어 신상에 변동이 생긴다. 노상봉변을 당하는 등 심하면 생명까지도 위험하다.
- 유년(流年)에서 일주(日柱)와 천동지충(天同地沖)되면 배우자와 동상이몽을 하니 부부간에 이변이 생긴다.
- 그 해의 태세(太歲)가 년지(年支)를 파(破)하면 낙직이나 관청구설이 따른다.
- 그 해의 태세(太歲)가 월지(月支)를 파(破)하면 가운이 기운다.
- 그 해의 태세(太歲)가 일지(日支)를 파(破)하면 부부간에 언쟁이 많고 심하면 이혼한다.
- 사주의 년지(年支)가 파(破)되면 부모형제의 풍파가 있다.
- 사주의 일지(日支)가 파(破)되면 부부간에 풍파가 따른다.
- 사주의 시지(時支)가 파(破)되면 아내와 자식의 풍파가 따른다. 궁합과 동업운도 상충살(相沖殺)과 같이 본다.
- 사주에 해살(害殺)이 있으면 건강이 좋지 않아 오래 아프고, 상해나 불구 등을 암시한다.
- 사주에 해살(害殺)이 이중으로 있으면 폐나 간장질환을 조심해야 한다.

- 월지(月支)나 일지(日支)가 년지(年支)를 해(害)하면 일찍 고향을 떠나거나 부모를 잃으니, 부모와 떨어져 사는 것이 좋다.
- 월지(月支)가 해(害)를 당하면 형제나 친구덕이 없고 부하가 없다.
- 일지(日支)가 해(害)를 당하면 건강이 좋지 않고 부부인연도 박하다.
- 시지(時支)가 해(害)를 당하면 자손의 해로 종신이 없으니 말년이 고독하다.
- 공망(空亡)을 충(沖)하면 공망(空亡)과 충(沖)이 모두 해제되어 좋아진다.
- 유년(流年)에서 인사신(寅巳申) 삼형(三刑)을 만나면 관직에 있는 사람은 주색으로 몸을 다치고, 일반인은 해당하는 육진이 해를 당하거나 부인의 손태(損泰)가 있다.
- 유년(流年)에서 자형(子刑)을 만나면 관직에 있는 사람은 직장을 잃고, 일반인은 관액과 질병 · 이사 등이 따른다.
- 삼형(三刑)을 모두 구비하면 금전거래가 불량하다.

2. 간명 112제(남명편)

1) 남명이 비겁(比劫)과 양인(羊刃)이 많으면 초혼에 실패하고 여러 번 결혼한다.

2) 남명이 비겁(比劫)이 많으면 군비쟁재(群比爭財)하니 손재(損

財) 손처(損妻)한다.

3) 남명이 비겁(比劫)이 중첩되면 조실엄친한다.

4) 남명이 신강(身强) 사주인데 살인상생(殺印相生)이나 관인상생(官印相生)이 있으면 반드시 공을 세워 이름을 떨치고 영화를 누린다.

5) 남명이 양인(羊刃)과 칠살(七殺)이 같이 있으면 지방관리나 무관으로 성공한다.

6) 남명이 칠살(七殺)을 제화(制火)하면 자녀가 비범하며 크게 출세한다.

7) 남명이 칠살(七殺)이 약하고 식신(食神)이 강하여 신약(身弱)하면 자녀를 적게 두고 성격도 유약하다.

8) 남명이 상관(傷官)이 시지(時支)에 있으면 자녀가 있어도 후사를 잇기 어렵다.

9) 남명이 신왕재왕(身旺財旺)하면 부명을 이루고, 신왕관왕(身旺官旺)하면 귀명을 이룬다.

10) 남명이 경신(庚申)일생인데 정인(正印)이 유기(有氣)하고 임계(壬癸) 상관(傷官)을 보면 총명다재하여 문장으로 성공한다.

11) 남명이 병정(丙丁)일생인데 식상(食傷)을 만나거나, 임계(壬癸)일생이 갑을(甲乙) 식상(食傷)을 만나면 콧대가 높고 거만하나 발전성은 있다.

12) 남명이 갑을(甲乙)일생이고 인수(印綬)가 유기(有氣)한데 병정(丙丁) 식상(食傷)을 만나면 소견이 넓고 상당한 성공을 거

둔다.

13) 남명이 신왕(身旺)하고 식상(食傷)이 있는데 재성(財星)을 만나면 재산과 명예를 모두 얻어 부귀를 누린다.

14) 남명이 유년(流年)이 상관(傷官)년인데 일지(日支)와 행운의 지지(地支)가 상충(相沖)되면 중병을 앓고 심하면 사망한다.

15) 남명이 정재(正財)와 겁재(劫財)가 같이 있으면 아내로 인한 근심과 걱정이 많다.

16) 남명이 기(己)일생이면 갑목(甲木)이 자식성이니, 관성(官星)이 욕패지(浴敗地)인 자(子)시나 자식성인 갑목(甲木)의 사지(死地)인 오(午)시생이면 자식을 두기 어렵다. 설령 두어도 일찍 죽기 쉽다.

17) 남명이 정재(正財)와 겁재(劫財)가 병출(竝出)하여 파재(破財)되거나, 정관(正官)과 상관(傷官)이 병출(竝出)하여 관성(官星)이 상했는데, 사주가 약하면 평생 가난을 면하지 못한다.

18) 남명이 신왕(身旺) 사주이면 재관(財官)운에 발신(發身)하고, 신약(身弱) 사주이면 생부(生扶)운에 발신(發身)한다.

19) 남명이 재왕관쇠(財旺官衰)하면 부는 이루나 귀는 없고, 관왕재쇠(官旺財衰)하면 귀는 이루나 부는 어렵다.

20) 남명이 재고(財庫)를 형충(刑沖)하면 크게 발전하나, 관고(官庫)를 형충(刑沖)하면 설사 성공해도 오래 가지 못한다.

21) 남명이 정재(正財)와 정관(正官)이 같이 묘지(墓地)에 임하면 손처(損妻) 손자(損子)하고, 재관(財官)이 절지(絶地)에 있으

면 만사불통으로 고생이 많다.

22) 남명이 재관(財官)이 공망(空亡)되면 상처상자(喪妻傷子)의 우려가 많다.

23) 남명이 상관(傷官)이 득령(得令)했는데 재(財)가 있으면 아내의 덕으로 재물을 모은다.

24) 남명이 월천간(月天干)의 정재(正財)가 절지(絶地)에 있으면 아내가 무력하다.

25) 남명이 시상(時上)의 관성(官星)이 쇠하면 자식이 있어도 무력하고, 후사가 부실하다.

26) 남명이 신약(身弱) 사주인데 재성(財星)과 간합(干合)하면 겉으로는 춘풍같이 온화해도 속으로는 간사하다.

27) 남명이 관살(官殺)이 많고 왕하면 성정이 난폭하여 자제하기 어렵다.

28) 남명이 인수(印綬)가 약하여 신약(身弱) 사주가 되었는데 재(財)를 만나면 재물을 얻어도 일장춘몽이 된다.

29) 남명이 신왕(身旺) 사주인데 생부(生扶)운을 만나고 신약(身弱) 사주가 극설(剋洩)운을 만나면 반드시 실패한다.

30) 남명이 사주는 길한데 운이 흉하면 호마호차가 험산유곡에 부딪친 격이고, 사주는 흉한데 운이 길하면 폐차졸마가 평탄대로를 만난 격이다.

31) 남명이 일지(日支)와 세지(歲支)가 삼합(三合)되면 좋은 기회인데, 사주에서 형충파해(刑沖破害)되어 삼합(三合)을 파(破)

하면 호사다마격으로 실패한다.

32) 남명이 지지(地支)에 합(合)이 많으면 색정문제가 많으니 실패와 손재(損財)가 많다.

33) 남명이 일지(日支)가 대운과 충(沖)되면 난관이 많아 장애가 따르고, 일지(日支)와 대운이 형(刑)되면 제삼자의 질투와 방해를 받고, 일지(日支)와 재(財)운과 파(破)나 해(害)가 되면 건강이 나쁘거나 가정불화가 생긴다.

34) 남명이 일간(日干)과 세간(歲干)이 합(合)되면 큰 재난과 질액이 생긴다.

35) 남명이 득령(得令)했는데 호운을 만나면 그 공이 배가한다.

36) 남명이 정편관(正偏官)이 식신(食神)이나 상관(傷官)의 극제(剋制)를 많이 받으면 서자를 둔다.

37) 남명이 재인(財印)이 싸우면 어머니와 아내의 불화가 그칠 날이 없고, 재다신약(財多身弱)이면 부부가 해로하기 어렵다.

38) 남명이 정재(正財)가 득위(得位)하면 아내가 첩을 용납하지 않아 첩을 두지 못한다.

39) 남명이 편재(偏財)가 득위(得位)하면 첩승방처하니 첩이 가권을 잡는다.

40) 남명이 재왕(財旺)하면 아내가 가권을 잡고, 신약(身弱) 사주에 살이 왕하면 공처가가 많다.

41) 남명이 재관(財官)의 년월(年月)이 재관(財官)시에 태어나면 악처를 만나 고생한다.

42) 남명이 비견(比肩)과 겁재(劫財)가 많으면 군비쟁재(群比爭財)하여 속성속패한다.

43) 남명이 비견(比肩)과 겁재(劫財)가 많으면 이복형제가 있다.

44) 남명이 토관살(土官殺)에 수목(水木)이 태왕(太旺)하면 익사하는 자녀가 있다.

45) 남명이 신강(身强) 사주인데 재관(財官)이 왕하면 부귀지명이 분명하다.

46) 남명이 비겁(比劫)이 태왕(太旺)하면 극부(剋父) · 극처(剋妻) · 손재(損財)하고 자식덕도 없다.

47) 남명이 상관(傷官)이 태왕(太旺)하면 자식이 없거나 있어도 덕이 없다.

48) 남명이 무재자이면 재(財)운에 결혼하고, 유재자이면 식재(財)운에 결혼한다.

49) 남명이 비겁(比劫)이 태왕(太旺)한데 재성(財星)이 없으면 결혼하기 어렵다.

50) 남명이 식상(食傷)이 강하고 관성(官星)이 약한데 상관(傷官)운을 만나면 자식과 직장을 잃는다. 여명은 남편과 이별한다.

51) 남명이 인성(印星)이 강하여 도식(到食)이 되면 가난하며 천대를 받는다.

52) 남명에게 편관(偏官)은 아들이고 정관(正官)은 딸이니, 양관살(陽官殺)운에 결합하면 아들을 낳고 음관살(陰官殺)운에 결합하면 딸을 낳을 확률이 높다.

53) 남명이 비겁(比劫)이 태왕(太旺)하면 결혼이 늦어진다.

54) 남명이 시상(時上)의 편재(偏財)가 살왕(殺旺)하면 악처를 만나 고생한다.

55) 남명이 관귀(官鬼)가 중중하여 패망극(敗亡剋)이 되면 소실의 몸에서 아들을 얻는다.

56) 남명이 인수(印綬) 역마(驛馬)가 있으면 해외유학을 한다.

57) 남명이 목화통명(木火通明)을 이루면 명랑하다.

58) 남명이 정관(正官)이 암합(暗合)하면 딸이 부정하고 재가한다.

59) 남명이 식상(食傷)이 암합(暗合)되면 손녀가 부정하고 재가한다.

60) 남명이 관인상생(官印相生)하면 공문에서 득명한다.

61) 남명이 식신생재(食神生財)를 이루면 식품업으로 성공한다.

62) 남명이 일지(日支)에 년살(年殺)이 있으면 소실을 둔다.

63) 남명이 비겁(比劫)이 도화(桃花)에 해당하면 처첩의 송사로 패가한다.

64) 남명이 인수(印綬)가 재살이면 출감 후에 이름이 난다.

65) 남명이 종살귀격을 이루면 정치에서 입신한다.

66) 남명이 춘하월 갑을(甲乙)일생이면 교육자로 성공한다.

67) 남명이 재록(財祿) 도화(桃花)가 있으면 애인덕이 있다.

68) 남명이 오음(五陰) 사(巳)일에 태어나고 인신형살(寅申刑殺)을 만나면 의약업에 종사한다.

69) 남명이 오양(五陽) 인신형살(寅申刑殺)이 있으면 의약업에 종

사한다.

70) 남명이 관살(官殺)이 많은데 신합(身合)을 이루면 적자와 서자를 둔다.

71) 남명이 일주(日柱)가 약한데 시상(時上)에 재살(財殺)이 있으면 공처가 팔자다.

72) 남명이 비겁(比劫)이 도화형(桃花刑)이 되면 처첩간의 송사가 따른다.

73) 남명이 군비쟁재(群比爭財)가 있으면 의처증이 있다.

74) 남명이 양인(羊刃)이 있으면 고집이 세어 흠이 된다.

75) 남명이 신왕(身旺)한데 재관인(財官印)을 구비하면 탄탄대로를 질주한다.

76) 남명이 인사(寅巳) 역마(驛馬)가 있으면 항공계로 나간다.

77) 남명이 신해(申亥) 역마(驛馬)가 있으면 해운계로 나간다.

78) 남명이 인수(印綬)가 용신(用神)이면 정치계로 나간다.

79) 남명이 인수(印綬)가 사절(死絶)운에 들면 만사가 이루어지지 않는다.

80) 남명이 인수(印綬)가 재(財)운을 만나면 재극인(財剋印)의 원리로 인수(印綬)가 파상(破傷)되니 만사가 불성이다.

81) 남명이 인수(印綬)는 많은데 관성(官星)이 없으면 청고한 기술자나 예술가 팔자다.

82) 남명이 인수(印綬)가 많은데 관성(官星)이 없으면 학문과 재예는 있으나 벼슬이 없으니 외로운 선비에 불과하다.

83) 남명이 인수(印綬)가 많은데 관살(官殺)이 없고 도화(桃花)가 있으면 풍류기로 많은 가산을 탕진한다.

84) 남명이 재다(財多) 사주인데 재왕지(財旺地)에 들면 인수(印綬)가 파상(破傷)되니 대기발령 상태가 되거나 퇴직한다.

85) 남명이 인수(印綬)가 많아 신왕(身旺)한데 식상(食傷)이 용신(用神)이면 행복도 잠시잠깐, 인수(印綬)운을 만나면 도식(到食)으로 도산한다.

86) 남명이 가상관(假傷官)이 인수(印綬)운을 만나면 파료상관(破了傷官)이 되어 반드시 사망한다.

87) 남명이 진상관(眞傷官)이면 인수(印綬)운에 발전하고 상관(傷官)운에 패망한다.

88) 남명이 정재(正財)는 상하지 않아야 생관(生官)으로 귀를 이룬다.

89) 남명은 재다신약(財多身弱)이면 재물을 보전하기 어려우니 빈곤을 면하기 어렵다.

90) 남명이 비다신강(比多身强)인데 재(財)가 약하면 군비쟁재(群比爭財)가 되어 결국에는 패망한다.

91) 남명이 종재격(從財格)을 이루면 부명이나 인비(印比)운에 패망한다.

92) 남명이 정미(丁未)일생이나 무오(戊午)일생인데 신왕(身旺)하면 정력가로 이처 삼처를 둔다.

93) 남명이 신왕재약(身旺財弱)인데 재(財)운을 만나면 부귀하다.

94) 남명이 재다신약(財多身弱)인데 재생관살(財生官殺)이 공신(功身)하니 평생 신음하며 고생한다.

95) 남명이 병정(丙丁)일생인데 신강(身强)하고 투금재성(透金財星)하면 십중팔구는 부명을 이룬다.

96) 남명이 편재(偏財) 용신(用神)이 비겁(比劫)운은 만나면 문전옥답 날라가고 남은 것은 병고뿐이다.

97) 남명이 편재(偏財)가 용신(用神)인데 정관(正官)이 있으면 겁재(劫財)를 무서워할 필요가 없다.

98) 남명에서 식신(食神) 유기(有氣)에 승재관(財官)이란 신강(身强) 사주에 식신(食神)이 왕하면 재성(財星)보다 더 좋다는 말이다.

99) 남명이 편인(偏印)이 식신(食神)을 극(剋)하면 도식(到食)이 되어 신고가 그치지 않는다.

100) 남명에서 식신(食神)을 양명지본(養命之本)이라고 하는 것은, 식신(食神)은 재(財)를 생하여 생활을 운택하게 해주고, 칠살(七殺)을 제지하여 명을 보호해주니, 양명(養命) 또는 수성(壽星)이라고 하는 것이다.

101) 남명은 식신(食神)이 손상되지 않아야 좋은 팔자를 이룬다.

102) 남자 사주를 감정할 때 오행의 강약법으로는 부족함이 없으니, 병과 약 그리고 조후(調候)를 살펴 판단해야 한다.

103) 남명이 태왕(太旺)한 병신(病神)을 섣불리 충(沖)하면 큰 화를 당한다.

104) 잡기재관(雜氣財官)격에 삼변(三變)이란 ①진술축미(辰戌丑未)월에 태어나고 ②재관(財官)이 투출(透出)하고, ③형충(刑沖)되어 장축(藏蓄)된 재관(財官)을 투출(透出)시키는 것을 말한다. 삼변(三變)을 얻거나 운에서 일변을 얻어 형충(刑沖)되면 사화위용(蛇化爲龍)이 되는데, 반드시 신강(身强)해야 한다.

105) 남명이 진술축미(辰戌丑未)월생인데 재(財)가 투간(透干)하면 부를 이루고, 관(官)이 투간(透干)하면 귀를 이루며, 인수(印綬)가 투간(透干)하면 길형(吉亨)하여 명예가 드높다.

106) 남명에 양인(羊刃)이 있다고 흉한 것만은 아니다. 재다신약(財多身弱)이면 득비이재(得比利財)로 길하다.

107) 남명이 양인(羊刃)이 년월시(年月時)에 모두 있으면 시간(時干)에 관살(官殺)이 있어도 귀관(貴官)은 될 수 없다. 이유는 신왕관쇠(身旺官衰)가 되기 쉽고, 겁재(劫財)가 많으면 군비쟁재(群比爭財)가 되어 관(官)의 뿌리인 재(財)를 쟁탈하니 관(官)이 있어도 관(官)의 행세를 못한다.

108) 남명에서 양인(羊刃)은 관살(官殺)을 만나는 것을 좋아한다. 정관(正官)은 양인(羊刃)을 극(剋)하여 재성(財星)을 보호하고, 편관(偏官)은 양인(羊刃)과 합거(合去)되어 나를 극(剋)하지 않기 때문이다.

109) 남명이 신약(身弱) 사주이면 양인(羊刃)을 충(沖)하는 것을 가장 두려워한다. 신약(身弱) 사주는 제매(弟媒)에게 의지하

는데 제매(弟媒)인 양인(羊刃)이 충거(沖去)되면 방어선이 무너져 두려워한다.

110) 남명이 양인(羊刃)이 충파(沖破)되면 재(財)운을 두려워한다. 양인(羊刃)인 겁재(劫財)가 충파(沖破)되면 재(財)를 제압하지 못하니 재생관살(財生官殺)로 나를 공격하기 때문이다. 양인(羊刃)이 재(財)를 제압하여 관살(官殺)을 생조(生助)하지 못하게 했던 양인(羊刃)이 충파(沖破)되면 재성(財星)을 제압할 수 없으니, 그 재(財)는 능히 생관살(生官殺)하여 관살(官殺)로 하여금 나를 치게 하여 큰 화가 닥쳐오는 것이다.

111) 남명이 신약(身弱)한데 양인(羊刃)이 방조(幇助)하면 길하고, 신강(身強) 양인(羊刃)은 탈재(奪財)·극부(剋父)·극처첩(剋妻妾)하여 흉하다.

112) 남명이 양인(羊刃)이 많으면 극부극처(剋父剋妻)하니 조실엄친하고 두세 번 결혼한다.

이상은 남명에 해당하는 간명법 112가지를 열거했다. 일일히 외우는 것보다 『정법사주』(삼한출판사, 김구현)를 탐독한 후 이해하여 간명에 응용하면 많이 발전할 수 있을 것이다.

3. 간명 112제(여명편)

1) 남명은 신왕(身旺) 사주를 이상으로 보고, 여명은 신약(身弱) 사주를 길명으로 본다.

2) 여명이 일지(日支) 정관(正官)에 재(財)가 있는데 상관(傷官)이 없으면 총명하며 부귀를 이룬다.

3) 여명이 정관(正官)이 없어도 재왕(財旺)하면 관운(官運)에 발신(發身)하여 부귀를 누린다.

4) 여명이 식신(食神)이 득령(得令)했는데 재(財)가 있으면 자녀가 크게 성공하여 부창자영한다.

5) 여명이 정재(正財)와 겁재(劫財)가 병출(竝出)하거나, 정관(正官)이 절지(絶地)에 있거나, 식신(食神)이 쇠지(衰地)에 있으면 남편과 자식이 무력하다.

6) 여명이 재성(財星)이나 관성(官星)이 왕한데 식신(食神)이 강하면 남편과 자식이 창영하고 이름을 크게 떨친다.

7) 여명이 정관(正官)이 묘지(墓地)에 있으면 남편을 잃는다.

8) 여명의 사주에 관고(官庫)만 있어도 남편과 일찍 사별하고 재혼한다. 이것을 복부지명(複夫之命)이라고 한다.

9) 여명이 년월(年月)에 식신(食神)이 병출(竝出)하면 일찍 발신(發身)하나 일직 쇠퇴한다.

10) 여명이 정관(正官)과 식신(食神)이 공망(空亡)되면 남편과 자식이 무력하고 장수하기 어렵다.

11) 여명이 경금(庚金)일생의 계(癸) 상관(傷官)이나 신금(申金)일생의 임(壬) 상관(傷官)이 천간(天干)에 투출(透出)하면 모습과 얼굴이 구슬처럼 예쁘다.

12) 여명이 재인(財印)이 병출(竝出)하면 정숙하고 내조가 산과 같아 남편을 성공시킨다.

13) 여명이 편인(偏印)과 식상(食傷)이 병출(竝出)하면 남편·자식과 사별하여 불행하나 재성(財星)이 있으면 반길하다.

14) 여명이 재관인(財官印) 삼기(三奇)와 식신(食神)이 병출(竝出)하면 최길명이다.

15) 여명이 계(癸)일생인데 무토(戊土) 정관(正官)이 있으면 어려서 나이 많은 남자를 만나고, 또 득배(得配)해야 행복하다.

16) 여명이 간지(干支)가 암합(暗合)하고 주중에 천을귀인(天乙貴人)이 많으면 경박하고 호색하니 창기의 명이다.

17) 여명이 일시(日時)가 충(沖)되면 남편과 자식이 있어도 월하통정을 면하기 어렵다.

18) 여명이 음일생인데 묘(卯)일 유(酉)시나 유(酉)일 묘(卯)시에 태어났으면 아들을 두기 어렵다.

19) 여명이 역마(驛馬) 지살(地殺)이 상관(傷官)되어 극관(剋官)하면 타국에서 남편을 잃고 교통사고로 사망한다.

20) 여명이 임계(壬癸)일생인데 토(土) 관살(官殺)이 용신(用神)이면 백두낭군과 인연이 되어 오손도손 살아간다.

21) 여명이 재왕(財旺)하여 극인(剋印)이 되면 결혼 후에 친정이

망한다.

22) 여명이 음일생 양시생이면 첫딸을 낳은 후 아들을 두니 아들 걱정을 하지마라.

23) 여명이 상관살(傷官殺)이 태왕(太旺)하여 약한 관(官)을 충극(沖剋)하면 자식을 낳은 후 남편과 헤어진다.

24) 여명이 토(土) 관살(官殺)에 수목(水木)이 태왕(太旺)하면 남편이 익사한다.

25) 여명이 관살(官殺)이 혼잡해도 천간(天干)에 투출(透出)하지 않으면 남편운이 나쁘지 않다.

26) 여명이 재성(財星)이 정관(正官)을 생하면 결혼하면서 남편이 발신(發身)한다.

27) 여명이 관성(官星)과 식상(食傷)이 싸우면 부부싸움이 끝나지 않는다.

28) 상관살(傷官殺)이 왕한데 관운(官運)이 되면 남편과 이별한다.

29) 여명이 양팔통(陽八通) 사주이면 부모와 인연이 전혀 없어 일찍 고향을 떠나고, 남편과도 인연이 없어 홀로 눈물을 흘린다.

30) 여명이 비겁(比劫)과 식상(食傷)이 태왕(太旺)한데 재관(財官)이 없으면 결혼하기 힘들다. 설사 결혼을 해도 재(財)가 없어 생관(生官)이 불능하니 밀착되지 않는다.

31) 여명이 식상(食傷)이 강한데 관성(官星)이 약하면 상관(傷官)운에 남편과 이별한다. 그러나 인성(印星)이 있으면 식상(食傷)을 억제하여 관성(官星)을 구한다.

32) 여명은 관운(官運)에 결혼하고, 재성(財星)이 있으면 재생관(財生官)으로 재(財)운에도 결혼한다.

33) 여명이 관식동임(官食同臨) 신합(身合)이 되면 부정한 임신을 한다.

34) 아들을 원하면 양의 년월일시(年月日時)에 결합하라. 자신의 나이를 3으로 나눠 홀수일이 남으면 1·3·5월 3개월 차이로 임신할 수 있으니, 음양의 년월일시(年月日時)를 분별하여 합방하라.

35) 여명에서 신유금(辛酉金)은 유방으로 보니, 신유금(辛酉金)이 약하거나 형충(刑沖)되면 유방암이 따른다.

36) 여명이 관살(官殺)이 혼잡되면 관성(官星)이 기신(忌神)인데, 정관(正官)이 무기력하고 편관(偏官)이 유기(有氣)하면 남편이 미워지고 편부를 좋아한다.

37) 여명이 역마(驛馬) 관(官)이나 지살(地殺) 관(官)이 있으면 국제결혼을 한다.

38) 여명이 관살(官殺)이 역마(驛馬)나 지살(地殺)에 해당하면 남편이 운수업에 종사한다.

39) 여명이 합(合)이 많으면 정도 많은데 관성(官星)과 암합(暗合)하면 연애결혼을 한다.

40) 여명이 계(癸)일생인데 무관(戊官)이면 늙은 남자와 결혼한다.

41) 여명이 역마(驛馬)와 지살(地殺)이 관(官)이 되어 일주(日柱)와 합(合)되면 국제결혼하고, 그렇지 않으면 운수업에 종사하

는 사람을 만나 일가를 이룬다.

42) 자매강강 소실지명 이녀동부 싸움일세.

43) 여명이 비견(比肩)이 여러 개 있으면 소실의 명으로 한 남자를 두고 눈물을 흘린다.

44) 여명이 일시(日時)에 효신살(梟神殺)이 있으면 자식을 두기 어렵다.

45) 여명이 신강(身强)하면 시부모를 모시지 않는다.

46) 여명이 식상(食傷)이 형충(刑沖)되면 자궁수술을 한다.

47) 여명이 을신계사정기해(乙辛癸巳丁己亥)일생인데 관성(官星)이 투간(透干)하면 아이낳고 살다가도 정부따라 잘도 간다.

48) 여명이 재왕다관(財旺多官)이면 명암부집(明暗夫集)이 되어 편부에게 사로잡혀 사랑주고 돈주고 빰도 맞고 거지된다.

49) 여명이 상관생재(傷官生財)하면 남편을 잃은 후 재물을 모으게 된다.

50) 여명이 관살(官殺)이 혼잡한데 관살(官殺)과 암합(暗合)하면 남편이 의처증이 심하다.

51) 여명이 자식성이 암합(暗合)하면 자식이 부정하다.

52) 여명이 을신계사정기해(乙辛癸巳丁己亥)일생인데 천간(天干)과 지지(地支)가 암합(暗合)되면 남편이 의처증이 심하다.

53) 여명이 정편관(正偏官)이 많아도 투출(透出)하지 않으면 무방하다.

54) 여명이 관살(官殺)과 식상(食傷)이 싸우면 부부간에 불화가

심하다. 그러나 재(財)운이 오면 통관(通關)되어 평온해진다.

55) 여명이 식신생재(食神生財)를 이루면 요리솜씨가 일품이니 식품업으로 나가면 성공한다.

56) 여명이 식신생재(食神生財)나 식신재합(食神財合)을 이루면 식품사업에서 수만금을 얻는다.

57) 여명이 식신(食神)과 상관(傷官)이 첩첩하면 남편을 잃은 후 이름을 얻는다.

58) 여명이 무관(無官)에 상관(傷官)이 왕한데 관운(官運)을 만나면 남편을 잃는다.

59) 여명이 기명종살(棄命從殺)을 이루면 승승가도 부귀를 이룬다.

60) 여명이 갑을(甲乙)일생에 금약수다(金弱水多)하거나 무기(戊己)일생에 목약수다(木弱水多)하면 남편이 취중귀로하다 익사지화를 당한다.

61) 여명이 관살(官殺)이 혼잡한데 관성(官星)이 암합(暗合)하면 정사맹서 껴안고 자살을 기도한다.

62) 여명이 사주에 관(官)이 없으면 청춘에 성욕을 굶주린다.

63) 여명이 신강관약(身强官弱)이면 남편을 그리며 눈물을 흘린다.

64) 여명이 일주(日柱)가 강왕하면 성욕이 왕성하다.

65) 여명이 관살(官殺)이 절지(絶地)에 있으면 성생활의 불만으로 남편을 바꾼다.

66) 여명이 재다극인(財多剋印)에 재생관(財生官)하면 친정은 쇠하고 시가는 흥한다.

67) 여명이 재왕극인(財旺剋印)하면 결혼한 후에 친정은 쇠하고 시가는 흥한다.

68) 여명이 역마(驛馬)와 지살(地殺)이 관성(官星)이 되어 삼형(三刑)을 이루면 남편이 교통사고로 사망한다.

69) 여명이 관살(官殺) 금(金)이 침수(浸水)되면 남편이 술에 빠져 살아가니 한심하다.

70) 여명이 신해(辛亥)일에 태어나면 식신생재(食神生財)가 되어 손맛이 일품이다.

71) 여명이 비견(比肩)과 겁재(劫財)가 많으면 한 남자를 두고 두 여자가 살아가니 남편을 원망한다.

72) 여명이 부성(夫星)이 입묘(入墓)하면 원앙이 짝을 잃고, 남명이 여차하면 그 자식이 귀림(歸林)이라.

73) 여명이 관고(官庫)가 있으면 복부지명(複夫之命)으로 남편이 황천객이 된다.

74) 여명이 세운(歲運)에서 부성(夫星)이 절지(絶地)에 들면 원앙이 다른 길을 간다.

75) 여명이 대운에서 관귀(官鬼)가 입묘(入墓)하고 재성(財星)이 절지(絶地)에 들면 부부가 사별하거나 생이별한다.

76) 재성(財星)·관성(官星)·인성(印星)을 삼기(三奇)라 하는데, 여명에 들면 반드시 남편이 장부다.

77) 신주고강(身柱高强)에 삼기(三奇)가 득위(得位)하면 남명은 일품이고, 여명은 귀부인이다.

78) 여명에서 월령(月令) 도화(桃花)는 정원의 미인화요, 일시(日時) 도화(桃花)는 야외화로 임자가 많다.

79) 여명이 도화(桃花)와 역마(驛馬)가 같이 있으면 정부를 만나 가출한다.

80) 여명이 정관(正官) 도화(桃花)를 만나면 복록이 많고, 편관(偏官) 도화(桃花)를 만나면 박복하다.

81) 여명이 월령(月令)에 도화(桃花)나 망신살(亡身殺)이 있고, 인수(印綬)가 혼잡되거나 신합(身合)되면 후처 소생이다.

82) 여명이 식상(食傷)이 도화살(桃花殺)에 해당하면 명예가 훼손된다.

83) 여명이 도화살(桃花殺)이 형살(刑殺)에 해당하면 성병으로 고생한다.

84) 여명이 음일 사유(巳酉)시생이면 내리내리 딸만 낳는다.

85) 여명이 일시(日時) 인수(印綬)가 효신(梟神)에 해당하고, 식상(食傷)을 거듭 극(剋)하면 자식을 두기 어렵다.

86) 여명이 자식성이 과마(跨馬)하면 자식이 이민을 간다.

87) 여명이 관(官)이 많은데 암합(暗合)이 되면 남편이 의처증이 있다.

88) 여명이 일시(日時)에 원진살(怨嗔殺)이 있으면 부부금슬이 좋지 않다.

89) 여명이 식상(食傷)이 왕한데 관운(官運)을 만나면 남편과 이별하고, 식신(食神)과 상관(傷官)이 많으면 과부팔자다.

90) 여명이 종살지명(從殺之命)이면 귀부인 팔자이고, 종아지명(從兒之命)이면 천한 팔자이다.

91) 여명이 식신생재(食神生財)이면 자식을 낳은 후 부자가 된다.

92) 여명이 상관생재(傷官生財)하면 과부가 된 후 부자가 된다.

93) 여명이 식신(食神)과 재(財)가 합(合)이 되면 요리솜씨가 일품이다.

94) 여명이 인수(印綬)와 역마(驛馬)가 합(合)이 되면 해외유학을 간다.

95) 여명이 신강토재(身强土財)이면 피복이나 지물에 관계하면 길하다.

96) 여명이 신강(身强)한데 양인(羊刃)이 있으면 고집불통으로 낭패를 본다.

97) 여명이 자묘형(子卯刑)이 있으면 정조관념이 희박하다.

98) 관성(官星)이 다른 주(柱)와 간합(干合)하면 남편을 빼앗기고 혼자 살고, 단 하나의 관성(官星)이라도 유년(流年)에서 비견(比肩)과 합거(合去)하면 남편을 빼앗긴다.

99) 여명이 도화(桃花)가 삼합(三合)되면 색정으로 남편이 의처증을 갖는다.

100) 여명이 일지(日支)에 장성살(將星殺)이 있으면 남편을 바꾼다.

101) 여명이 신왕관쇠(身旺官衰)하면 남편이 무기력하다.

102) 여명이 명암부집(明暗夫集)이 되면 색난과 이성을 멀리해야

한다.

103) 여명이 괴강일에 태어나면 남편운이 불길하다. 늦게 결혼하되 내궁에 신경써야 한다.

104) 여명이 관성(官星)이 재성(財星)을 만나고, 지지(地支)에 관성(官星)의 건록(建祿)이나 장생(長生)을 얻어 관성(官星)이 유근(有根)하고, 관(官)의 식신(食神)을 얻으면 귀부인으로 평생을 행복하게 살아간다.

105) 여명이 식상(食傷)이 관성(官星)을 극(剋)하고, 관(官)이 실령(失令)하고, 사절(死絶)에 들어 실기하고, 괴강이나 양인(羊刃)이 중첩하고, 관살(官殺)이 혼잡하면 고생이 많다.

106) 여명이 식신(食神)이 득령(得令)하고, 장생(長生)을 얻어 유기(有氣)하고, 식신(食神)의 재관(財官)을 얻으면 자식덕이 있다.

107) 여명이 식신(食神)이 실령(失令)했는데 병사묘절(病死墓絶)되면 자식덕이 없다.

108) 여명이 신강(身強)한데 관(官)은 약하고 재성(財星)마저 없으면 남편이 무력하여 방종해지기 쉽다.

109) 여명이 관(官)이 약한데 재성(財星)이 없고 식상(食傷)이 많으면 호색음탕하다.

110) 여명에서 식상(食傷)은 남편을 극(剋)하는데 과다하면 남편이 없는 것과 같아 자식에게 의지하면서 살아간다.

111) 여명이 인성(印星)이 많아 신강(身強)하면 관성(官星)이 모두

화인(化印)되어 해삼에 지푸라기격이니 남편이 허약하다.

112) 여명이 신왕관쇠(身旺官衰)하고 명암부집(明暗夫集)하면 가장 흉하다.

이상으로 여명에 해당하는 간명법 112가지를 열거했다. 사주간명에 응용하면 많은 발전이 있을 것이다.

4. 간명 112제(남녀 공동)

1) 약자는 방조(幇助)하고, 강자는 설상(洩傷)시켜 사주를 중화시키는 것이 용신(用神) 정법의 근본정신이다.

2) 방조설상(幇助洩傷)의 4대법칙은 다음과 같다.

① 사주가 신왕(身旺)한데 재관(財官)이 미약하면 재관(財官)이 용신(用神)이다. 식상(食傷)을 용신(用神)으로 쓰면 관성(官星)을 손상시켜 해롭다.

② 사주가 비겁(比劫)이 많아 신강(身强)하면 관살(官殺)로 제(制)하는 것보다, 식상(食傷)으로 설기(洩氣)시키는 것이 좋다. 비겁(比劫)은 관살(官殺)과 상극(相剋)으로 격전이 되므로 해롭다. 강세를 순하게 설기(洩氣)시키는 것이 유리하다.

③ 사주가 재다신약(財多身弱)이면 비겁(比劫)으로 방(幇)하는 것이 유리하다. 재(財)의 극(剋)을 당하는 인수(印綬)로 용신(用神)을 삼으면 탐재괴인(貪財壞印)이 되어 일주(日柱)

를 생할 수 없기 때문이다.

④ 사주에 관살(官殺)이 많아 신약(身弱)이면 인수(印綬)로 관살(官殺)을 인화(印化)시켜 일주(日柱)를 생조(生助)하는 것이 유리하다. 방(幇)하는 비겁(比劫)은 관극비(官剋比)로 무정하기 때문에 불리하다.

3) 사주가 약한데 일주(日柱)를 극(剋)하는 것이 있으면 그것이 용신(用神)이다.

4) 사주가 재다신약(財多身弱)이면 비견(比肩)을 만나 많은 재(財)를 다스려야 한다. 득비이재(得比利財)는 공동사업이 좋다.

5) 사주가 군비쟁재(群比爭財)를 이루면 관살(官殺)운을 기뻐하고, 비겁(比劫)운을 매우 꺼린다.

6) 사주에 득비이재(得比利財)가 있으면 인비(印比)운을 기뻐하고, 재관(財官)운을 꺼린다.

7) 사주에 득비이재(得比利財)가 있으면 형제덕이 있으나, 운도파겁이면 반드시 재앙이 따른다.

8) 사주에 일주(日柱)의 병(病)이 있으면 일주(日柱)의 강약을 막론하고 약을 찾아 용신(用神)으로 정해야 한다.

9) 사주에 병(病)이 있을 때 약신(藥神)으로 제거하면 부귀가 크나, 병이 중한데 약이 없어 구조하지 못하면 목숨이 위태롭다.

10) 사주에 병이 있으면 막봉병운(莫逢病運)하라. 병중무구(病中無救)하니 신등조천(身登早天)이라.

11) 삼동견화(三冬見火)는 동일가애(冬日可愛)인데, 유화(有火)이

면 미온하여 시생만물이라.

12) 해자축(亥子丑)월의 동목(冬木)은 화(火)를 조후용신(調侯用神)으로 쓴다. 화(火)가 목(木)을 설기(洩氣)하는 것이 아니라, 화(火)가 목(木)을 추위에서 구해주니 화생목(火生木)이 된다.

13) 관(官)과 상관(傷官)이 싸우면 재성(財星)으로 통관(通關)하고, 재인(財印)이 교차하면 관(官)으로 용신(用神)하며, 재성(財星)이 겁인(劫刃)을 만나면 식상(食傷)으로 용신(用神)을 삼는데, 이를 통관용신(通關用神)이라 한다.

14) 토금수목(土金水木)이 해자축(亥子丑)월인 겨울에 태어나면 모두 조후용신(調侯用神)을 써서 한곡에 회춘시켜야 한다.

15) 용신(用神)에는 진신(眞神)과 가신(假神)이 있다. 득령(得令)한 것이 진신(眞神), 실령(失令)한 것이 가신(假神)이다.

16) 사주에서 식상(食傷)이 용신(用神)이면 총명다재하다.

17) 사주에서 희용신(喜用神)이 기반(羈絆)이 되면 평생 성공하지 못한다.

18) 사주가 간합(干合)이나 지합(地合)이 되어 길신으로 변하면 명리가 있고, 기신(忌神)으로 변하면 재해가 따른다.

19) 희용신(喜用神)은 지지(地支)에 있는 것이 가장 좋다. 천간(天干)에 노출되면 상하기 쉽다.

20) 흉신은 천간(天干)에 노출되는 것이 길하고, 길신은 암장되는 것이 겁탈되지 않아 길하다.

21) 용신(用神)이나 희신(喜神)에 해당하는 대운과 년운(年運)을

만나면 재물을 모은다.

22) 대운과 년운(年運)이 용신(用神)을 극파(剋破)하면 사망한다.

23) 식신(食神)이 간합(干合)하여 화한 오행이 묘(墓)운이 되면 재앙이 따르고, 심하면 사망에 이른다.

24) 대운의 지지(地支)가 월지(月支)를 충(沖)하면 격을 파(破)하니 대흉하다.

25) 용신(用神)이 대운에서 묘(墓)운을 만나고, 년이나 월에서 사절(死絶)을 거듭 만나면 사망한다.

26) 용신(用神)을 극해(剋害)하는 흉신이 강한데, 다시 흉신운을 만나면 사망한다.

27) 약한 용신(用神)을 강한 흉신이 충(沖)하고, 격을 대운의 지지(地支)가 다시 충(沖)하면 사망한다. 그러나 구신(救神)이 있으면 구사일생한다.

28) 도화(桃花)·함지(咸池)·양인(羊刃)·칠살(七殺)이 한꺼번에 있으면 가산을 탕진하고 색난으로 사망한다.

29) 사주에 백호대살(百虎大殺)이 있는데 천을귀인(天乙貴人)이나 천월덕귀인(天月德貴人)이 없고, 유년(流年)에서 다시 백호대살(百虎大殺)을 만나거나 충(沖)하면 비명횡사하거나 수술이나 불의의 사고를 당한다.

30) 가상관(假傷官)격이 인수(印綬)운을 만나면 설기(洩氣)가 심하니 매사가 침체되고, 심하면 사망에 이른다.

31) 진상관(眞傷官)격이 다시 상관(傷官)운으로 가면 설기(洩氣)

가 심하니 매사 침체되고, 심하면 사망에 이른다.

32) 사주에 수(水)가 많으면 공포증이 있고, 요통이나 견비통이 따르다.

33) 목(木)은 오장으로는 간담에 해당하고, 오상으로는 인(寅)이니 성품이 어질다.

34) 목(木)이 병들면 목소리가 크고, 폭언과 분노를 일으키며, 시기심과 질투심이 폭발하여 어질지 못하다. 그러나 수목(水木)의 길신을 만나면 어진 천성으로 돌아온다.

35) 갑목(甲木)은 쓸개와 머리, 을목(乙木)은 목과 간, 인목(寅木)은 양손과 양발, 묘목(卯木)은 손가락과 발가락에 해당한다.

36) 화(火)는 오장으로는 심장, 오상으로는 예(禮)이니 예의가 바르다.

37) 화(火)가 병들면 버릇이 없고 천방지축인 경우가 많다.

38) 심장인 정화(丁火)가 약하면 겁이 많고 잘 놀라며 눈병이 자주 온다.

39) 정화(丁火) 일간(日干)이 강하고 신금(申金)이 약한데 재(財)운이나 세운(歲運)에서 화(火)운을 만나면 99% 폐결핵에 걸리는데 수(水)운이 오면 회복한다.

40) 정화(丁火)는 심장으로 눈을 주관하니 정화(丁火)가 약하면 시력이 약하다.

41) 정화(丁火)가 약하면 어깨·허리·무릎에 병이 오고, 꿈도 잘 맞으며 영감이 뛰어나니 역술이나 무녀가 제격이다.

42) 오화(午火)는 정신에 해당하니, 오화(午火)가 약하고 자(子)의 충(沖)을 만나면 정신이 혼미하고, 심하면 정신분열이 따른다.

43) 사화(巳火)는 얼굴에 해당하니, 사화(巳火)가 약한데 해(亥)의 충(沖)을 당하면 얼굴에 경련이 자주 온다. 목(木)이 와서 해수(亥水)를 설기(洩氣)하여 사화(巳火)를 생부(生扶)하면 치료가 된다. 목(木)이 약신(藥神)이다.

44) 병화(丙火)는 소장이며 양어깨를 주관하니, 수왕(水旺)하여 병화(丙火)가 약하면 양어깨가 무겁고 통증이 온다. 목(木)이 약신(藥神)이다.

45) 무토(戊土)는 오장에서 위장과 옆구리, 술토(戌土)는 발, 진토(辰土)는 피부, 기토(己土)는 비장과 복부, 축토(丑土)는 발과 무릎, 미토는 팔과 허리에 해당한다.

46) 토(土)는 오장으로는 비장, 오상으로는 신(信)에 해당한다.

47) 토(土)가 약하면 신용이 없고 허세와 호언장담을 잘 한다.

48) 토(土)가 약하면 의심이 많고 의처증이나 의부증이 있다.

49) 토(土)가 약하면 게으르고 잠이 많다.

50) 금(金)은 오장으로는 폐장, 오상으로는 의(義)에 속하니, 금(金)이 병들면 불의와 타협한다.

51) 경금(庚金)은 대장과 배꼽, 신금(申金)은 근골, 신금(辛金)은 폐와 다리 허벅지(근육통), 유금(酉金)은 유방과 기관지에 해당한다.

52) 신금(辛金)이 심약한데 정화(丁火)가 극(剋)하면 폐결핵으로

고생한다. 병화(丙火)는 합(合)되니 무방하다.

53) 경일주(庚日柱)가 화국(火局)을 만나면 치질이나 임질로 고생한다.

54) 임수(壬水)는 오장으로는 신장, 오상으로는 지(智)에 해당한다.

55) 임수(壬水)는 방광과 정강이, 계수(癸水)는 신장과 생식기, 해수(亥水)는 머리카락, 자수(子水)는 자궁과 귀에 해당한다.

56) 목(木)이 없으면 의지가 약하며 규율이 없다.

57) 사주에 목(木)이 많으면 여자의 운기로 성격은 유순하나 결단력이 부족하고 질투가 많다.

58) 사주에 화(火)가 없으면 여러 번 결혼하고 멍청이같이 둔하다.

59) 사주에 화(火)가 많으면 질병이 많고, 신강(身强)하면 총명하며 화려한 것을 좋아한다.

60) 사주에 토(土)가 많으면 자신감과 집착력은 있으나 의심이 많고, 유순하나 후덕하지 못하다.

61) 사주에 토(土)가 없으면 정착하기 어려우니 셋방을 면하기 어렵고, 없어도 있는 척하며 죽는 소리는 하지 않는다.

62) 사주에 금(金)이 많으면 강기와 결단력은 있으나 망설이고, 동작이 확고하지 못하다.

63) 사주에 금(金)이 없으면 어질고 생각이 깊으나, 기회를 잃고 후회하는 일이 많다.

64) 사주에 수(水)가 많으면 변명하는 것이 결점이다. 규율성이 부족하고 변심하기 쉬우며 정도 많다.

65) 사주에 수(水)가 없으면 처세는 잘 하나 친절심이 부족하고 건강도 약하고 정도 없다. 따라서 가처이별지상이 된다.

66) 사주에 인수(印綬)와 식신(食神)이 있으면 문예방면에서 출세한다.

67) 역마(驛馬)와 지살(地殺)이 인수(印綬)에 해당하면 외국어에 능통하니 해외유학을 한다.

68) 인수(印綬)가 유기(有氣)하면 학업성적이 우수하나, 재(財)가 많아 극인(剋印)하면 성적이 떨어진다.

69) 인수성(印綬星)이 학문인데 재성(財星)을 만나 극인(剋印)되면 학업성적이 불량하다. 재수 삼수를 해도 낙방하니 진학할 생각은 하지 마소.

70) 상관성(傷官星)은 식신(食神)보다 표현력이 뛰어나고 두뇌도 명석하다.

71) 상관성(傷官星)은 생재(生財)력이 식신(食神)만 못하지만, 두뇌가 명석하고 언변이 청산유수다.

72) 상관(傷官)은 정관(正官)의 칠살(七殺)이니, 여명에 상관(傷官)이 왕하면 남편을 잃는다. 그러나 사주에 관성(官星)이 없으면 작용이 반감된다. 위경론(渭經論)에 '상관(傷官)이 불견(不見) 관성(官星)이면 유위정결(猶爲貞潔)'이라고 했다.

73) 사주에서 상관(傷官)이 관(官)을 만나면 한평생 벼슬없이 쓸쓸하게 보낸다.

74) 식상(食傷)이 태왕(太旺)하고 격을 이루지 않으면 고용인이나

도고인의 팔자다.

75) 상관성(傷官星)은 남명에서는 극자성(剋子星), 여명에서는 극부성(剋父星)이다.

76) 천간(天干)에 금수(金水) 경신임계(庚辛壬癸)는 한냉하고, 지지(地支)의 금수(金水) 신유해자(申酉亥子)는 한습하다.

77) 천간(天干)의 무기토(戊己土)는 한난의 중간에 위치하고, 지지(地支)의 술미토(戌未土)는 마르고, 진축토(辰丑土)는 습하다.

78) 천간(天干)의 목화(木火) 갑을병정(甲乙丙丁)은 난하고, 지지(地支)의 목화(木火) 인묘사오(寅卯巳午)는 조하다.

79) 추동절은 한습하고 춘하절은 난조하다.

80) 사주가 지나치게 한습하면 난조운으로 가야 형통한다.

81) 사주가 너무 난조하면 한습운으로 가야 형통한다.

82) 사주가 너무 한습하거나 난조하면 억부(抑扶)나 병약(病藥) 용신(用神)법에 의하지 않고, 조후용신(調侯用神)법을 따른다.

83) 한습조화란 난조함이 태과(太過)하면 우로로 윤함이 길하고, 한습이 태과(太過)하면 태양으로 난함이 마땅하다.

84) 월령(月令)이 공망(空亡)되고 재살(財殺)이 태과(太過)하면 형제가 고독하다.

85) 일월(日月)이 원진(怨嗔)이면 형제가 불목하고, 일시(日時)가 원진(怨嗔)이면 부부가 해로하기 어렵다.

86) 비견(比肩)과 겁재(劫財)가 혼합하면 이복형제가 있고, 속성속패한다.

87) 일시(日時) 원진(怨嗔) 귀문관(鬼門關)은 부부간에 불화하고, 일시(日時)가 상충(相沖)하면 부부간에 상별한다.

88) 사주에서 사맹(四孟) 사충(四沖)이 싸우면 부부풍파를 많이 겪고, 주색과 음란으로 패가망신한다.

89) 남명은 겁재(劫財)운에 손재(損財)·손처(損妻)하고, 여명은 상관(傷官)운에 남편과 이별한다.

90) 원진(怨嗔) 대운이나 원진(怨嗔) 년운(年運)에 결혼하면 원만하지 못하여 원망사가 따른다.

91) 인수성(印綬星)은 명예를 상징하고 재성(財星)은 이에 해당하니 인성(印星)과 재성(財星)을 명리로 본다.

92) 처궁을 볼 때는 재성(財星)의 구애를 받지 않는다.

93) 처궁인 일지(日支)에 희신(喜神)이 있는데 충(沖)을 만나면 부부가 해로하기 어렵다.

94) 처궁인 일지(日支)에 기신(忌神)이 있는데 타의 충(沖)을 받으면 오히려 이롭다.

95) 재성(財星)이 희용신(喜用神)이면 아내덕이 산과 같고, 기신(忌神)이면 매사 방해꾼이 따른다.

96) 재성(財星)은 천간(天干)에 있는 것보다 지지(地支)에 있는 것이 길하다.

97) 남명 갑(甲)일생이 기토(己土) 재(財)와 간합(干合)하고, 다시 지지(地支)에서 자축합토(子丑合土)로 합(合)되면 첩을 둔다.

98) 여명 갑을(甲乙)일생이 화(火)가 많아 신약(身弱)한데, 자묘형

(子卯刑)을 구비하면 무모로 고민한다.

99) 축술형(丑戌刑)은 암합(暗合)도 되고 암충(暗沖)도 된다. 합(合)도 잘 되지만 충(沖)도 잘 되니 변덕이 심하고, 남녀간에 결합도 번개같이 만났다가 번개같이 헤어진다.

100) 사주에 축술미(丑戌未) 삼형(三刑)이 있으면 미남미녀인 편이나 인덕이 없고, 입만 열면 거짓말이니 신의를 지켜야 한다.

101) 진술축미(辰戌丑未)의 사묘(四墓)를 구비한 명은 선대의 묘가 잘못 들었으니 활인공덕을 생활화하라.

102) 사주에 인사신(寅巳申) 삼형(三刑)이 있으면 호언장담을 잘하고, 부부궁이 불리하며, 일찍 성공하나 쉽게 패망한다.

103) 사주에 축오원진(丑午怨嗔)·육해(六害)·귀문(鬼門)이 있으면 의부증·의처증·변태·신경쇠약·정신이상이 따른다.

104) 사주에 식신합재(食神合財)와 식신생재(食神生財)가 있으면 식품사업으로 성공한다.

105) 월봉(月逢) 인수(印綬)하면 교육자로 성공한다.

106) 사주에 역마(驛馬)와 식신(食神)이 유기(有氣)하면 해외영업으로 성공한다.

107) 수목(水木)일 술해(戌亥)시생 중에는 법관이 많다.

108) 생일(生日)에 봉형(逢刑)이나 수옥살(囚獄殺)이 있으면 경찰관으로 나간다.

109) 인사역마(寅巳驛馬)와 지살(地殺)이 있으면 항공계통으로 나가는 것이 길하다.

110) 역마(驛馬)와 지살(地殺)이 많으면 이국만리로 답사를 간다.

111) 신해역마(申亥驛馬)와 지살(地殺)이 있으면 해운계통이 좋다.

112) 해자축(亥子丑)월 경신(庚申)일에 태어나면 식상(食傷)이 태왕(太旺)하여 구술업에 종사하고, 교육자로 이름을 얻는다.

5. 112요결

1) 하도(河圖)의 수리에서와 같이 1과 6은 수(水)로 북방의 겨울을 상징한다. 오상으로는 지혜, 오색으로는 흑색, 오기로는 한기에 속한다.

2) 3과 8은 목(木)으로 동방의 봄을 상징한다. 오상으로는 인(仁), 오색으로는 청색, 오기로는 바람에 속한다.

3) 2와 7은 화(火)로 남방의 여름을 상징한다. 오상으로는 예(禮), 오색으로는 적색, 오기로는 열에 속한다.

4) 5와 10은 토(土)로 중앙에 속하며 사계를 상징한다. 오상으로는 신(信), 오색으로는 황색, 오기로는 습에 속한다.

5) 4와 9는 금(金)으로 서방의 가을을 상징한다. 오상으로는 의(義), 오색으로는 백색(白色), 오기로는 조(燥)에 속한다.

6) 하도(河圖)는 수리(數理)에 따라 음양오행과 방위 및 간지(干支)를 배열하고, 순행(順行)으로 상생이 되니 오행상생도(五行相生圖)라고도 할 수 있다.

7) 낙서(洛書)의 기수(氣數)와 같이 1을 뒤로 하고, 3을 왼쪽으로

하고, 7을 오른쪽으로 하여 2와 4를 양어깨로 하고, 6과 8을 양발로 하여 5를 가운데로 한다. 낙서(洛書)는 수리(數理)에 따라 음양오행과 방위 및 간지(干支)를 배열하고, 역행(逆行)으로 상극(相剋)이 되니 오행상극도(五行相剋圖)라고 할 수 있다.

8) 계사전(繫辭傳)에 말하기를 '역(易)에는 태극(太極)이 있으니 이것이 양의(兩儀)를 낳고, 양의(兩儀)가 사상(四象)을 낳고, 사상(四象)이 팔괘(八卦)를 낳는다'고 했다. 이것을 도표로 나타낸 것이 복희씨(伏羲氏)의 팔괘도(八卦圖)이다.

河圖의 數理

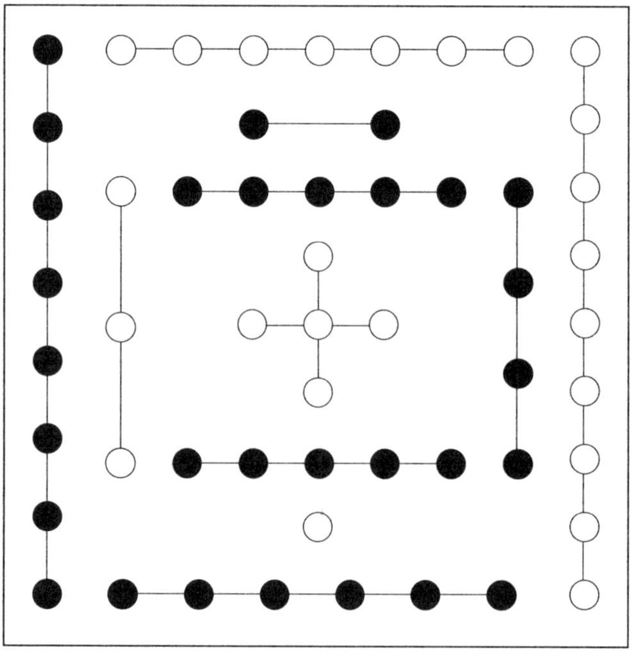

伏羲八掛圖

八卦順	1	2	3	4	5	6	7	8
八卦體	☰	☱	☲	☳	☴	☵	☶	☷
八卦名	乾	兌	離	震	巽	坎	艮	坤
四　象	太　陽		少　陰		少　陽		太　陰	
兩　依	陽				陰			
太　　極								

洛書의 數理

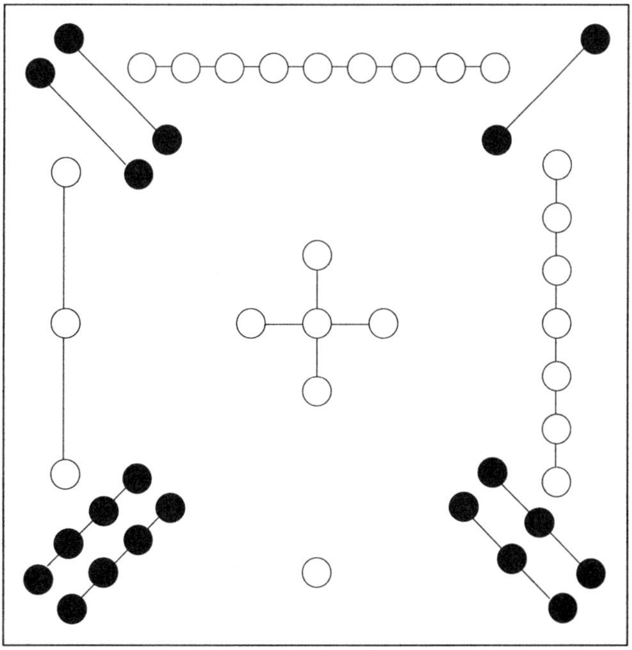

9) 문왕팔괘(文王八卦)의 생성의 차례는 건부(乾父 ☰)와 곤모(坤母 ☷)가 서로 교감하여 여섯 자녀를 생산한다.

곤모(坤母 ☷)가 건부(乾父 ☰)의 홀수(—)를 받으면 아들인데
초효(初爻)를 받으면 진(震 ☳)으로 장남(長男)이요
이효(二爻)를 받으면 감(坎 ☵)으로 중남(中男)이요
상효(上爻)를 받으면 간(艮 ☶)으로 소남(小男)이다.

곤모(坤母 ☷)가 건부(乾父 ☰)의 짝수(--)를 받으면 딸인데
초효(初爻)를 받으면 손(巽 ☴)으로 장녀(長女)요
이효(二爻)를 받으면 이(離 ☲)로 중녀(中女)요
상효(上爻)를 받으면 태(兌 ☱)로 소녀(小女)이다.

10) 양 중에도 태양(太陽)과 소음(少陰)이 있고, 음 중에도 태음(太陰)과 소양(少陽)이 있다. 양 중에도 음이 있고, 음중에도 양이 있다.

文王八掛圖

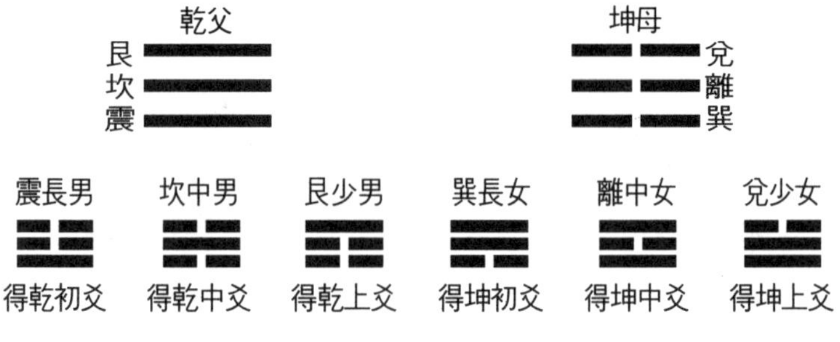

11) 목(木)은 생명체를 대표하며 미래지향적으로 뻗어오른다.

12) 화(火)는 진취적이며 정열적이고 화려함을 상징한다.

13) 토(土)는 정직과 신용을 상징한다.

14) 금(金)은 혁신적이나 의협심이 있다.

15) 수(水)는 응집력과 지혜를 상징한다.

16) 상생이란 서로 도와주면서 공생공존하는 것이다.

17) 상극(相剋)이란 서로 공격과 파괴, 자극하는 것이다.

18) 통관(通關)이란 상극(相剋)관계를 상생(相生)관계로 변화시키는 것이다.

19) 갑목(甲木)은 십간(十干)의 첫 번째 글자로 시작과 우두머리를 상징한다.

20) 갑목(甲木)은 뻗어오르려는 기질이 있어 어지간해서는 굽히지 않는다.

21) 을목(乙木)은 끈질긴 생명력과 뚫고 나가는 힘이 있다.

22) 병화(丙火)는 양 중의 양으로 태양을 상징한다.

23) 정화(丁火)는 인위적인 화(火)로 등촉이나 용광로에 비유한다.

24) 무토(戊土)는 성단토(城壇土)와 대산(大山)에 비유한다.

25) 기토(己土)는 윤토(潤土)로 전원의 토(土)로 본다.

26) 경금(庚金)은 제련되지 않은 쇳덩어리와 고철에 비유한다.

27) 신금(辛金)은 금은동이나 세공한 보석에 비유한다.

28) 임수(壬水)는 강이나 호수・바다 등에 비유한다.

29) 계수(癸水)는 우로나 음천(陰泉)에 비유한다.

30) 자수(子水)는 체(體)는 양이나 용(用)은 음으로 한다.

31) 사해(巳亥)는 체(體)는 음이나 용(用)은 양으로 한다.

32) 년간(年干) 중심의 사주학을 일간(日干) 중심으로 체계화시킨 것은 송나라 때 연해자평서(淵海子平書)이다.

33) 우리가 현재 쓰고 있는 역서(曆書)는 개국 504년(乙未年) 10월 26일, 고종황제의 칙명으로 그해 음력 11월 17일을 개국 505년 건양(建陽) 원년으로 하여 1월 1일로 삼았다. 이것이 태양력이 시행된 시초다.

34) 입춘절은 한 해의 시작과 인(寅)월의 시작이 되는 계절이다.

35) 현재 우리가 사용하는 시간은 동경의 표준시간이기 때문에 서울지역에서 태어난 사람은 대략 30분 정도를 늦추어 시주(時柱)를 정해야 한다.

36) 섬머타임을 실시했을 때 태어난 사람

37)섬머타임 적용기간은 다음과 같다.

- 1948년 5월 31일 자정부터 9월 22일 자정까지(재 조선, 미 육군 사령부 령)
- 1949년 4월 3일 자정부터 9월 30일 자정까지(대통령 령 74호)
- 1950년 4월 1일 자정부터 9월 10일 자정까지(대통령 령 182호)
- 1955년 5월 5일 개시(국무원 공고 58호)
- 1956년 5월 20일 자정부터 9월 29일 자정까지(국무원 공고 52호)
- 1959년 5월 3일 0시부터 9월 19일 24시까지(국무원 공고 74호)
- 1961년 5월 1일 국무원 령 250호로 섬머타임 실시를 폐지했다.

38) 갑목(甲木)이 기토(己土)와 합(合)하려고 할 때, 중간에 갑목(甲木)이 또 있으면 쟁합(爭合) 투합(鬪合)이라 하여 불합(不合)으로 본다.

39) 갑목(甲木)이 기토(己土)와 합하려고 할 때, 중간에 경금(庚金)이 있으면 합(合)은 이루어지지 않는다.

40) 자축합(子丑合)은 일명 북극합(北極合)이라고도 하는데, 동토(凍土)와 같아 수(水)로 판단하는 경우도 있다.

41) 인해합(寅亥合)은 육합(六合)인 동시에 파(破)에도 해당한다. 합(合)의 원리를 적용한 후, 파(破)의 역할을 살펴 통변한다.

42) 삼합(三合)이 되면 합(合)되기 전에 지지(地支)의 독자성이나 개성은 약해지고, 합(合)되는 오행의 국세에 동화되거나 귀속된다.

43) 삼합(三合)은 자오묘유(子午卯酉)의 사정(四正)이 있어야 완전한 합(合)을 이룬다. 자오묘유(子午卯酉)가 없으면 준삼합(準三合)이나 가합(假合)으로 본다.

44) 삼합(三合)은 형충(刑沖)되면 합(合)이 깨진다.

45) 삼합(三合)이 완전하면 공망(空亡)이 있어도 해공(解空)이나 탈공(脫空)되어 공망(空亡)으로 보지 않는다.

46) 삼합(三合)을 구성하는 지지(地支)가 하나라도 월지(月支)에 있어야 강력한 합(合)이 된다.

47) 암합(暗合)은 겉으로 드러난 명합(明合)보다 작용력이 치밀하고 조직적이다.

48) 근합(近合)은 원합(遠合)보다 강하고, 길흉의 작용도 강하다.
49) 자화간합(自化干合)이란 일주(日柱) 천간(天干)과 일지(日支) 암장신(暗藏神)이 암합(暗合)되는 것이다. 부부 사이가 좋고 복록이 후하다. 을사(乙巳) · 정해(丁亥) · 기해(己亥) · 신사(辛巳) · 계사(癸巳) · 임오(壬午) · 무자(戊子) 일주(日柱) 등이 이에 속한다.
50) 투합(鬪合)이나 쟁합(爭合)하는 운에는 갈피를 잡지 못하고 진퇴가 분명하지 못하니 매사 인내가 필요하다.
51) 충(沖)은 해산시키거나 분리시키는 작용을 한다.
52) 원충(遠沖)은 충력이 약하니 동요현상으로 본다.
53) 강한 기신(忌神)이 약한 희신(喜神)을 충(沖)하면 손재(損財)나 부상 등이 따른다.
54) 천간(天干)이 충(沖)되면 지지(地支)도 영향을 받고, 지지(地支)가 충(沖)되면 천간(天干)도 영향을 받는다.
55) 자오충(子午沖)이 심하면 심장이나 신경계통의 질병에 시달리는 경우가 있다. 수화기제(水火旣濟)가 되었는지 수화미제(水火未濟)가 되었는지에 따라 작용이 달라진다.
56) 인신충(寅申沖)은 역마충(驛馬沖)이라고 한다. 활동력은 좋으나 서두르는 경향이 있고 변동이 심하다.
57) 형살(刑殺)이란 형벌의 뜻으로 사회질서를 유지하기 위하여 필요한 규범과 제제조치에 해당한다.
58) 형(刑)이란 새로운 목적을 달성하기 위하여 어느 정도의 희생

을 감수하면서 잘못된 곳을 도려내는 것과 같다.

59) 형(刑)은 삼합(三合)을 방해하거나 깨트리는 역할을 한다.

60) 여명이 일지(日支) 식상(食傷)이 형살(刑殺)에 해당하면 자연 유산이나 자궁수술이 따른다.

61) 해살(害殺)은 육합(六合)을 방해하며 깨트리는 역할을 한다. 인사(寅巳)와 신해(申亥)가 여기에 해당한다.

62) 공망(空亡)이란 부실하거나 무력한 것을 말한다. 꽃은 있으나 열매가 없는 형상이다.

63) 금(金)이 공망(空亡)되면 종이나 악기 같은 소리가 나거나 울리는 형상으로 해석할 수 있다.

64) 시지(時支)가 공망(空亡)되면 자식과 인연이 약하여 말년이 고독하거나, 자식과 따로 사는 경우가 많다.

65) 공망(空亡)도 득령(得令)하면 강하고, 실령(失令)하면 약하다.

66) 겁살(劫煞)은 외부에서 뜻밖의 화를 당한다는 뜻이다. 적장이나 역모, 주동자와 같은 역할을 한다.

67) 년살(年殺)은 풍류와 예술적인 재능을 담당한다.

68) 역마살(驛馬殺)은 여행 · 이사 · 이동 · 운송수단 · 통신수단을 담당한다. 희신(喜神)이면 활동력이 있고, 외국과 인연이 좋다.

69) 화개살(華蓋殺)은 예술성이나 종교성 · 참모성이라고도 한다. 희신(喜神)이면 참모나 비서의 도움이 크다.

70) 화개살(華蓋殺)이 공망(空亡)되면 종교나 도학에 빠지는 경우가 많다.

71) 천을귀인(天乙貴人)은 일간(日干)을 중심으로 보는데, 모든 신살(神殺) 중에서 최고의 길신이다.

72) 천을귀인(天乙貴人)이 식신(食神)에 해당하면 의식이 풍족하며 장수하고, 외교술에도 능하다.

73) 년살(年殺)이 기신(忌神)에 해당하면 주색잡기를 좋아하고 방탕하다.

74) 진술(辰戌)은 천문(天門)을 깨트린다고 하여 귀인이 임하지 않는다.

75) 사주에 삼기성(三奇星)이 있으면 총명하여 학문과 재능이 탁월하다. 사주가 호격이면 범인을 넘어 국가나 사회의 동량이 될 수 있다.

76) 문창성(文昌星)은 기억력 · 연구력 · 창의력 · 발표력 등에 천부적인 재능이 있어 교수나 작가 등으로 명성을 떨친다.

77) 양인(羊刃)은 극부(剋父) · 극처(剋妻) · 탈재(奪財)의 힘이 겁재(劫財)보다 극렬하기 때문에 양인살(羊刃殺)이라고 한다.

78) 양인(羊刃)의 특성은 독립정신과 개척정신이 강하여 다른 사람을 제압하며 리드하고 통솔력이 있다. 매사에 의욕과 자신감이 넘치지만 독선적이며 고집이 세어 속마음을 드러내지 않고, 냉혹한 일면도 있다.

79) 사주를 분석 판단할 때는 일간(日干)과 월지(月支)에 중점을 두어야 한다.

80) 일간(日干)이 월지(月支)의 기(氣)를 얻으면 득령(得令)이라고

하고, 사주에서 인비(印比)의 생조(生助)를 많이 받는 것을 득세(得勢)라 하며, 일간(日干)이 지지(地支) 암장(暗藏) 중에 동기(同氣)가 있는 것을 득지(得地)라고 한다.

81) 격국(格局)이란 몸과 같은 것으로 부귀와 빈천을 정하는 그릇으로 사주를 대표하는 이름과 같다. 운명의 근본으로 사주의 짜임새요 형상이라고 할 수 있다.

82) 월지(月支)에 암장(暗藏)된 천간(天干) 중에서 천간(天干)에 투출(透出)된 것으로, 일간(日干)에 대비한 육신(六神)을 따져 격을 정하는 것이다. 첫째, 본기 투간(透干)자를 선정한다. 둘째, 본기(本氣) 투간자(透干者)가 없으면 소장한 것에서 투간자(透干者)를 선정한다. 셋째, 제일 유력한 것으로 선정하는데 비겁(比劫)만은 피하여 취격하지 않는다.

83) 월지(月支) 암장(暗藏) 중에서 여기(餘氣)와 중기(中氣)가 같이 투간(透干)했으면 강한 것을 우선하며, 비견(比肩)과 겁재(劫財)는 투출(透出)되어도 취격(取格)하지 않는다.

84) 사주에서 용신(用神)은 가장 필요한 것으로 사람에 비유하면 정신과 같다.

85) 용신(用神)을 극파(剋破)하거나 병이 되는 육신(六神)을 기신(忌神)이라고 한다.

86) 격국(格局)이 가정이라면 용신(用神)은 가장이나 세대주이다. 격국(格局)이 국가라면 용신(用神)은 통치자와 같다.

87) 격국(格局)이 자동차라면 용신(用神)은 운전기사와 같이 중대

한 책임자라고 할 수 있다.

88) 억부용신(抑扶用神)을 알려면 먼저 사주의 강약을 파악하는 것이 필수다. 다음을 참고하라.

- 인다신강(印多身强)이면 재성(財星)이 용신(用神)이다.
- 비다신강(比多身强)이면 관살(官殺)이나 식상(食傷)이 용신(用神)이다.
- 식다신약(食多身弱)에는 인성(印星)이 용신(用神)이다.
- 재다신약(財多身弱)에는 비겁(比劫)이 용신(用神)이다.
- 관다신약((官多身弱)에는 인성(印星)이 용신(用神)이다.

89) 비다신왕(比多身旺)에 재관(財官)이 미약하면 식상(食傷)으로 용신(用神)을 삼는다.

90) 군비쟁재(群比爭財) 사주는 극부(剋父)·극처(剋妻)·파재(破財)를 주도하니, 동업이나 금전대출업은 삼가해야 한다.

91) 득비이재(得比利財)란 재다신약(財多身弱)인 경우 일주(日柱) 자신이 많은 재(財)를 다스릴 능력이 부족할 때, 비겁(比劫) 즉 형제나 친구의 힘을 빌려서 재(財)를 다스리는 것을 말한다. 동업이나 주식회사 등 공동투자사업이 길하다.

92) 탐재괴인(貪財壞印)이란 재성(財星)이 왕(旺)하면 인성(印星)이 약해지며 파괴된다는 뜻이다. 인성(印星)이 용신(用神)인데 재(財)운이 오는 것을 말한다. 이럴 경우 학자나 문인이 재물을 탐내면 명예가 실추된다. 특히 인수(印綬) 용신(用神)으로 입신한 공무원이나 직장인은 재(財)운이 오면 뇌물죄를 범하

기 쉬우니 조심해야 한다.

93) 모자멸자(母慈滅子)란 어머니의 인자함이 오히려 아들을 망친다는 뜻이다. 인성(印星)이 태왕(太旺)하면 사주가 탁해지거나 불길해진다. 예를 들면 목일주(木日柱)가 어머니인 인성(印星) 수(水)가 태왕(太旺)하거나, 부목(浮木)인 경우를 말한다. 예로 수다부목(水多浮木) · 목다화식(木多火熄) · 화다토조(火多土燥) · 토다금매(土多金埋) · 금다수탁(金多水濁)의 원리와 같다.

94) 모쇠자왕(母衰子旺)이란 어머니는 약한데 태아가 너무 커서 출산할 때 산고를 겪는다는 뜻으로, 모체인 일주(日柱)는 약한데 자식인 식상(食傷)이 왕(旺)한 사주를 말한다.

95) 거유서배(去留壻配)란 관살(官殺) 혼잡에서 거(去)할 자는 거(去)하고 유(留)할 자는 유(留)하여, 짝이 되는 자는 짝을 지어 관살(官殺)이 잘 조정된다는 뜻이다. 관살(官殺) 혼잡의 여명도 거유서배(去留壻配)가 잘 이루어지면 부귀는 물론 행복을 누린다.

96) 조후용신(調侯用神)이란 한난조습의 기후조절을 참작하여 용신(用神)을 정한다는 뜻이다.

97) 제습(除濕)이란 사주에 금수(金水)가 많아 과습할 때 화토(火土)로 건조하게 하는 것이다. 제습(除濕)의 반대는 윤습이다.

98) 통관용신(通關用神)은 극제(剋制)를 당하여 약해진 육신(六神)을 반생(返生)시키는 역할을 한다.

99) 통관용신(通關用神)이 다른 오행과 합(合)되면 제 역할을 하

지 못한다.

100) 통관용신(通關用神)의 위치가 너무 멀면 작용도 약해진다.

101) 전왕용신(專旺用神)은 왕세(旺勢)를 따르는 것을 원칙으로 하지만 왕세(旺勢)를 설기(洩氣)하는 것도 대단히 좋다.

102) 전왕용신(專旺用神)이란 오행의 일기(一氣)가 사주의 전권을 장악했을 때, 그 왕신(旺神)으로 용신(用神)을 정하는 것을 말한다.

103) 구신(仇神)이란 희용신(喜用神)이나 일주(日柱)를 극해(剋害)하거나 기신(忌神)을 생조(生助)하는 신(神)을 말한다.

104) 여명이 재성(財星)이 없고 관성(官星)이 약하면 남편에게 만족하지 못한다.

105) 여명이 일지(日支)에 상관(傷官)이 왕(旺)한데 재성(財星)마저 없으면 부부간에 해로하기 힘들다.

106) 여명이 식상(食傷)이 형충(刑沖)을 당하면 자궁수술이 따르고, 그릇을 잘 깨며 음식솜씨도 없다.

107) 부부궁은 남자는 재성(財星)을 살피고, 여명은 관성(官星)을 살피는데, 부부자리인 일지(日支)를 자세히 살펴야 한다.

108) 신왕(身旺) 사주가 일지(日支)에 비겁(比劫)이나 양인(羊刃)이 있으면 배우자 때문에 손재(損財)와 구설 · 이별수가 있다.

109) 여명이 비겁(比劫)이 태왕(太旺)하고 관살(官殺)이 비겁(比劫)과 합(合)되면 남편이 첩을 두거나 본인이 삼각관계에 시달릴 수 있다.

110) 남명이 군비쟁재(群比爭財)이면 부부가 해로하기 어렵다.

111) 남명이 일지(日支) 재성(財星)이 용신(用神)이면 아내덕이 하늘과 같고, 천을귀인(天乙貴人)이면 배가 된다.

112) 여명이 관성(官星)이 미약하고 조열(燥熱)하면 부부가 해로하기 어렵다.

삼기성(三奇星)에 대하여 보충설명을 하면 천상삼기(天上三奇)는 갑무경(甲戊庚), 지하삼기(地下三奇)는 을병정(乙丙丁), 인중삼기(人中三奇)는 신임계(辛壬癸)가 된다.

갑(甲)일이나 무(戊)일생이면 경(庚)이 삼기귀인(三奇貴人)인데 일월성(日月星)이 기귀(奇貴)한 것이다. 삼기(三奇)는 년월일(年月日)이나 월일시(月日時)의 순으로 나란히 있으면 더욱 좋다.

삼기성(三奇星)에 대해서는 사주에 술해(戌亥) 천문(天門)이 있어야 귀기(貴奇)의 정격이 된다. 만일 천문(天門)인 술해(戌亥)가 없으면 비록 일월성(日月星)이 있어도 기귀(奇貴)하기 어렵다.

6장. 육신론

1. 정인(正印)

어머니와 같은 길성으로 선생님이나 후원자에 해당하고, 나의 근원으로 뿌리 또는 출발점으로 본다. 정인(正印)은 사물의 본체를 확인한다는 뜻으로, 인장 · 문서 · 학문 · 진리 · 지식 등에 해당한다.

따라서 정인(正印)이 유기(有氣)하면 학자로서 탐구심이 강한 노력가이나, 지나치게 정통성을 따지거나 보수적인 성격의 소유자다.

정인운(正印運)에 일어나는 현상

- 부동산 매매 등이 일어난다.
- 각종 시험 · 입시 등에 합격한다.
- 부모나 윗사람의 도움으로 매사가 순조롭다.

2. 편인(偏印)

식신(食神)을 극(剋)하고 겁재(劫財)의 작용을 돕는다는 뜻으로, 도식(到食) 또는 효신(梟神)이라고 한다. 사주에 정편인(正偏印)이 혼잡되면 식상(食傷)을 극제(剋制)하니, 생재(生財)하는 능력이 떨어져 투기나 서비스업은 맞지 않는다. 고집불통으로 자기본위적인 성격의 소유자다.

여명이 편인(偏印)이 많으면 출산이 어렵고, 남자도 관생인(官生印)의 원리로 관성(官星)이 모두 화인(化印)하니 자손궁이 불리하다. 사주에 정편인(正偏印)이 혼잡하고 정편재(正偏財)가 없는데 정편재(正偏財)운을 만나면 급속히 패재하거나 악사한다.

3. 비견(比肩)

비견(比肩)은 형제나 친구·동업자를 의미한다. 사주에 비견(比肩)이 많으면 이별로 변하기도 한다. 사주에 비견(比肩)이 많으면 개척정신이나 자립정신이 강하나 독선적이며 남의 충고를 무시하고, 비견(比肩)이 많으면 남녀 모두 의처증이나 의부증이 있고, 부부사이에 불만이 많아 결혼생활에 문제가 많으며, 조실편친하는 경우가 많다. 부자가 같이 사는 경우 사이가 나빠질 염려가 있으니 분가하는 것이 좋다.

비겁(比劫)이 희용신(喜用神)인데 비겁(比劫)운을 만나면

■ 매사에 자신감과 활력이 있고 대인관계가 원만하다.

■ 형제나 친구의 도움을 받으니 협동사업이나 동업에 길하다.

■ 직장을 옮기거나 분가하기에 좋은 기회다.

비겁(比劫)이 기신(忌神)인데 비겁(比劫)운을 만나면

■ 군비쟁재(群比爭財)가 되어 손재(損財)가 따른다.

■ 청소년은 불량한 친구와 어울려 싸움에 가담하거나 가출한다.

■ 손재(損財)나 손처(損妻) · 극부(剋父)하는 운이다.

■ 가정불화나 분실 · 도난 등의 손재(損財)가 따르고, 학생은 학업이 중단되기도 한다.

4. 겁재(劫財)

겁재(劫財)는 형제 중에서도 이성형제로 본다. 양일간(陽日干)의 겁재(劫財)는 양인(羊刃)이라고 하는데, 사주에 양인(羊刃)이 많으면 고집이 세고 독선적이며 권위적이다. 한 쪽 부모를 일찍 잃거나 극처(剋妻) 지명으로 배우자가 바뀌는 경향이 있다.

5. 식신(食神)

식신(食神)은 의식주를 해결하는 육체활동을 비롯하여 경제활동에 해당한다. 여자에게는 자식이나 유방·자궁 등 생식기능에 해당한다. 일간(日干)을 극상(剋傷)시키는 칠살(七殺)을 극제(剋制)하여 생명을 지켜주기 때문에 수성(壽星)이라고도 한다.

식신(食神)이 용신(用神)인데 식신(食神)운을 만나면

- 식신(食神)이 생재(生財)하니 자금사정이 원활하여 사업이 활성화된다.
- 창안이나 연구 등에 좋은 성과가 있다.
- 여자는 출산하는 기쁨이 있다.

6. 상관(傷官)

상관(傷官)은 일간(日干)을 설기(洩氣)시키는 것으로, 화술과 상상력이 뛰어나고 다재다능하다. 상관(傷官)은 상할상(傷) 자에 벼슬관(官)이니 상관(傷官)이 과다하면 벼슬이 상한다. 따라서 남명에 상관(傷官)이 많으면 벼슬과 자식의 인연이 약하고, 여명은 남편과 인연이 박하다.

식상(食傷)이 혼잡되거나 편중되면

- 남녀 모두 자식궁이 불리하다. 여명은 자연유산·자궁외임신 등 출산에 문제가 따른다.
- 총명하며 다재다능하나 무례하고 반발심이 강하여 구설과 시비

가 많다.

■ 이익이나 목적을 위해서는 수단과 방법을 가리지 않는다.

식상(食傷)이 기신(忌神)인데 식상(食傷)운이 오면

■ 직장에서 감봉이나 파면 등을 당한다.

■ 언행으로 시비와 구설에 시달리고 명예도 실추된다.

■ 남명은 자녀문제로 걱정이 생긴다.

■ 여명은 남편이 싫어지거나 자식의 근심이 생긴다.

■ 임신부는 유산되거나 산액이 따른다.

■ 사주에 식상(食傷)이 지나치게 많으면 단명할 수도 있다.

7. 정재(正財)

정재(正財)는 투기사업으로 얻은 재물보다 봉급으로 받는 재물에 해당한다. 신용과 책임감이 투철하고 검소한 생활자세가 특성이다.

정재(正財)가 희용신(喜用神)인데 정재(正財)운을 만나면

■ 미혼남자는 연인이 생기거나 결혼한다.

■ 재산이 늘어나 생활이 윤택해진다.

■ 부부사이가 좋아지거나 아내로 인한 경사가 생긴다.

■ 재생관(財生官)의 원리로 취직이나 승진이 따른다.

8. 편재(偏財)

편재(偏財)는 편법이나 투기로 얻은 재물이나 불로소득으로 본다. 매사에 요령과 수단이 뛰어나고 다정다감하다. 사교성이 있어 대인관계가 원만하다.

정편재(正偏財)가 혼잡되거나 편중되면

■ 재다신약(財多身弱)은 분수를 잊고 욕심에 사로잡혀 일을 많이 저지른다.

■ 학업성적이 부진하여 중간에 전공을 바꾸는 경우가 많고, 심하면 학업을 중단하는 경우도 있다. 남명은 악처를 만나는 경우가 많다.

편재(偏財)운에 일어나는 보편적인 현상

■ 학생은 학업성적이 떨어진다.

■ 뜻밖의 재물이 생긴다.

■ 증권이나 부동산 등 투기성 사업에 손댄다.

■ 기신(忌神)이면 재극인(財剋印)의 원리로 어머니가 별세한다.

9. 정관(正官)

남명은 자식, 여명은 남편에 해당한다. 정관(正官)은 관리한다는 뜻으로 가정이나 사회·국가에서 필요한 질서와 도덕·제도와 법으로 본다. 따라서 준법정신이 강하고 재물보다 명예를 중요하게 여기며 원리원칙을 고수한다.

정관(正官)운에 일어나는 보편적인 현상

- 합격이나 자격증 취득 등의 기쁜 일이 생긴다.
- 지연되었던 인허가 문제가 해결된다.
- 실직자는 취직하고 직장인은 영전이나 승진한다.

10. 편관(偏官)

남명은 아들과 딸, 여명은 남편 · 남자친구 · 혼외남편 · 애인 등에 해당한다. 자연현상으로는 천재지변인 폭염 · 혹한 · 홍수 · 폭설 등에 해당하고, 인사상으로는 무관에 해당하니 무력이나 형벌권을 행사하는 경검찰 군인에 해당한다. 행정과는 거리가 멀다.

정편관(正偏官)이 혼잡되거나 편중되면

- 정관(正官)도 많이 있으면 편관(偏官) 칠살(七殺)의 특성이 나타난다.
- 매사에 자신감과 독립성이 약하여 남에게 의지하려는 마음이 많다.
- 여명은 원만한 결혼생활을 기대하기 어렵다. 심하면 여러 번 결혼한다.
- 사주가 신약(身弱)하면 비겁(比劫)은 편관(偏官)과 합(合)하니

도움이 된다.

- 식상(食傷)도 왕(旺)한 칠살(七殺)을 억제하니 도움이 된다.
- 인성(印星)은 왕(旺)한 관살(官殺)을 설기(洩氣)시켜 일간(日干)을 도와주니 길하다.
- 재성(財星)만은 관살(官殺)을 생(生)하니 매우 꺼린다.
- 남명은 정자녀(正子女)와 편자녀(偏子女)가 있을 수 있다.

편관(偏官)운에 일어나는 보편적인 특성

- 편관(偏官)이 희용신(喜用神)이면 남명은 득남하거나 슬하에 경사가 생기고, 독신녀는 결혼한다.
- 편관(偏官)이 기신(忌神)이면 각종 질병이나 사고로 심신이 고단프고, 세금이나 인허가 등으로 관재구설과 소송이 생긴다.
- 편관(偏官)이 희용신(喜用神)이면 취업·승진·명예 등이 따른다.

7장. 성품론

오행은 저마다 독특한 성격을 가지고 있는데 일간(日干)을 중심으로 분석한다. 오행의 성정은 사주의 통변상 매우 중요하므로 일간(日干)을 중심으로 자세히 설명하니 숙지하기 바란다.

1. 수(水)일생의 성품

- 수(水)일생이 해자(亥子)월이나 신유(申酉)월에 태어났으면 신(身)이 왕상(旺相)하여 총명하다. 학문을 즐기고 연구심도 뛰어나니 교육자나 학자의 성품이다.
- 수(水)일생이 비겁(比劫)인 수(水)가 태왕(太旺)하면 방랑기질이 있고, 성적으로는 다음(多淫)한 편이다. 임기응변과 모사에 능하고 잔인한 성품이다. 그러나 사주에 인성(印星)인 금(金)이

없으면 오히려 정결하다.

- 수(水)일생이 식상(食傷)인 목(木)이 많으면 인색한 편이나 낭비하는 버릇이 있다. 완고한 성품이나 배짱은 약하고 말이 많은 편이다.
- 수(水)일생이 재성(財星)인 화(火)가 많으면 예의를 소중하게 여기나 지나치게 사물에 집착하며 침울하기 쉽다.
- 수(水)일생이 관살(官殺)인 토(土)가 많으면 내성적이나 신의가 있고 인내심이 강하다. 겉으로는 어리석어 보이나 속으로는 감수성이 빠르다. 결단력이 약하고 남을 미워하는 마음이 강한 것이 결점이다.
- 수(水)일생이 인수성(印綬星)인 금(金)이 많으면 의리는 존중하나 내실보다는 외관에 치중한다. 뜻은 크나 음란하니 이성문제로 파란이 많고, 지모는 있으나 실천력이 부족하며 의존하려는 마음이 많다.
- 수(水)일생이 비겁(比劫)과 인성(印星)이 태강(太强)하면 방랑과 음란함이 결점이다.
- 수(水)일생이 태약(太弱)하면 우유부단하며 계획성이 없고, 지모도 부족하고 행동이 일정하지 않으며 버릇이 매우 없다.

2. 목(木)일생의 성품

- 목(木)일생이 인비(印比)월에 태어나 신(身)이 왕상(旺相)하면

어질고 착하며 두뇌가 총명하다. 도량이 넓고 동정심도 있어 베풀기를 좋아한다.

- 목(木)일생이 신(身)이 태왕(太旺)하면 성품은 외곬로 편굴하고, 마음은 좁쌀처럼 잘며, 말도 많고 질투심도 강하다.
- 목(木)일생이 신(身)이 태약(太弱)하면 인색하고 매사에 질서가 없다. 불규칙적인 생활로 품위도 없고 비천하다.
- 목(木)일생이 사주에 인수성(印綬星)인 수(水)가 많으면 안정성과 침착성이 없다. 표류하는 낙엽처럼 이동이 많다.
- 목(木)일생이 사주에 비겁(比劫)인 목(木)이 많으면 독선적이고, 학문은 높으나 결실을 맺기 어렵다. 총명하나 허영심이 강하고, 교제는 넓으나 매듭이 없다.
- 목(木)일생이 사주에 식상(食傷)인 화(火)가 많으면 학문을 즐기고 총명하나 의지와 실천력이 약하다. 나쁜 줄 알면서도 간혹 지능적인 범죄를 저지른다.
- 목(木)일생이 사주에 재성(財星)인 토(土)가 많으면 검소하면서도 인색하지 않다. 인상도 좋고 사교성도 좋아 매사에 자신감을 갖고 행동하니 존경을 받는다.
- 목(木)일생이 사주에 관성(官星)인 금(金)이 많으면 자제력은 강하나 의지와 결단력이 약하고, 매사 갈피를 잡지 못해 변동이 많다.

3. 화(火)일생의 성품

■ 화(火)일생이 왕상(旺相)월에 태어나면 사리가 분명하다. 표현력이 풍부하고 임기응변의 기교는 멋지나 학술적인 실력은 부족하다.

■ 화(火)일생이 태왕(太旺)하면 과격한 성격으로 희로애락의 감정이 급변한다. 과격한 감정을 그대로 드러내고, 인정도 없고 잔인한 성품으로 돌변한다.

■ 화(火)일생이 태약(太弱)하면 교활하며 경솔하다. 말은 예의가 바른듯 청산유수이나 결단력과 실천력이 부족하다.

■ 화(火)일생이 사주에 인수(印綬)인 목(木)이 많으면 독선적이나 선악과 시비를 분명히 가린다.

■ 화(火)일생이 사주에 비겁(比劫)인 화(火)가 많으면 예의는 있으나 의리가 없다. 겉으로는 총명해 보이나 우둔하고, 행동도 거칠다. 만사가 유명무실하니 용두사미격이다.

■ 화(火)일생이 사주에 식상(食傷)인 토(土)가 많으면 어리석고 완고하며 융통성이 없다. 마음은 약하고 착하나 행동은 대담하게 한다.

■ 화(火)일생이 사주에 재성(財星)인 금(金)이 많으면 매사를 자기 기분대로 혼자 처리하고도 반성할 줄 모르고, 버릇이 없다.

■ 화(火)일생이 사주에 관살(官殺)인 수(水)가 많으면 요령에 치우쳐 자기꾀에 자기가 넘어간다.

4. 토(土)일생의 성품

- 토(土)일생이 진술축미(辰戌丑未)월이나 사오(巳午)월에 태어나 신(身)이 왕상(旺相)하면 신앙심과 신의가 있다. 효성이 지극하고 언행도 침착하니 매사에 충실하다.
- 토(土)일생이 태왕(太旺)하면 흙처럼 고지식하며 완고하고, 융통성도 없고 어리석다.
- 토(土)일생이 태약(太弱)하면 인색하고 난폭하다. 대인관계가 원만하지 못하고, 심중에 독기가 있다.
- 토(土)일생이 사주에 인수성(印綬星)인 화(火)가 많으면 경제관념이 부족하고, 인색하면서도 낭비한다. 겉으로는 현명해 보이나 우둔하다.
- 토(土)일생이 사주에 비겁(比劫)인 토(土)가 많으면 침착하며 도량이 넓고 약속도 잘 지킨다. 비밀을 소중히 하며 은인에게 충실하나 적에게는 잔인한 면이 있다.
- 토(土)일생이 식상(食傷)인 금(金)이 많으면 신의는 있으나 지나치게 강직하며 고집스럽고, 침착성이 부족하며 말이 많다.
- 토(土)일생이 사주에 재성(財星)인 수(水)가 많으면 진취적이며 공명을 탐한다. 욕심도 많고 마음도 바르지 못하다.
- 토(土)일생이 사주에 관살(官殺)인 목(木)이 많으면 뜻은 방대하나 실행이 어렵다. 주체성이 약하여 남의 영향을 잘 받고, 신의가 없어 약속을 지키지 않는다.

5. 금(金)일생의 성품

- 금(金)일생이 신유(申酉)월이나 진술축미(辰戌丑未)월에 태어나 왕상(旺相)하면 명예욕과 의협심이 강하다. 결단력과 위엄이 있고 의지도 강하며 격한 성격이다.
- 금(金)일생이 태왕(太旺)하면 용기는 있으나 모사가 서툴다. 고집이 강하며 욕심도 많고, 의협심도 없으면서 호색에 살생을 즐긴다.
- 금(金)일생이 신약(身弱)하면 생각은 깊으나 결단력이 없다. 쓸데없는 일에 사로잡혀 뜻을 좌절하기 쉽고, 의로움을 즐기나 마음뿐이고 매사가 용두사미격이다.
- 금(金)일생이 사주에 인수성(印綬星)인 토(土)가 많으면 의리를 존중하나 말뿐이다. 매사 지연되니 명성을 얻기 힘들다.
- 금(金)일생이 사주에 비겁(比劫)인 금(金)이 많으면 강직 용맹하다. 의를 위해서는 끝까지 싸우고, 실패해도 후회하지 않는다. 예의를 숭상하며 남에게 지는 것을 싫어한다.
- 금(金)일생이 사주에 식상(食傷)인 수(水)가 많으면 총명하며 능변가로 베푸는 것을 좋아하나 은혜를 모른다.
- 금(金)일생이 사주에 재성(財星)인 목(木)이 많으면 사리가 분명하고 이해타산이 빠르다. 인덕이 없어 남에게 덕을 베풀고도 원망을 듣는 경우가 많다. 기분에 치우쳐 실리를 외면하는 경우가 많으니 손재(損財)가 많다.

6. 용신(用神)으로 본 성품

일간(日干)의 개성을 바탕으로 성품을 알아보듯이 사주의 용신(用神)으로도 알아볼 수 있다. 군주국의 경우 임금은 종신제이지만 재상은 수시로 바뀌는 것과 같이 용신(用神)도 고정되어 있는 것이 아니고, 성품도 용신(用神)의 변화에 따라 변동할 수 있는 것이 아니겠는가. 그것은 인간의 성품도 소년기와 청년기 그리고 노년기에 따라 바뀔 수 있고 변화할 수 있다.

정인(正印)이 용신(用神)이면

정인(正印)의 개성처럼 인의가 있고 자비심이 풍부하다. 품행도 단정하며 침착하고, 덕을 숭상하며 윗사람을 섬긴다. 도량도 넓고 이해력도 빠르나 수완이 부족하다.

편인(偏印)이 용신(用神)이면

사람이 주도치밀하며 섬세하고 총명하며 재치가 있다. 눈치가 빠르며 수완이 좋고 인기도 있어 쓸모는 있으나 변덕이 있어 매사 시작은 있으나 끝이 없다. 사주에 편인(偏印)이 많으면 야비하고 인색하며 품위가 없다.

비견(比肩)이 용신(用神)이면

온건하며 평화적이고, 협동심과 인정이 많다. 아량이 있고 우정과 우애도 깊다. 그러나 비견(比肩)이 많으면 사람이 모가 나고 독선적이며 인화를 도모하기 어렵다.

겁재(劫財)가 용신(用神)이면

솔직 담백하며 매사에 열심이다. 진취적인 성품으로 주는 것도 즐기고 받는 것도 좋아한다. 호기심이 있어 투기성과 모험성도 있다. 그러나 겁재(劫財)가 많으면 우둔하고 어수선하여 매듭이 없다.

식신(食神)이 용신(用神)이면

착하며 온후하고 너그럽다. 항상 모가 나지 않아 누구에게나 호감을 준다. 인정도 많고 이해성과 사교성도 풍부하다. 그러나 사주에 식신(食神)이 많으면 완고하며 고지식하고 융통성이 없다.

상관(傷官)이 용신(用神)이면

총명 다재하나 성질이 날카롭고 바른말을 잘한다. 시비를 너무 따져 인화를 도모하기 어렵고, 권위주의와 비판을 즐긴다. 그러나 사주에 상관(傷官)이 많으면 거만하고 유아독존의 기질이 있다.

정재(正財)가 용신(用神)이면

근면성실하고 투기와 모험을 좋아하지 않는다. 인정이 후하고 신임이 두터우며 준법정신과 책임감도 강하다. 그러나 사주에 정재(正財)가 많으면 우유부단하며 겁이 많아 좋은 기회를 놓친다.

편재(偏財)가 용신(用神)이면

다정다감하며 민첩하면서도 수완도 좋고, 사교성이 뛰어나 대인관계가 원만하다. 기분파로 돈에 시달리면서도 멋지게 쓴다. 무슨 일이든 시원하게 처리하고, 능란하며 융통성이 비범하다. 그러나 사주에 편재(偏財)가 많으면 풍운아로 낭비가 심하여 손재(損財)로 패망한다.

정관(正官)이 용신(用神)이면

지식이 풍부하고 언행이 단정하다. 법을 지키며 도리를 다하고, 공명정대하며 도량도 넓어 군자와 같으나 수완은 부족한 편이다. 그러나 사주에 정관(正官)이 많으면 중심이 흐트러져 천방지축이 되기 쉽다.

편관(偏官)이 용신(用神)이면

호탕한 성품으로 영웅적인 기질이 있고 의협심도 강하다. 그러나 누구에게나 이기려고 하고, 의리를 위해서는 희생을 아끼지 않으나 실속을 차리지 않는 것이 결점이다. 그러나 사주에 편관(偏官)이 많으면 성격이 소힘줄처럼 질겨 한 번 손을 대거나 싸움을 하면 끝을 본다.

7. 일주(日柱)의 강약에 따른 성품

신왕(身旺) 사주

너그럽고 총명하며 실력도 풍부하다. 매사에 주도치밀하면서 융통성이 있어 초지일관하니 비교적 성공률이 높다.

신강(身强) 유제자(有制者)

신(身)이 강하면 자기 멋대로 하는 버릇이 있다. 그러나 관성(官

星)이 유기(有氣)하여 억제하거나 식상(食傷)으로 설기(洩氣)하여 중화시키면 유능한 인재로 학문이 높고, 넓은 도량으로 의리가 있다. 용감하면서도 분수와 도리를 지킨다.

신강(身强) 무제자(無制者)

신강(身强)한데 관성(官星)이나 식상(食傷)·재성(財星)이 없으면 난폭하여 싸움을 좋아한다. 한 번 화가 나면 자제할 줄 모르고, 모험을 즐긴다. 강자에게는 비굴하고, 약자에게는 호랑이 노릇을 한다. 주먹을 잘 써 왕초노릇을 하고, 이익이 되는 일이면 물불을 가리지 않는다.

신약(身弱)하나 인비(印比)의 생조(生助)가 있으면

신약(身弱)하나 인비(印比)의 생조(生助)로 중화되면 사리가 깊고 배움이 많다. 검소하며 언행이 단정하고, 약속과 책임을 완수한다. 분수를 지키며 베푸는 것을 좋아하고, 은혜를 알며 남을 공경하는 마음이 지극하다.

신약(身弱)한데 인비(印比)의 생조(生助)가 없으면

신약(身弱)한데 생부(生扶)하는 인비(印比)가 없으면 사고무친으로 사면초가다. 능력도 아량도 성실성도 없고, 거짓말을 식은죽 먹듯이 한다. 시기와 질투심이 강하고, 우유부단하여 박력과 결단력이 없어 우물쭈물하고, 남에게 신세지는 것을 당연하게 생각하며, 만사를 잘못 판단하여 일을 저지른다. 완고하고 고지식하여 융통성과 사교성도 없고, 소견도 좁아 화를 잘 내며, 항상 마음 속에 독기가 있다.

성품이란 태어날 때부터 타고난다. 선천적인 성품은 사주의 구성에 있고, 강유의 변화는 대운과 세운(歲運), 그리고 환경에 따라 변한다는 것을 알고 단점을 보완하며 살면 많은 도움이 될 것이다.

8장. 궁합론

세간에서 통용되는 궁합법은 생년(生年)을 기준으로 삼합(三合)이나 육합(六合), 납음오행(納音五行)의 상생상극(相生相剋)을 위주로 본다. 그러나 이것은 매우 피상적인 관찰이다. 진정한 궁합은 남녀의 사주를 보고 음양오행의 중화에서만 구할 수 있다. 남녀의 사주를 종합하여 볼 때, 아무리 삼합(三合)이나 육합(六合)이 되어도 음양과 한난조습이 편중되면 절대로 해로하기 힘들다. 남녀궁합법을 구체적으로 살펴보기로 한다.

좋은 신랑의 조건

- 양사주로 신강(身強)하고 빠진 오행이 없을 것.
- 재관인(財官印)의 삼기(三奇)를 갖추고 살(殺)이 없을 것.
- 비겁(比劫)이 많아 군비쟁재(群比爭財)가 되지 않을 것.

좋은 신부의 조건

- 음사주로 약간 신약(身弱)할 것.
- 식상(食傷)이 태과(太過)하거나 교집(交集)되지 말 것.
- 재관인(財官印)을 갖추고, 관살(官殺)이 혼잡되지 않고, 괴살(魁殺)이 없을 것.

1. 좋은 궁합

- 남녀의 일주(日柱)가 천지덕합(天地德合)이 된 것.
- 남녀의 사주를 종합하여 오행이 골고루 있는 것.
- 일주(日柱)가 서로 간합(干合)이나 지합(地合)된 것.
- 월일시지(月日時支)가 삼합(三合)이나 육합(六合)을 이루어 화(化)한 오행이 서로에게 희용신(喜用神)이 된 것.
- 명궁이 같거나 반합(半合)이나 지합(地合)을 이룬 것.

2. 나쁜 궁합

- 상대방 사주의 구성이 불량한 경우. 예를 들면 남명 사주가 재성(財星)이 교집(交集)되거나 군비쟁재(群比爭財)하는 경우, 여명 사주가 관살(官殺)이 혼잡되거나 비겁(比劫)이 태왕(太旺)하여 쟁관(爭官)이 있거나 식상(食傷)이 태과(太過)한 사주.
- 기신(忌神)인 오행이 상대방의 사주에 많은 경우.

- 일주(日柱)가 서로 천충지충(天沖地沖)하는 경우.
- 일간(日干)이 서로 충극(沖剋)하거나 일지(日支)가 서로 형충파해(刑沖破害)되거나 원진(怨嗔)인 경우.
- 사주가 서로 형충파해(刑沖破害)되거나 원진(怨嗔)인 경우.
- 일지(日支)에 태(胎)가 있거나 여명의 일지(日支)에 장성살(將星殺)이 있으면 해로하기 어렵다.
- 여명이 부성(夫星)이 공망(空亡)되거나 남명이 처성(妻星)이 공망(空亡)되면 이성운이 불리하고 해로하기 어렵다.

3. 오행왕상(五行旺相)에 의한 궁합법

- 목화(木火)가 왕상(旺相)하면 금수(金水)가 왕상(旺相)한 상대를 택하라. 봄철생은 가을생을, 여름생은 겨울생을 만나야 중화를 이룬다.
- 수왕(水旺)한데 수왕(水旺)한 상대를 만나고, 목왕(木旺)한데 목왕(木旺)한 상대를 만나고, 화왕(火旺)한데 화왕(火旺)한 상대를 만나고, 토왕(土旺)한데 토왕(土旺)한 상대를 만나고, 금왕(金旺)한데 금왕(金旺)한 상대를 만나면 불리한 궁합이다.
- 양은 양을 싫어하고 음은 음을 싫어하듯이, 금(金)은 금(金)을, 수(水)는 수(水)를, 목(木)은 목(木)을, 화(火)는 화(火)를, 토(土)는 토(土)를 싫어하며 배척한다.
- 금왕(金旺)하면 화(火)로 제금(制金)하거나 수(水)로 설기(洩

氣)하고, 금기(金氣)를 목(木)으로 분산시키는 것이 상책이다. 화다(火多) · 수다(水多) · 목다(木多)를 만나면 좋다.

- 수다(水多)하면 토(土)로 제수(制水)하거나 목(木)으로 설기(洩氣)하고, 화(火)로 수기(水氣)를 분산시키는 것이 좋다. 토다(土多) · 목다(木多) · 화다(火多)를 만나면 좋다.
- 목왕(木旺)하면 금(金)으로 제목(制木)하거나 화(火)로 설기(洩氣)하고, 토(土)로 목기(木氣)를 분산시키는 것이 좋다. 금다(金多) · 화다(火多) · 토다(土多)를 만나면 좋다.
- 화왕(火旺)하면 수(水)로 제화(制火)하거나 토(土)로 설기(洩氣)하고, 금(金)으로 화기(火氣)를 분산시키면 중화가 된다. 수다(水多) · 토다(土多) · 금다(金多)를 만나면 좋다.
- 토왕(土旺)하면 목(木)으로 제토(制土)하거나 금(金)으로 설기(洩氣)하고, 수(水)로 토기(土氣)를 분산시키면 화목에 첩경이 된다. 목다(木多) · 금다(金多) · 수다(水多)를 만나면 좋다.
- 남명이 비겁(比劫)이 태왕(太旺)하면 식상(食傷)이 많은 여성을 만나고, 여명이 태약(太弱)하면 인비(印比)가 많은 남자를 만나면 행복하게 해로한다.

이상은 자신의 희용신(喜用神)을 많이 가지고 있는 상대를 배우자로 선택하면 평생을 행복하게 해로할 수 있다. 자신에게 기신(忌神)인 오행이 많은 상대를 만나면 나쁜 궁합으로 해로하기 어렵다. 동업이나 직원을 채용할 때도 활용하면 많은 도움이 될 것이다.

9장. 직업론

직업은 희신(喜神)과 용신(用神)인 육신(六神)의 성격을 바탕으로 본다. 예를 들어 정관(正官)이 용신(用神)이면 공직이나 직장생활을 하고, 편재(偏財)가 용신(用神)이면 개인사업을 한다. 같은 육신(六神)이라도 시상(時上)에 있는 것은 직업과 직결된다. 시(時)는 대문 밖의 생활무대로, 그 육신(六神)은 직업을 나타낸다.

1. 육친으로 본 직업

정인(正印)이 시상(時上)에 있으면

관공직 · 교육자 · 정치인이 적성에 맞고, 종교 · 철학 · 학술연구 · 학자 등이 적합하다. 만약에 정인(正印)과 식상(食傷)이 많으면 연예계가 길하고, 정인(正印)이 3개 이상 있으면 미모를 갖춘 경우가 많다.

편인(偏印)이 시상(時上)에 있으면

서비스업 · 인기직업 · 약업 · 자유업이 적성에 맞고, 문화계 · 배우 · 성우 · 인장업 · 세공업 · 작가 · 발명 · 종교 · 철학 등이 적합하다. 만약에 편인(偏印)이 용신(用神)이면 의사 · 역술가 · 기술 · 언론계가 적합하다.

비견(比肩)이 시상(時上)에 있으면

독립된 자유업 무역업 · 해외진출 경쟁사업 등이 적합하다. 비견(比肩)이 용신(用神)이면 공동사업이나 지점 · 출장소 경영이 좋고, 삼합(三合)이나 지합(地合)이 되면 더욱 양호하나 기신(忌神)이면 독립사업이 길하다.

겁재(劫財)가 시상(時上)에 있으면

투기나 자유업이 적성에 맞고, 밀수 · 도박 · 개척사업 · 체육 · 흥행업 등이 적합하다. 겁재(劫財)가 용신(用神)이면 비견(比肩)과 같으나 형충파해(刑沖破害)나 공망(空亡)되어 무력하면 봉급생활이 길하다. 만약에 월지(月支)에 건록(建祿)이 있으면 국영기업체 근무가 적격이다.

식신(食神)이 시상(時上)에 있으면

봉급생활이 적성에 맞고, 식품가공업이나 생산업 · 운수업 등이 적합하다. 식신(食神)이 용신(用神)이면 의식주에 관한 사업이 좋고, 재(財)를 만나면 금융업이나 기술사업이 좋고, 관살(官殺)이 있으면 구류업이 길하다.

상관(傷官)이 시상(時上)에 있으면

법관·사법관·수사직이 적성에 맞고, 기자·평론가·예술가·작가 등 자유업이 적격이다. 시상(時上)에 상관(傷官)이 있으면 성질이 날카롭다. 만일 상관(傷官)이 용신(用神)이면 기술·예술·발명·생산업·교육·종교인이 길하고, 재성(財星)을 만나면 기술사업이나 경제부처의 관리가 적격이다.

정재(正財)가 시상(時上)에 있으면

봉급생활이 적성에 맞고, 회사의 경리직이나 금융업계가 적합하다. 만일 정재(正財)가 용신(用神)이면 성실과 신용을 바탕으로 하는 금융업이 적성에 맞고, 관살(官殺)을 만나면 봉급생활자로 관공서나 기업경영·실업가 또는 대기업 사원도 길하다.

편재(偏財)가 시상(時上)에 있으면

무역업·운수업·대금업·상업이 길하고, 봉급생활자로는 경리직이 적격이다. 만일 편재(偏財)가 용신(用神)이면 무역·외교·통신이 길하고, 부동산이나 투기성 있는 사업이 적격이다. 신흥재벌에서 간혹 본다.

정관(正官)이 시상(時上)에 있으면

공직으로 행정계나 정치계가 적성에 맞는다. 만일 정관(正官)이 용신(用神)이면 9급공무원에서 총리에 이르는 문관, 재계나 학계의 고위직, 기업체의 경우는 참모나 기획실 근무가 적격이다. 만약에 목(木)이 정관(正官)이면 행정기관·사법·총무 계통의 관리로 보고, 화(火)가 정관(正官)이면 문화·교육·예술 계통의 관리로 보고, 토(土)가 정관(正官)이면 농림·토목 계통의 관리로 보고, 금(金)이 정관(正官)이면 경제·재정·문무·예락 계통의 관리로 보고, 수(水)가 정관(正官)이면 수산업이나 상공업 등의 지능적인 업무가 적격이다.

편관(偏官)이 시상(時上)에 있으면

무관·사법관·언론인·정치·의술·역술·미술 등이 적성에 맞고, 외부활동도 적격이다. 편관(偏官)이 용신(用神)이면 말단 경찰에서 검찰 수뇌부, 하사관에서 장성에 이르는 무관, 예술과 기술분야 고위직에는 정편관(正偏官)이 용신(用神)인 사람이 많다. 단 관살(官殺)이 혼잡되면 평생 빈천함을 면하기 어렵고, 여명은 음란하며 평생 직장생활을 하고 남편에게 천대를 받는다.

2. 희용신(喜用神)으로 본 직업

주로 외격(外格)과 체용(體用)이 깨졌을 경우에 희용신(喜用神)으로 직업을 판단한다.

목(木)이 희용신(喜用神)이면

목재 계통의 사업인 농림 · 펄프 · 제지 · 의류 외에도 교육이나 사회사업 등이 적성에 맞는다.

화(火)가 희용신(喜用神)이면

연료 계통의 사업인 용접 · 열관리나, 주물공장 · 컴퓨터 · 미장원 등이 적성에 맞는다.

토(土)가 희용신(喜用神)이면

토건 · 농림 · 제지나 종교인이 적성에 맞는다.

금(金)이 희용신(喜用神)이면

금속과 관계 있는 사업으로 철공 · 기계운전 · 기기취급 · 정비사업 등이 적성에 맞는다.

수(水)가 희용신(喜用神)이면

유동적인 사업으로 수산업 · 의류업 · 외교 · 외근 · 유통업이 적성에 맞는다.

3. 월지(月支) 육신(六神)과 학문

월지(月支)의 육신(六神)으로 진로를 참고하면 더 편리하다.

월지(月支)에 비견(比肩)이 있으면

정치학 · 사회학 · 인류학 · 인구학 · 노동학 · 사회단체학 등이 적성에 맞는다.

월지(月支)에 겁재(劫財)가 있으면

사회복지학 · 범죄학 · 청소년문제학 · 고용문제학 · 채권 · 외교문제학 · 신문방송학 등이 적성에 맞는다.

월지(月支)에 식신(食神)이 있으면

식품영양학 · 요리학 · 경영학 · 경제학 · 농림학 · 사육학 · 보육학 · 교육학 등이 적성에 맞는다.

월지(月支)에 상관(傷官)이 있으면

교육학 · 심리학 · 언어학 · 신문방송학 · 관광학 · 통신전자학 · 음악 · 기상학 · 철학 등이 적성에 맞는다.

월지(月支)에 정재(正財)가 있으면

경제학 · 회계학 · 재정학 · 경리학 · 통계학 · 경영학 등이 적성에 맞는다.

월지(月支)에 편재(偏財)가 있으면

경제학 · 경영학 · 재정학 · 무역학 · 금융학 · 화폐학 · 부동산학 등이 적성에 맞는다.

월지(月支)에 정관(正官)이 있으면

행정법 · 형법 · 민법 · 조세법 · 노동법 · 의학 · 철학 등이 적성에 맞는다.

월지(月支)에 편관(偏官)이 있으면

군사학 · 형법 · 조세법 · 노동법 · 의학 · 철학 등이 길하다.

월지(月支)에 정인(正印)이 있으면

국문학 · 역사학 · 고고학 · 심리학 · 정치학 · 논리학 · 동식물학 · 천문지리학 · 해양학 · 기상학 등이 적성에 맞는다.

월지(月支)에 편인(偏印)이 있으면

이공학 · 교육학 · 예체능학 · 기능공학 · 의학 · 예술 · 연극영화 무용음악 등이 적성에 맞는다.

4. 대운과 학문

■ 둘째 대운에 인신사해(寅申巳亥)가 있으면 과학을 전공하는 것이 좋다.

① 둘째 대운에 신해(申亥)가 있으면 이과를 택하라.

② 둘째 대운에 인사(寅巳)가 있으면 문과를 택하라.

■ 둘째 대운에 자오묘유(子午卯酉)가 있으면 수학을 전공하는 것

이 좋다.

① 둘째 대운에 자유(子酉)가 있으면 이과를 택하라.

② 둘째 대운에 오묘(午卯)가 있으면 문과를 택하라.

■ 둘째 대운에 진술축미(辰戌丑未)가 있으면 어학을 전공하는 것이 좋다.

① 둘째 대운에 축진(丑辰)이 있으면 이과를 택하라.

② 둘째 대운에 술미(戌未)가 있으면 문과를 택하라.

단, 둘째 대운에 괴강이나 백호대살(百虎大殺)이 있으면 지방학교나 특수학교에 간다. 정확성에 대해서는 실제로 감정하면서 통계학상으로 많이 일어나기 때문에 여기에 소개한다. 더 정확한 것은 사주를 종합판단한 후 결정하는 것이 옳을 것이다.

10장. 십이지론

1. 자수(子水) : 쥐띠

■ 자(子)는 지극히 음한지수(陰寒之水)로 일양(一陽)이 시생(始生)하고, 자수(子水)는 임(壬)을 암장(暗藏)하고 있으니 자잉(滋孕)이다. 잉(孕)은 지하수의 음극처(陰極處)로 양의 시생지(始生地)이니, 음과 양의 교차점으로 위는 양이요 아래는 음으로 계곡의 물로 보는데 많으면 큰 강물로 본다.

■ 상(象)은 검은 것, 방위는 북, 수리로는 1과 6이다.

■ 신(申)과 진(辰)을 보면 대해(大海)가 되어 파도가 일어나니, 해수(海水)를 문해(文海)라 하여 자(子)생이 해(亥)시에 태어났으면 두 마리의 물고기가 바다에서 논다고 하여 문장력에 소질이 있는 것으로 본다.

■ 해(亥)는 바다라 하고 출수방(出水方)으로 본다.

■ 11월은 육음(六陰)이 다하고 일양(一陽)이 시생(始生)하니 축(丑)월을 맞이하여 절처봉생(絶處逢生)이 된다.

■ 자수(子水)는 지하수요 윤하수로 한냉한 수(水)이며, 그 상은 흑지(黑池)이다. 신진(申辰)이나 해수(亥水)가 있으면 강이 되고 호수가 되니 대해로 파도가 일어난다.

■ 신자진(申子辰) 삼합국(三合局)을 충(沖)하면 파도소리가 요란하다.

■ 자수(子水)가 묘(卯)를 보면 형살(刑殺)이 되지만, 자수(子水)는 계수(癸水)로 묘(卯)에서 생지(生地)가 되니 유정한 형(刑)이라고 한다.

■ 자일생(子日生)이 계해(癸亥)시에 태어나면 쌍어(雙魚)가 해유(亥遊)라 하여 문장가로 본다.

■ 천령(天令)이 자(子)에 이르면 만물을 닫고 감추어 헤아리니 규(揆)라고 한다.

■ 자수(子水)가 인(寅)을 보면 욕패지(浴敗地)요 격각(隔角)이 되니 축(丑)이 협공이 되고, 자(子)가 축(丑)을 보면 근합(近合)이 되나 축(丑)이 자(子)를 보면 경복(輕福)이 된다.

■ 자(子)는 밤에 눈이 빛나며 활동하고, 낮에는 활동하기 싫어한다.

■ 자(子)생이 미(未)시에 태어나면 원진살(怨嗔殺)이 되는데, 묘지(墓地)가 되어 사망한다.

■ 대자연의 생기는 지하로 회유하면서 만물을 자양하는 것이다.

- 자(子)가 유(酉)를 보면 파(破)가 되고, 병지(病地)로 패절(敗絶) 또는 교정수술로 보며, 자(子)의 체(體)는 왜소하지만 어두운 곳에서 성실하게 저축하는 것을 좋아한다.
- 신자진(申子辰) 삼합(三合)은 신금(申金)이 자수(子水)를 생하나 신금(申金)은 자(子)에서 사(死)하고, 자수(子水)는 진(辰) 중 을목(乙木)을 생하지만 진(辰)에 입묘(入墓)한다.
- 수(水)는 생하는 곳과 설하는 곳이 있어야 청길하다. 수(水)의 성품은 총기와 지혜로 보고 기억력이 좋은 편이나 냉정하다.

주독야근(晝讀夜勤) 암실희(暗室喜) 광명기(光明忌), 춘하추절(春夏秋節) 활동기(活同氣), 동절입고(冬節入庫) 비활동(非活動)

1. 쥐띠의 성격

지상의 냉기가 지하의 따뜻한 열기를 동반하여 일양(一陽)이 생하는 동지(冬至)의 기를 형성한다. 고로 불굴의 투지력과 새출발의 기상이 있으니 새로운 것을 추구하고 독특한 개성과 야성미를 발휘하지만, 교만하고 남을 업신여기며 이중인격인 경향이 있다. 여름생은 근면성실하며 기지를 발휘하여 자식 번성에 힘쓰나, 겨울생은 활동의 장애로 쾌락과 낙천성으로 흐르기 쉽다.

2. 쥐띠의 직업

쥐는 전후가 다른 동물이라 매사에 전념하기 어려워 직업을 자주 바꾸는 경향이 있다. 적성에 맞는 직업을 선택하여 근면성실하게 유지하면 대부분 성공한다. 쥐의 특성은 깎고 다듬으며 입을 많이 사용하니 어학·아나운서·법률가·교육자·출판업·조각가·비밀을 요하는 직업이나, 음양학자·야간업·요식업·밀매업 등과 인연이 있다.

3. 쥐띠의 부부인연

여름생은 축(丑)·진(辰)·신(申)생이 좋고, 겨울생은 신(申)·진(辰)·축(丑)생을 만나되 사오미(巳午未)월생이 길하다. 그러나 총괄적인 궁합론을 떠나서는 안 된다.

2. 축토(丑土) : 소띠

- 축토(丑土)를 방파제 또는 유안(柳岸)이라고도 하며, 토금(土金)의 묘고(墓庫)이다.
- 축토(丑土)는 동토(冬土)로 상설을 두려워하나, 천기가 축토(丑土)로 이전하여 이양(二陽)을 생하니, 축(丑) 중의 기토(己土)가 온기를 받아 능히 만물을 생한다.
- 축토(丑土)는 미(未)와 술(戌)로 개고(開庫)한다. 축(丑)일생이 미(未)시에 태어나면 달빛이 버드나무가지에 비친다 하여 상격으로 본다.
- 사주가 조열(燥熱)하면 첫 번째 조후(調侯)로 축토(丑土)를 쓰고, 두 번째로는 진토(辰土)를 쓴다.

- 축(丑)은 동토(冬土)요 빙설이기 때문에 상설(霜雪)을 매우 두려워한다.
- 축토(丑土)는 방파제 또는 유안(柳岸)이라고도 하는데, 축(丑) 중에 금수(金水)가 있으니 언덕이 되고, 축토(丑土)가 수(水)를 막아 목(木)을 생한다.
- 축(丑) 중의 계신(癸辛)은 술토(戌土)나 미토(未土)로 고(庫)를 열어야 유용하다.
- 술토(戌土)로 개고(開庫)하는데 진토(辰土)가 술토(戌土)를 충(沖)하면 축(丑) 중의 계신(癸辛)은 무용지물이 된다.
- 계축(癸丑)일생이 사(巳)시에 출생했으면 월광이 버드나무가지에 있으니 상격이 된다.
- 축(丑)은 술(戌)을 형(刑)하고 술(戌)은 미(未)를 형(刑)하는데, 축술미(丑戌未) 삼형(三刑)은 무은지형(無恩之刑)으로 배은으로 본다.
- 여명이 병정(丙丁)일생이면 축토(丑土)가 식상(食傷)으로 자식인데, 동토(冬土)이니 자식이 발전하기 어렵다.
- 여명이 임계(壬癸)일생이면 축토(丑土)가 관성(官星)으로 남편이나, 동토(冬土)가 되어 남편구실을 하지 못한다.
- 남명이 병정(丙丁)일생이면 축(丑) 중 계수(癸水)가 자식성인데, 술토(戌土)가 개고(開庫)하면 자식이 가능하다.
- 축(丑)월은 동결된 계절이나 이양(二陽)의 기가 있으니 유안(柳岸)이 된다.

- 축(丑)과 오(午)는 원진(怨嗔)이니 우마의 싸움이나 외상에 불과하다.
- 축술형(丑戌刑)은 신장과 위장의 수술로 본다.
- 자축합(子丑合)은 복경(福經)이나 축자합(丑子合)은 후복이다.
- 자미(子未) 원진(怨嗔)은 자축합(子丑合)을 방해하고, 자(子)와 축(丑)에게 상해를 준다.
- 축토(丑土)는 조후(調候)가 없으면 만물을 생하지 못하니, 남명 갑을(甲乙)일생이 축(丑)월에 출생했으면 축토(丑土)가 재성(財星)으로 아내인데, 동토(冬土)이니 아내의 구실을 못한다. 건강도 불길하고 자식도 정상적으로 성장하지 못한다.
- 소는 비대하고 행동도 느리며 말이 없다. 입은 쉴새없이 되새김질하니 근면성실한 편이고, 먹기를 좋아하며 순종형이나.
- 축토(丑土)는 음토(陰土)로 12월은 음기(陰氣)가 다 지나는 계절이라 동결되니 만물을 생하지 못한다.

1. 소띠의 성격

소는 우둔한 면이 있으나 근면성실하며 순종파이다. 어떤 곤경과 시련도 이겨내는 투지력이 있고, 매사에 시종일관하여 대망을 이룬다. 그러나 경우에 따라서는 고독성을 지니고, 친한 친구와도 진정으로 마음을 터놓지 못하는 결점이 있다. 그리고 매사에 앞서가면 언젠가는 불행을 초래하니 항상 남의 의견을 존중하고 융화하는데 힘써야 한다. 소띠의 특성은 고집과 자만심이 강하다.

2. 소띠의 직업

투지력이 강하고 순종형이라 적은 자금으로 대성할 기질이 있으니, 적성에 맞는 직업을 선택하여 시종일관하면 정상에 오른다. 그러나 한 번 실패하면 재기하기 어려운 것이 결점이다. 직업은 종교가·법률가·연구직·경검찰·언론·금융·음악·교육자·세균학자가 길하다. 여름생은 음료수·냉동업·정수기·냉장고·가전제품·귀금속·골재사업·농축산업·양식업·점술업 등이 길하다.

3. 소띠의 부부인연

자(子)생이나 사유(巳酉)생이 좋다. 겨울생은 사(巳)생, 여름생은 해자(亥子)생이 무난하지만 궁합법을 떠나서는 안 된다.

3. 인목(寅木) : 범띠

- 호랑이는 겉으로는 권위가 당당하고 야간에 활동하며 닭이 울면 심산에 은거하나, 인(寅)은 삼양(三陽)으로 점차 양이 기승하고 음이 쇠퇴하니 만물의 번성기로 연(演)이라 한다. 간산(艮山)·황곡(黃谷)·대림(大林)·농장(農場)으로 춘색(春色)을 발하면 만물이 암동(暗動)한다.
- 인(寅)시에 인(寅) 중의 병화(丙火)를 생하고, 신(申)을 만나면 춘색(春色)을 파(破)하고, 목(木)은 절지(絶地)가 된다.
- 인(寅)은 간산(艮山)이라 병무화토(丙戊火土)가 장생(長生)하

니 무토(戊土)는 높은 산이라 하고, 높은 산에는 큰 범이 있다고 하여 인(寅)생이 무진(戊辰)시에 태어나면 호소산곡(虎嘯山谷)하니 위명만리(威名萬里)라 하여 그 이름이 사방으로 널리 알려진다고 했다.

- 초봄의 인(寅) 중 갑목(甲木)은 토중아(土中芽)요 야마(野馬)가 되고, 농장이요 목장이 된다. 인(寅)월은 삼양지절(三陽之節)로 춘색이 발현하니, 금(金)이 있으면 서리라 하여 춘색을 파(破)한다.
- 인(寅)은 간산(艮山)이라 무토(戊土)가 장생(長生)하니, 황곡(黃谷)에 대호(大虎)가 있는 상으로 위명(威名)이라 하고, 인(寅)은 사(巳)를 형(刑)하고, 사(巳)는 신(申)을 형(刑)하는데 신(申)이 사(巳)를 만나면 합(合)된다.
- 인사신(寅巳申)은 완전한 삼형(三刑)이 아니고, 신인사(寅巳)는 완전한 삼형(三刑)이 된다.
- 인신사해(寅申巳亥)는 사생지(四生地)로 사주에 모두 있으면 남명은 명진사해하고, 여명은 천격이 된다. 만일 천격이 안 되면 신체에 장애가 따른다.
- 인오술(寅午戌)에 묘(卯)와 미(未)는 한 가족이나 국(局)이 혼잡되니 친족간에 골육상쟁이 따른다.
- 인신충(寅申沖)은 녹(祿)을 파(破)하는데, 인(寅) 중의 병화(丙火)와 무토(戊土)를 쓰면 유용하다.
- 경인(庚寅)일은 인(寅) 중의 병무(丙戊)가 인(寅)에서 장생(長

生)하니 살인상생(殺印相生)이 된다.

- 인(寅)은 호랑이라고 하나 명리통변에 있어서는 큰 짐승으로 달리는 것이니, 우마차나 농장 또는 목장으로 본다.
- 인형(寅刑) 사(巳)는 심장질환과 장환고질로 본다.
- 인오술(寅午戌)은 삼대의 합(合)이다. 인(寅)은 조부요 오(午)는 어머니요 술(戌)은 자식이다. 인(寅)은 오(午)를 생하나 사지(死地)가 되고, 오(午)는 술토(戌土)를 생하나 묘지(墓地)가 된다.
- 인(寅)은 유(酉)를 만나면 원진(怨嗔)이 되는데, 닭이 울면 호랑이는 활동에 장애를 받으니 인(寅)은 유(酉)를 싫어한다.
- 인진(寅辰)은 묘(卯)를 협공하여 국(局)을 이루나, 격각(隔角)이 되어 진(辰)을 해(害)하니 상문(喪門)이 된다.
- 인신(寅申)이 상충(相沖)할 때 해자수(亥子水)가 통관(通關)으로 상충(相沖)을 구제하고, 축토(丑土)가 있으면 신금(申金)이 축(丑)에 입묘(入墓)되어 불충이 된다. 인(寅)은 만물이 시생한다는 의미로 연(演)이라고 한다.
- 인(寅)월의 목(木)은 금(金)을 보면 상설(霜雪)과 같으니, 어린 싹이 피어나지 못하여 평생 형처극자(荊妻剋子)한다.
- 인(寅)은 해(亥)를 만나면 합(合)하여 목(木)이 되나, 해(亥)가 인(寅)을 만나면 합(合)보다 파괴력이 더 강하다. 왜냐하면 해수(亥水)가 인(寅)에 가면 병지(病地)가 되기 때문이다.
- 오(午)월생이 인오술(寅午戌) 삼합(三合)을 갖추면 오(午)생

자식은 발전하기 어렵고 술(戌)생 자식은 잘 된다.

■ 인해(寅亥)가 합(合)되면 목(木)은 생지(生地)가 되지만, 인(寅) 중의 병무화토(丙戊火土)는 해수(亥水)에 가면 절지(絶地)가 된다.

1. 범띠의 성격

고상한 인품과 권세를 타고났으나 항상 심중에 멀고도 높은 웅지가 깃들어 있고, 형이상학적인 추리와 과학적인 지혜를 갖춘 것이 특징이다. 또한 남이 상상하지 못하는 불가능한 한계에까지 도전하려는 야심이 충만하고, 남들이 생각하지 못하는 추리력을 발휘하기도 한다.

2. 범띠의 직업

온기가 땅 속 깊은 곳에서부터 올라와 대지를 뚫고 나오려는 시기다. 수목의 싹이 바야흐로 발아하는 때라, 생물학 · 광학 · 태양열 연구나, 전기 · 전자 · 발전기 · 열기구 · 경검찰 · 의술 · 외교 · 교육계가 적성에 맞고, 운송업이나 무역업 · 야간업도 무난하다.

4. 묘목(卯木) : 토끼띠

■ 묘(卯)는 일출시로 중춘에 양기(陽氣)가 무성하니 무성한 활목으로 청녹색이 되고, 음이 시생하는 5월에 갑목(甲木)이 죽는 오(午) 중 기토(己土)에서 자라 무성하다.

■ 유금(酉金)과 충(沖)하면 서리가 내리기 전에 잎이 떨어져 절(絶)한다.

■ 신유금(辛酉金)은 서리이나 묘목(卯木)이 해묘미(亥卯未) 삼합(三合)이 되면 유금(酉金)의 충(沖)도 두려워하지 않는다.

■ 묘(卯)는 하늘에서는 바람이요, 땅에서는 활초목과 넝쿨의 화초다. 중춘에 무성한 청색의 수풀로 무(茂)라고 한다.

■ 묘목(卯木)은 화초 목(木)이라 계수(癸水) 우로에 지엽이 성장하지만, 동절은 계수(癸水)가 상설(霜雪)이므로 싫어한다.

■ 묘목(卯木)은 상강 전 유(酉)월에 낙엽고사하니 절지(絶地)가 된다.

■ 사화(巳火)는 뜨거운 화로로 욕패지(浴敗地)가 되고, 술토(戌土)는 화고(火庫)로 묘지(墓地)가 된다.

■ 묘(卯)월은 초목이 왕성하고, 진(辰)월은 만화방창으로 봉접이 왕래한다.

■ 묘(卯)는 용군이 되는 진(辰)의 앞자리라, 묘(卯)와 진(辰)이 해(害)가 되고, 진궁(辰宮)을 움직여 뇌성을 내니 뇌문(雷門)이라고 한다.

■ 3월인 진(辰) 중에 을목(乙木)은 홍염초목이라 총천연색이고, 의상포목과 같은 화초다.

■ 묘(卯)가 자(子)를 만나면 형살(刑殺)이 되지만 상생되니 유정하다.

■ 묘(卯)가 신(申)을 만나면 원진(怨嗔)이 되는데 을경(乙庚)이

암합(暗合)하여 지엽이 상하기 때문이다.

- 묘(卯)와 술(戌)은 춘추의 합(合)으로 화(火)가 희신(喜神)이면 문장력이 뛰어나고, 남명은 유아하나 여명은 고독하다.
- 묘미합(卯未合)은 온토에 초목이니 화초 · 분재 · 온실 안의 채소류 · 과원이다.
- 해묘미(亥卯未) 삼합(三合)은 갑목(甲木)을 생성하고, 익살이 되면 위장암이 생긴다.
- 해묘합(亥卯合)은 을목(乙木)은 해(亥), 임수(壬水)는 묘(卯)에서 사지(死地)가 되니, 수왕(水旺)하면 을목(乙木)이 부목(浮木)이 되고, 목왕(木旺)하면 해수(亥水)는 죽는다.
- 묘(卯)가 오(午)를 만나면 파(破)가 되는데 남명은 여가를 파하고, 여명은 음천지명이 된다.
- 묘(卯)월생이 해묘미(亥卯未) 삼합(三合)이 있으면 을목(乙木) 일간(日干)은 형제가 없다.
- 을해(乙亥)일이 묘(卯)월생이면 본인이 태어난 후 어머니가 사망한다.
- 을묘목(乙卯木)은 계수(癸水)를 기뻐하나, 임수(壬水)는 왕수(旺水)로 을목(乙木)이 부목(浮木)이 되기 때문에 매우 꺼린다.
- 묘미(卯未)나 해묘합(亥卯合)에 인목(寅木)은 방혼국(方混局)이라 하여 한 집 사람이나 성국(成局)을 방해한다.
- 묘목(卯木)은 상설(霜雪)에 고사하니 신유(申酉)월생이 묘목(卯木)이 희신(喜神)이면 외상을 당하거나 일생이 불행하다.

■ 을목(乙木)은 유금(酉金)과 무토(戊土)를 꺼리나, 삼합(三合) 목국(木局)이 있으면 유금(酉金)과 술토(戌土)를 두려워하지 않는다.

1. 토끼띠의 성격

이중인격자로 태어났으나 온순하고 부드럽다. 운명은 극에서 극으로 달리는 양극성이 있다. 사랑을 많이 받지만 어쩐지 고독하고, 영적이며 직감력이 우월하고, 깊은 이해력과 포용력이 있다. 과거의 이상을 다시 찾으려는 끊임없는 욕구가 성공의 길로 유도한다.

2. 토기띠의 직업

묘목(卯木)은 화초목으로 춘하절생이면 화원・조화・약초・의상업이 좋고, 추동절생이면 화가・소설・극작가・연예인・디자이너・모델・의약업・미용・음식업・점술업이 적성에 맞는다.

5. 진토(辰土) : 용띠

■ 진(辰)은 오양(五陽)으로 물진하며 양육하니 진(震)이라고 한다. 양질의 토(土)요, 왕수(旺水)의 고(庫)로 바다라고 한다.

■ 진토(辰土)는 초봄의 토(土)로 땅의 왕이라고도 한다. 만물이 진토(辰土)에 의하여 배양 성장하니 진토(辰土)는 술토(戌土)의 충(沖)을 좋아한다.

■ 충(沖)이 없으면 진(辰) 중의 을계(乙癸)를 쓰지 못한다.

■ 임수(壬水)의 묘지(墓地)인 진(辰)에 계수(癸水)가 뿌리를 내리니, 음양의 기가 교체되는 것과 같다.

■ 진(辰) 중에는 만물이 다 살고 있다. 진(辰)은 바다요, 양질의 토(土)이기 때문에 만물이 살아가게 되어 있다.

■ 수목(水木)이 많은 사주는 금수(金水)운이 오면 진토(辰土)는 무너진다.

■ 진토(辰土)는 을목(乙木)과 계수(癸水)를 수장하니 수(水)와 목(木)의 고(庫)이다.

■ 진토(辰土)는 춘토(春土)요 습토(濕土)이나, 오양절(五陽節)로 온기가 많아 만물을 양육한다.

■ 갑목(甲木)은 진토(辰土)의 쇠지(衰地)이나, 을목(乙木)은 관대지(冠帶址)로 갑목(甲木)의 양인(羊刃)이 된다.

■ 진(辰)월은 양기(陽氣)가 과반으로 물진(物盡)하니 진(震)이라고 한다.

■ 지구에서는 술토(戌土)가 위가 되어 아래 진(辰)으로 기울어져 있어 해수(亥水)를 출수방(出水方)이라 하고, 진(辰)은 수(水)의 귀숙지(歸宿地)로 용궁이며 바다라고 한다.

■ 수고(水庫)인 진(辰)을 여는 것은 술토(戌土)로, 충(沖)하여 창고문을 연다. 그러나 삼술(三戌)이 진(辰) 하나를 충(沖)하면 파고(破庫)가 되어 내용물을 쓰지 못한다.

■ 진(辰) 중의 을목(乙木)과 계수(癸水)가 아내가 되면 술(戌)생 아내를 맞는다.

■ 진(辰)은 용(龍)이라 물 위를 달리는 생물로 수(水)가 왕해야만 길명이 된다.

■ 진(辰)은 용(龍)이고 사(巳)는 뱀이라, 진(辰)을 만나면 진(進)이라 하고, 진(辰)이 사(巳)를 만나면 퇴(退)라고 한다.

■ 일(日)과 시(時)에 진사(辰巳)가 있으면 지망살(地網殺)이라고 하는데, 앞길에 그물을 쳤다는 뜻이다. 남명은 아내를 극(剋)하고, 여명은 남편을 극(剋)하여 고독한 과부의 명이 된다.

■ 진술(辰戌)은 천라지망(天羅地網)이라 하여 고독을 주관한다. 귀인이 임하지 않으므로 여명에서는 과숙살(寡宿殺)이라 한다.

■ 진(辰) 중의 을계(乙癸)는 술(戌)인 열쇠로 고(庫)를 열어 사용하나, 자수(子水)나 신금(申金)을 만나면 쓸 수 없다.

■ 진진(辰辰)이면 자형(子刑)으로 물이 넘치니 폭포수나 수해로 본다.

■ 진(辰)이 축(丑)을 만나면 파살(破殺)이 되니 내부수리나 이동, 또는 교정수술로 본다.

■ 진해(辰亥)는 원진(怨嗔)으로 진토(辰土)는 해수(亥水)를 싫어하고, 해수(亥水)는 진(辰)에 들어간다.

■ 여명이 병정(丙丁)일생이면 해수(亥水)가 남편인데, 진토(辰土)가 옆에 있으면 남편과 여러 번 사별한다. 간혹 연애 중에 복상사를 당하는 경우도 있다.

■ 진유(辰酉)는 합(合)이 되나 복경(福經)하고, 유(酉)가 진(辰)을 합(合)하면 후복하다.

- 진(辰) 중의 을목(乙木)은 춘삼월의 화초목이라 개화만발하여 벌과 나비가 춤을 추며 모여드니 화려함을 의미한다. 총천연색으로 섬유 · 복지 · 화원 · 야채상 · 미술품 · 관광업으로 재물을 모은다.
- 자(子)월생이 신자진(申子辰) 삼합(三合)을 이루면 중혼이 많고, 진(辰)생 자식을 낳으면 생사이별한다.
- 진유합(辰酉合)이 있는데 다시 진(辰)을 만나면 쟁합(爭合)이 되어 진퇴가 불명하니 망설임이 많다.
- 진(辰)은 임수(壬水)와 신금(辛金)의 고(庫)가 되고, 진(辰) 중의 을목재(乙木財)는 농산물 · 해초류 · 양식장으로 본다.
- 진사(辰巳)가 혼잡한데 희신(喜神)이면 분식업을 많이 한다. 무토(戊土) 일간(日干)의 사(巳)중 경금(庚金)은 식신(食神)으로 마른음식이고, 진술(辰戌)이 있으면 과자류다.
- 진(辰) 중의 계수(癸水) 재(財)는 탁주요 민속주다.
- 진사(辰巳)가 혼잡하면 지망살(地網殺)로 가족이 함께 살기 어렵다.
- 갑(甲) 일간(日干)의 진토(辰土) 재(財)는 수중의 생물로 강호 · 바다 · 수산물 · 선원으로 본다. 수(水)가 많으면 대인이고, 약하면 소인이다.

1. 용띠의 성격

용(龍)은 상징적인 동물로 수(水)의 성격을 나타낸다. 조화가 무궁하며 정의감과 이상이 드높다. 약자를 도우면서 본인의 목표를 향하여 돌진하나 중간에 좌절하는 경우가 많다. 세심함이 부족하여 함정에 빠지기 쉽고, 간혹 간교한 모사로 화를 부르기도 한다. 그러나 속으로는 끊임없이 목표를 추구한다. 대인관계는 천부적으로 유력한 협조자의 교량역할을 타고나, 설득력과 융화 단결하는데 앞장서며 좋은 역할을 하기도 한다.

2. 용띠의 직업

비밀요원 · 기자 · 아나운서 · 중개업 · 무역업 · 암거래 · 요식업 · 선전원 · 스포츠맨 · 배우가 길하고, 여명은 다방 등도 길하다. 그러나 평범한 직장에서는 두각을 나타내기 어렵다. 비밀스럽고 획기적인 일을 하는 곳이나, 위험을 동반한 직장이나, 치열하게 경쟁하는 곳에서 두각을 나타낸다.

6. 사화(巳火) : 뱀띠

- 사(巳) 중에 병무(丙戊)가 있는데, 병화(丙火)는 밝은 것이고 무토(戊土)는 넓은 광장이라, 차마가 달리는 도로요 빛이 화려한 광장이다.
- 사(巳)일 진(辰)시생은 뱀이 용으로 변하니 천리용마격이라 하여 대귀격이라 한다. 그러나 진사(辰巳)는 지망살(地網殺)이라 격이 낮으면 관재구설로 감옥살이를 하고 부부가 불화한다.

- 사화(巳火)는 육양(六陽)의 극처(剋妻)로 용광로에 해당하는데, 경금(庚金)의 장생(長生)지요, 무토(戊土)는 어머니에 의지하여 녹지(祿地)가 된다.
- 사(巳)와 신(申)이 형합(刑合)이 되나 서로 해롭지 않고, 해수(亥水)와는 충(沖)되니 불꽃이 된다.
- 사(巳)는 경금(庚金)의 장생처(長生處)이고 술토(戌土)에 입묘(入墓)하는데, 화일주(火日柱)만은 술(戌)운에 평안을 얻는다.
- 화토(火土)는 술(戌)의 묘지(墓地)가 되나 본가와 같다.
- 사(巳)는 뱀이라 겨울생이면 눈과 서리에 동사할 염려가 있으니 길명이 되지 못한다.
- 사(巳)일생이 진(辰)시에 태어나면 뱀이 변하여 용이 되는 격이니 길명이 된다.
- 사(巳)가 신(申)을 만나면 합(合)도 되고 파(破)도 되는데, 사화(巳火)에 경금(庚金)은 장생(長生)이 된다.
- 신금(申金)이 사화(巳火)를 만나면 합(合)이 되고, 사(巳)가 신(申)을 만나면 파(破)가 된다. 금(金)은 사(巳)에서 생하나, 화(火)는 신(申)에서 병지(病地)에 들기 때문이다.
- 사(巳)가 술(戌)을 만나면 원진(怨嗔)이 되니 개소리에 뱀이 달아난다.
- 진사(辰巳)가 년월(年月)에 있으면 부모와 일찍 이별하고, 일시(日時)에 있으면 처자와 이별하는 경우가 많다.
- 사주가 겨울철에 한냉하면 사화(巳火)가 온난하게 하나, 화력은

약하고 온토로 화하니 온실과 같다.

- 사화(巳火)는 양극처(陽極處)로 사(巳)가 두 개 있으면 쌍둥이를 많이 낳고, 여명은 시가를 파(破)한다.
- 사(巳)와 해(亥)가 충(沖)되면 화기(火氣)는 위로 오르고, 수기(水氣)는 아래로 내려간다.
- 왕화(旺火)를 충(沖)하면 화재나 폭발사고가 생긴다.
- 자(子)에서 사(巳)까지는 육양(六陽)으로 양귀(陽貴)를 취하고, 오(午)에서 해(亥)까지는 육음(六陰)으로 음귀(陰貴)를 취한다. 천을귀인(天乙貴人) 취용법을 참고하라.
- 사(巳)가 인(寅)을 만나면 형살(刑殺)이 되어 심장질환이나 혈질·장환이 따른다.
- 사유축(酉丑) 삼합(三合)은 경금(庚金)을 생성하니 조직이나 단체의 합(合)을 의미한다. 그러나 역합으로 부정합으로 복잡다단하며 불화지합이다.
- 다른 오행의 합(合)은 순생합(順生合)이나 사유축(酉丑) 삼합(三合)은 역극합(逆剋合)이다.
- 역류합은 장남구실을 못하고, 부모와 처자와도 인연이 없다.
- 금(金) 일주(日柱)가 유(酉)월생인데 사유축(酉丑) 삼합(三合)을 이루면 배우자를 극한다.
- 진사(辰巳)는 긴 동물이라 재성(財星)이나 식상(食傷)이 되면 국수·당면·라면 등의 식품이 된다.
- 사(巳)는 뱀으로 양극처(陽極處)이고, 병무화토(丙戊火土)가 암

장(暗藏)되어 조열(燥熱)한 광장이다. 역 앞이나 운동장, 큰 길이다.

■ 사(巳)는 말인 오(午) 바로 앞에 있으니 차마가 모여드는 역 앞으로 소란한 곳이다.

■ 사(巳)는 뱀으로 발이 없어도 잘 달리니 교통수단과 단거리 선수로도 본다.

1. 뱀띠의 성격

인상이 온화하며 용모가 준수하여 주위의 사랑을 받는다. 지혜도 뛰어나고 수학적인 두뇌가 발달하여 지배자의 기상이 있고, 남의 지배를 받기 싫어한다. 겉으로는 온순한 것 같으나 화가 나면 상대를 가리지 않고 덤벼들고, 변치적인 행동도 꺼리낌없이 자행한다. 대인관계는 타고난 원만성으로 특유의 지혜를 발휘하여 교량역할을 한다.

2. 범띠의 직업

초여름 바람이 만물을 움직이게 하는 것처럼 선천적인 지혜와 탁월한 감각을 타고났다. 아름다움을 추구하는 창조적인 천성으로 미적감각을 살릴 수 있는 일에 종사하면 성공한다. 외교·디자이너·화가·실내장식·조경·미용·요리·귀금속 등의 직업이 길하다.

7. 오화(午火) : 말띠

■ 십이수로는 말이다. 말은 출입과 경주를 좋아하고, 밤외출은 두려워한다.

■ 성기가 특대하며 집에 있으면 수심이 따르니 외출을 즐긴다.

■ 오(午)는 음생양사(陰生陽死)로 음양이 교차하니 음시생(陰時生)으로 장대(長大)하여 봉화(烽火)라 하고, 양극처(剋妻)로 음이 시생하는 곳이라 위는 양이요 아래는 음이 된다.

■ 오(午) 중에는 기토(己土)가 녹지(祿地)이고, 황적색이다.

■ 하지 이후에는 밤이 점점 길어진다. 오(午)일생이 진(辰)시에 태어나면 용마(龍馬)라 하여 길명으로 본다.

■ 오화(午火)가 자(子)를 만나면 충(沖)된다. 자수(子水)는 음의 극처(剋妻)요 오화(午火)는 양의 극처(剋妻)로, 화기(火氣)는 상승하고 수기(水氣)는 흩어진다.

■ 오(午)는 양극처(陽極處)로 일음(一陰)이 시생하는 곳이며, 화(火)의 세력이 극왕(極旺)한 곳이다.

■ 오화(午火)는 등불·봉화대·마차로 본다. 오(午) 중의 기토(己土)는 녹지(祿地)이나, 조열(燥熱)한 불로 뜨거운 모래흙이다.

■ 오(午) 중의 기토(己土)가 식상(食傷)이나 재성(財星)이 되면 과자류로 본다. 목일간(木日干)이 오(午)월생인데 수(水)가 없으면 말라죽는다. 그러나 축진(丑辰) 습토(濕土)가 있으면 반길이다.

■ 오화(午火)는 차마로 교통수단이고, 가축으로 본다.

■ 오(午)가 축(丑)을 만나면 원진살(怨嗔殺) · 탕화살(湯火殺) · 귀문관살(鬼門官殺)에 해당한다.

■ 원진살(怨嗔殺)이란 오(午)는 말이요 축(丑)은 소이니, 소가 말을 보고 일을 하지 않는다고 미워하는 것이다.

■ 탕화살(湯火殺)이란 열화(熱火)에 축토(丑土)가 있고, 축(丑) 중의 계수(癸水)가 끓는 물이니, 수화(水火)에 의한 상처를 의미한다.

■ 귀문관살(鬼門官殺)이란 축(丑) 중의 계수(癸水)가 미토(未土)를 보면 칠살(七殺)로 귀(鬼)가 되고, 오(午)는 미(未) 앞에 있으니 귀신의 문전으로 정신착란 · 신경과민 · 노이로제 등이 따른다.

■ 오화(午火)가 해(亥)를 만나면 수화(水火)가 서로 싸우나, 오(午) 중의 기토(己土)와 해(亥) 중의 갑목(甲木)이 암합(暗合)되고, 오(午) 중 정화(丁火)와 해(亥) 중 임수(壬水)가 암합(暗合)된다.

■ 오(午)일 진(辰)시생은 용마(龍馬)라 하여 길명으로 보는데, 오마(午馬)가 진용(辰龍)을 생한다.

■ 오(午)가 인(寅)을 만나면 생아자(生我者)로 부모가 되고, 오(午)가 술(戌)을 만나면 아생자(我生者)로 자손이 된다.

■ 인오술(寅午戌) 삼합(三合)은 부모 · 본인 · 자식 삼대의 합(合)으로 병화(丙火)를 생성하여 용광로가 된다. 인(寅)은 오(午)를

생하고 사지(死地)로 가고, 오(午)는 술(戌)을 생하고 무덤으로 간다.

■ 오(午)는 자형(子刑)이라 하고, 화(火)가 폭열하여 복음(伏吟)이라 한다. 자수(子水)가 오화(午火)를 충(沖)하면 화재폭발사고다.

■ 화(火) 일간(日干)이 오(午)월생인데 인오술(寅午戌) 삼합(三合)을 이루면 부부상별하고, 오(午)생 자식을 낳으면 자식구실을 하지 못한다.

■ 오(午)에 신(申)이 있으면 격각(隔角)이라 하는데, 상문(喪門)이 되니 상을 당한다.

■ 오(午)에 자(子)가 충(沖)하면 쌍마가 충(沖)되니 이중삼중의 충돌로 본다.

■ 남명이 오(午)년 유(酉)월생이면 여자의 집을 파(破)하고, 여명이 오(午)년 오(午)월 진(辰)월생이면 남자의 집을 파(破)한다.

■ 오화(午火)에 갑목(甲木)이 사지(死地)가 되나, 을목(乙木)은 생지(生地)로 혼이 바뀌는 형상이다.

■ 임오(壬午)일생은 오(午) 중 정화(丁火)와 임수(壬水)가 암합(暗合)되는데, 천지덕합(天地德合)이라 하여 길명으로 본다.

■ 병오(丙午) 일주(日柱)는 양인(羊刃)으로 부부간에 불화하는데, 형충(刑沖)을 기뻐한다.

1. 말띠의 성격

쌍두마차가 폭풍의 언덕에서 태양을 향해 비상하는 모습으로, 정열이 넘치고 지혜와 발전의 능력으로 목표를 달성한다. 오(午)는 음양이 교차하는 시점으로, 천부적으로 임기응변에 능하고, 이중적인 성격은 때에 따라 변하여 불안을 초래하기도 한다.

2. 말띠의 직업

명쾌한 사고와 신속한 행동이 필요한 일에 재능이 있고, 사건해결에 뛰어나니 설득력이 필요한 직업이 좋다. 언론인 · 변호사 · 수사관 · 보좌관 · 정보 · 통신 외무 · 아나운서 · 운송업 등이 길하다.

8. 미토(未土) : 양띠

- 양은 유순하나 고집이 세고, 초식을 좋아하며 경박한 면도 있고, 많은 물을 두려워하며 끌려가는 것을 싫어한다.
- 미토(未土)는 갑목(甲木)의 묘지(墓地)이고, 유목(柔木)인 을목(乙木)의 양지다.
- 미토(未土)는 화원으로 백 가지 화초를 인공으로 배양하는 곳으로 본다.
- 미토(未土)는 정화(丁火)와 을목(乙木) 화초와 풀이 있으므로 온실이라 한다.
- 미(未) 중의 을목(乙木)과 정화(丁火)를 쓰려면 술토(戌土)의

형(刑)이 있어야만 한다. 형충(刑沖)이 없으면 쓸 수 없다.

■ 미토(未土)는 6월로 뜨거운 모래와 같고, 인공으로 재배하는 온실과 같다.

■ 미(未) 중의 정화(丁火)는 뜨거운 토(土)라 하고, 미(未) 중의 을목(乙木)이 재성(財星)이면 온실 속의 화초나 채소 또는 약초로 본다.

■ 미토(未土)는 양(羊)으로, 미(未) 중 을목(乙木)은 내장으로 본다. 을목(乙木)이 투출(透出)하면 양곱창으로 본다.

■ 미(未) 중의 정(丁)과 을(乙)은 미(未) 중 기토(己土)의 인성(印星)과 관성(官星)이 되니, 축술(丑戌)로 형(刑)하여 고(庫)를 열어야 쓸모가 있다. 형(刑)이 없으면 미(未) 중의 정(丁)과 을(乙)은 쓸 수 없다.

■ 미토(未土)가 묘목(卯木)과 합(合)되면 형태가 변한다.

■ 계수(癸水)가 미(未)월에 출생하면 편관(偏官)이 되는데, 미(未)에 정화(丁火) 편재(偏財)가 있으니 재정직이나 별정직이 적성에 맞는다.

■ 미토(未土)는 해수(亥水)가 범람하면 제방이 되지 못하고 무너진다. 미토(未土)는 양이고, 양은 물을 싫어한다.

■ 미(未)월은 꽃나무가 열매를 맺고 맛을 이루니 미(味)라 한다.

■ 미(未)월은 음기(陰氣)가 점점 왕성해지고, 화세(火勢)가 점점 약해지기 때문에 병정화(丙丁火)를 편애한다.

■ 미(未)월에는 수(水)가 약해도 큰 액은 없다.

■ 기토(己土)의 신금(申金)은 식신(食神)으로 문창성(文昌星)이 된다.

■ 미(未)와 유(酉)는 신(申)이 협공하는데, 격각(隔角)과 상문(喪門)이 되니 사별의 곡사가 따른다.

■ 미(未)일 술(戌)월생은 남파여가(男破女家)요, 미(未)일 인(寅)월생은 여파남가(女破男家)이다.

■ 자수(子水)가 미토(未土)를 만나면 자수(子水)의 묘고(墓庫)로 장지(葬地)가 된다.

■ 자축합(子丑合)을 방해하고 자미(子未)가 원진(怨嗔)이 되나 미토(未土)가 자수(子水)를 만나면 원진(怨嗔)도 약해진다.

■ 미(未)일 축(丑)시생은 축(丑) 중의 신금(申金)이 죽고, 미(未)일 술(戌)시생은 신금(申金)이 상한다.

■ 계수(癸水) 일간(日干)은 미(未) 중 기토(己土)가 편관(偏官)으로 아들인데, 왕한 해수(亥水)가 합(合)을 이루면 딸을 낳는다.

1. 양띠의 성격

민감하며 방어적이고, 모성애가 강하여 보육정신과 배타적 충동이 강하다. 주장을 신경질적으로 격렬하게 하나 악의는 없다. 대단한 고집 때문에 피해를 입기도 한다.

2. 말띠의 직업

모방의 천재로 품질개선이나 창의력이 필요한 업종이 좋다. 출판·식품제조·섬유·의상·의약업·무역업·숙박업 등이 길하다.

9. 신금(申金) : 원숭이띠

- 원숭이는 이기독식이나 재능이 출중하고, 독주왕래하니 방랑자로 고독성을 지닌다.
- 신(申)은 만물이 무성하여 상하상통하고, 백로에 낙엽의 기를 보니 신(伸)이다. 대도시와 시장으로 보고, 수(水)의 장생지(長生地)가 된다.
- 신(申)은 곤방(坤方)이요 명도(名都)라고 한다. 일국의 수도는 제왕의 처소이기 때문에 기가 강해야 한다.
- 신(申)일 해(亥)시생은 천지가 교태하니 크게 발전한다.
- 신(申)에서 임(壬)이 장생(長生)하고, 수(水)가 간산(艮山)과 대충방(大沖方)으로 회류하는 격이다.
- 신(申)에는 왕한 임수(壬水)가 장생(長生)을 하고, 명도인 곤(坤)이라 하여 일국의 수도로 본다. 일국의 수도는 강하지 못하면 명도가 되지 못한다.
- 신(申)은 철마이며 물탱크로 수원지(水源池)가 된다.
- 신금(申金)은 해(亥)가 병지(病地), 자(子)가 사지(死地)이다.
- 신금(申金)은 임수(壬水)를 생(生)하니 간산(艮山)과 대안(大案)하여 수(水)가 산을 경회한다.
- 신(申)일 해(亥)시생이면 천지가 교태하여 크게 빛이 난다.
- 인(寅)의 병무화토(丙戊火土)는 신(申)이 없으면 쓸 수 없다.
- 신자진(申子辰) 삼합(三合)이 있으면 자(子)생 아들은 키우지

못하고, 진(辰)생 아들은 태어난 후에 부부를 생사이별하게 만든다.

- 묘(卯)와 신(申)은 원진(怨嗔)과 귀문관살(鬼門官殺)이라 파패(破敗)한다.
- 신(申) 중의 임수(壬水)가 용신(用神)인데, 인목(寅木)이 없으면 용신(用神)으로 쓸 수 없으나 자진(子辰)이 있으면 쓸 수 있다.
- 신금(申金)이 술(戌)을 만나면 유(酉)를 협공하여 격각(隔角)을 이루니 상문(喪門)이 된다.
- 신사합(辛巳合)은 합력(合力)이 강하고 복청(福淸)하나, 사(巳)에 신(申)이 합(合)하면 형살(刑殺)과 파(破)가 되어 복경(福輕)이 된다.
- 신금(申金)일 사(巳)월생은 남파여가(男破女家)요, 신(申)년생 미(未)는 과숙살(寡宿殺)이고, 경일간(庚日干)의 임수(壬水)는 문창성(文昌星)인 식신(食神)이다.
- 갑신(甲申)일은 절지(絶地)가 되나, 신(申)에 임수(壬水)가 있어 살인상생(殺印相生)이 된다.
- 신(申)월 미토(未土)는 천의신(天醫神)이라 하고, 미(未) 중의 정을기(丁乙己)가 재성(財星)이 되면 천의신좌(天醫神座)라 하여 의약과 인연이 있다.
- 신금(申金)이 겨울에 태어났는데 화(火)가 없어 한냉하면 생기를 잃은 사금(死金)이 된다.

■ 신(申)은 청수요 생수이고, 자진(子辰)은 탁수이다.

1. 원숭이띠의 성격

권위와 지혜가 충만하고, 운명을 개조하려는 의지가 강하다. 항상 활기차고 명랑하며 야성적인 절규가 운명 속에 자리 잡고 있다. 그러나 이기적이며 고독성을 겸비하고 있고, 급하며 변덕스러우니 항상 대인관계를 너그럽게 하라.

2. 원숭이띠의 직업

배우 · 패션모델 · 정치가 · 군경검 · 외과의사 · 무역 · 외무원 · 극장 · 카바레 · 오락실 · 무속인 등이 길하다.

10. 유금(酉金) : 닭띠

■ 닭은 뾰족한 입으로 먹이를 흐트려가며 먹고, 성교시간이 매우 짧으며, 날이 밝아오는 것을 알리는 것이 특징이다.

■ 유(酉)는 일몰시간으로 만물이 움추리며 기가 하강한다.

■ 유금(酉金)은 주옥 · 사찰의 종 · 주전자로 본다.

■ 유금(酉金)은 서방에 있어 술해(戌亥) 건방(乾方)에 가까우니, 종소리가 천문(天門)에 울린다고 하여 사찰의 종이라고 한다.

■ 유금(酉金)은 정서(正西)라 불국의 극락정토라 하고, 종소리는 산곡 무토(戊土)에 진동한다.

■ 인(寅) 중의 무토(戊土)를 산곡이라 한다.

■ 유금(酉金)은 닭인데, 희생과 봉사하는 아손타익하고, 활인공덕하는 절의 종이고, 주옥으로 세공된 금(金)이고, 정밀한 부속으로 악기와 주기(酒器)라고 한다.

■ 유금(酉金)은 사찰의 종이라 술토(戌土)를 크게 기뻐한다.

■ 유술(酉戌)은 편방(偏方)이니 자식과 인연이 약하고, 만물의 숙살지기라 고독성을 의미한다.

■ 유금(酉金)은 수(水)를 좋아하나, 겨울철 신유금(辛酉金)은 화(火)의 따뜻함을 좋아한다.

■ 수(水)가 많으면 금백수청이라 하여 청귀격이 되는데 화토(火土)가 많은 것을 크게 꺼린다.

■ 경신(庚申) 일간(日干)이 사유축(酉丑) 삼합(三合)을 이루면 금수(金水)운은 길하나 화토(火土)운은 불길하다.

■ 유금(酉金)은 주옥과 같은 금이며 정밀부속이라, 사주에 화(火)가 많으면 천한 명으로 식소사번(食少事煩)이 된다. 추동생은 길명이 많고 춘하생은 천명이 많다.

■ 유술(酉戌)은 해(害)가 되니 타인의 방해를 많이 받는다.

■ 유(酉)일 자(子)월생은 남파여가(男破女家)요, 유(酉)일 사(巳)월생은 여파남가(女破男家)이다.

■ 유(酉)생이 인(寅)을 만나면 원진(怨嗔)이 된다. 닭이 울면 호랑이는 활동에 장애를 받아 인(寅)이 유(酉)를 원망한다.

■ 유(酉)생이 신(申)을 보면 망신살(亡身殺)이 되고, 유금(酉金)이 묘목(卯木)을 보면 충(沖)이 되어 묘목(卯木)이 상한다.

- 유(酉)는 백로라 상설(霜雪)로 화초목은 낙엽이 되어 고사한다.
- 여명이 신유(辛酉)일생이면 백호(白虎)가 되어 남편을 잃는다.
- 유금(酉金)은 을목(乙木)이 절지(絶地)이고, 화(火)는 사지(死地)이다.
- 유(酉)는 자형(子刑)이 되어 고독을 내포하니, 부모나 부부인연이 박하다.
- 유(酉)는 닭으로 사람에게 시간을 알려주니 활인봉사한다.
- 닭은 곡식을 흐트리며 먹기 때문에 유(酉)생은 큰 부자가 되기 어렵다.
- 닭은 성대가 좋으니 악기라 하고, 두 발로 달리는 짐승이니 자전거나 오토바이에 비유한다.
- 유(酉)가 진(辰)과 합(合)하면 유금(酉金)이 묘지(墓地)를 만나니 사계(死鷄)라 한다.
- 유(酉)시는 일몰시간으로 병화(丙火)가 사지(死地)이고, 정화(丁火)가 장생지(長生地)이다. 정화(丁火)는 등촉이요 달이니 암중유광(暗中有光)이라고 한다.

1. 닭띠의 성격

중추가절의 보름달을 상징하듯이 영원한 젊음과 청순함이 특징이다. 꿈많은 소녀처럼 감수성이 있고, 지난날을 그리워하는 감상적인 사고의 소유자로, 미래의 꿈을 그리면서 희망과 공상 속에 사로잡혀 있다. 유(酉)생의 수호신은 충실한 마음의 전달자로 선견지명이 있어 미래를 예견하고, 모든 일을 완벽하게 해야 직성이 풀리는 성격이다. 자신의 결점에 대해서는 다른 사람들보다 배로 고민한다. 욕망을 채우지 못하면 견디지 못하고, 불완전한 일이나 증오하는 결벽성이 잠재되어 있다.

2. 닭띠의 직업

타고난 능력을 살리는 평론가 · 회계사 · 경리직 · 비서직 · 교육자 · 프로듀서 · 약사 · 간호사 · 통역 · 병리실험 · 상업미술 · 패션 · 디자이너 · 수예 · 꽃꽂이 · 화원 · 골동품 · 역술인 등이 길하다.

11. 술토(戌土) : 개띠

- 개는 주인을 알아보며 문전에서 도둑을 지키니, 창고직이나 경비직 · 아파트 관리인과 같다. 입은 따뜻하게 하며 수렵에 소질이 있고, 장시간 교미를 하면서도 부끄러워하지 않는 것이 특징이다.
- 술(戌)은 천문(天門)이라 하는데 만물이 쇠하고 멸한다.
- 술토(戌土)는 열토(熱土)로 화로요 창고이고, 인오술(寅午戌) 화국(火局)을 이루면 용광로이다.
- 술(戌) 중의 정화(丁火)와 신금(辛金)은 진토(辰土)나 축토(丑土)가 있어야 개고(開庫)하여 유용하다.
- 술(戌) 중의 신금(辛金)은 임수(壬水)가 있어야 쓸 수 있다.

- 병화(丙火)는 술토(戌土)를 보아야 화(火)가 입묘(入墓)되어 고향집에 온 것처럼 편안하다. 그러나 술토(戌土)가 많으면 화(火)의 빛이 어두워 사회활동에 장애를 받으니 승려·무녀·역술인이 되기 쉽다.
- 술(戌)월은 초목이 낙엽이 되는 계절로, 추수하여 저장하는 창고이고, 폐기물을 쌓아두는 쓰레기장이 된다.
- 술(戌)일생이 묘목(卯木)을 만나면 춘추문필(春秋文筆)이라 한다. 묘(卯)와 술(戌)이 만나면 합(合)이 되어 화(火)가 되는데, 그 화기(火氣)가 희신(喜神)이 되어야만 발복한다.
- 술(戌)은 화고(火庫)이며 만물을 저장하는 창고이다.
- 술토(戌土)에는 신금(辛金)이 암장(暗藏)되어 있기 때문에 산중의 사원이라 하고, 화로와 폐품 처리장으로 본다.
- 술해(戌亥)는 천문(天門)이며 천라살(天羅殺)이 된다.
- 지구는 위가 술해방(戌亥方)이고, 아래는 진사방(辰巳方)이다. 따라서 술해(戌亥)를 천문(天門)이라 하고, 진사(辰巳)를 용궁이라 한다.
- 술(戌)일 해(亥)시생은 화가 작으나, 해(亥)일 술(戌)시생은 화가 크다.
- 술(戌) 중의 정화(丁火)와 신금(辛金)을 쓰려면 축진미토(丑辰未土)가 있어 형충(刑沖)해야 하고, 개고(開庫)되어야 한다.
- 술토(戌土)는 열토라 생금(生金)이 불가하나, 겨울철에는 술토(戌土)를 원한다.

- 술토(戌土)에 인오(寅午)가 있으면 화국(火局)으로 불덩어리가 된다
- 술(戌)은 진토(辰土)가 개고(開庫)하나 삼진(三辰)이 술(戌) 하나를 충(沖)하면 파고(破庫)가 되어 쓸모없다.
- 술해(戌亥) 천문(天門)은 조기를 파하고 매사 불합되니 처자를 극한다. 술(戌)월은 계추로 낙엽이고 만물의 수장기로 소원(燒原)이라 한다. 왕한 수(水)를 꺼리고, 묘(卯)와 합(合)되면 춘색을 즐긴다.
- 묘술(卯戌)은 춘추의 합(合)이니 화(火)가 희용신(喜用神)이면 남명은 문장이 화려하고 귀명을 이루는 경우가 많으나 여명은 그렇지 않다.
- 묘(卯)에 술(戌)이 합(合)되면 복이 많으나, 술(戌)에 묘(卯)가 합(合)되면 복경(福經)이 된다.
- 술(戌) 중의 신금(辛金)이 재성(財星)이면 천의재(天醫財)라 하여 의약업에 해당한다.
- 술(戌)은 천문(天門)이요 화개(華蓋)이니, 사주에 이삼중 있으면 승려·무녀·도인·역술인의 팔자이다.
- 술(戌)은 천문고방(天門庫房)이고 진(辰)은 용궁이니, 진술(辰戌)일시생은 귀인이 오지 않는다. 남명은 형처극자(刑妻剋子)하고, 여명은 고독한 과부의 명이다.

1. 개띠의 성격

보은의 정신과 이해심이 있고, 측은지심이 과하여 남의 슬픔과 고

통이 자신의 고통으로 이어진다. 대인관계도 균형을 유지하며 분별과 조화가 있다. 허영심이나 자존심・욕망이 마음 깊숙이 도사리고 있으면서도 겉으로는 감추는 성격이다.

2. 개띠의 직업

재물을 탐하기 보다 명예와 미를 살리는 분야가 좋다. 영화・무대미술・기획・건축설계・인테리어・디자이너・창고업・경비업・카메라상・사진업・중개업・세무직・신앙업・점술업 등이 좋다.

12. 해수(亥水) : 돼지띠

■ 돼지의 식성은 쓰고 단 것을 가리지 않는다. 배가 고프면 큰 소리를 지르고, 배가 부르면 휴식하는 습성이 있다.

■ 해수(亥水)는 순음(純陰)이라 만물을 해(害)하며 죽이는 작용을 한다. 바다・호수・은하수・천문(天文)이라고 한다.

■ 여명이 병진(丙辰)일생인데 해수(亥水)가 남편에 해당하면 남편의 성불구로 성적인 불만이 많다.

■ 진(辰)은 해수(亥水)의 묘고(墓庫)이니, 병진(丙辰)일생 남편이나 애인이 복상사 하는 경우가 많다.

■ 진해(辰亥) 원진(怨嗔)은 불평과 불만이 많다. 해수(亥水)는 육음(六陰)의 극처(極處)로, 해(亥) 중의 갑목(甲木)이 희신(喜神)이면 미토(未土)와 해미(亥未)로 합(合)되어야 유용하다.

- 해수(亥水)는 큰 바다나 강이나 호수의 물이고, 천하수는 흘러 가면 돌아오지 않는다.
- 해수(亥水)가 진(辰)을 만나면 원진(怨嗔)이 되고, 사수(死水)인 해수(亥水)는 진(辰)으로 입고(入庫)된다.
- 해수(亥水)는 육음(六陰)의 왕처로 갑목(甲木)의 장생지(長生地)가 된다.
- 여명이 임수(壬水) 일간(日干)이면 해(亥) 중의 갑목(甲木)이 식신(食神)으로 자식에 해당하는데, 미토(未土)나 묘목(卯木)이 없으면 자식이 되지 못하고, 있어도 결함이 있다. 그러나 사주에 인목(寅木)이 있으면 미토(未土)나 묘목(卯木)이 없어도 정상적인 자식을 낳을 수 있다. 해수(亥水)는 순음(純陰)으로 강한 음기(陰氣)가 만물을 숙살한다.
- 해수(亥水)가 인(寅)을 보면 합(合)도 되고 파(破)도 된다. 해수(亥水)에게는 인목(寅木)이 생지(生地)이니 인목(寅木)과 합(合)이 되나, 인(寅)에 가면 병지(病地)로 파(破)가 된다.
- 인해합(寅亥合)은 동해와 동북의 합으로, 우리나라는 바다 건너 일본과 합(合)이 된다.
- 해(亥)는 강과 바다로, 병화(丙火) 태양이 있으면 빛이 밝고 화려하니, 병화(丙火)에서 해수(亥水)는 편관(偏官)이 되지만 좋은 벗과 같다.
- 해수(亥水)가 정화(丁火)를 보면 정화(丁火)와 해(亥) 중의 임수(壬水)가 암합(暗合)되고, 목기(木氣)가 암생(暗生)한다.

- 해수(亥水)는 왕수(旺水)이니 설기(洩氣)하는 묘미(卯未)와 인목(寅木)을 좋아하고, 토(土)를 싫어한다.
- 해(亥)월 인목(寅木)이 사주에 수(水)가 많으면 합(合)보다는 부목(浮木)이 된다.
- 해수(亥水)가 기토(己土)를 보면 기토(己土)는 해(亥) 중 갑목(甲木)과 암합(暗合)을 좋아하고 임수(壬水)를 싫어한다.
- 해수(亥水)는 자수(子水)가 가까이 있으면 강과 호수가 넘쳐 파도소리가 요란하다. 이때 기토(己土)는 힘이 부족하니 무토(戊土)가 있어야 범람을 막는다.
- 해수(亥水)가 희신(喜神)인데 진토(辰土)를 보면 해수(亥水) 희신(喜神)이 입묘(入墓)하여 큰 재앙이 닥친다.
- 해수(亥水)와 오화(午火)가 접근하면 해(亥) 중의 임수(壬水)와 오(午) 중의 정화(丁火)가 암합(暗合)하고, 해(亥) 중의 갑목(甲木)과 오(午) 중의 기토(己土)가 암합(暗合)한다.
- 금일간(金日干)이 해(亥) 중 갑목(甲木)이 재성(財星)이면 해상운송업·해초류·수산물로 재물을 모은다.
- 해(亥)와 술(戌)은 천문성(天門星)으로 남녀 모두 부부인연이 박하고, 종교·철학·역술·무속 등과 인연이 있다. 자선사업가에서도 많이 본다.
- 술해(戌亥)는 천라살(天羅殺)인데, 해(亥)일 술(戌)시생이면 화가 크고, 술(戌)일 해(亥)시생이면 가볍다.
- 해(亥)는 돼지이니 근육이 많고 키가 작으며 잠이 많은 것이

특징이다.

- 해(亥)가 사(巳)를 만나면 충(沖)이 되는데, 수화(水火)의 충(沖)으로 육양(六陽)과 육음(六陰)의 극왕지(極旺地)이다. 불꽃이 튀고 수화(水火)의 기가 상승 하강하니 폭발과 화재 등이 발생하고, 인체에는 열이 나며 혈압이 오르내린다.
- 해(亥)가 진(辰)일 진(辰)시생이면 죽은 돼지다. 해(亥)가 묘(卯)를 만나면 묘(卯)생을 낳은 후 사망하고, 목(木)은 미(未)가 장지(葬地)가 된다.
- 갑을(甲乙) 일간(日干)이 해묘미(亥卯未) 삼합(三合)이 있는데, 묘(卯)월이나 진(辰)월생이면 부부가 해로하기 어렵다.
- 을해(乙亥)일 묘(卯)월생은 정인(正印) 임수(壬水)가 묘(卯)에 가면 사지(死地)가 되니, 어머니가 자신을 낳은 후 사망한다.
- 해수(亥水)가 공망(空亡)일 때 묘(卯)가 와서 합(合)을 하면 해수(亥水)는 해공(解空)이 되니 묘목(卯木)의 공이 크다.
- 경금(庚金)일생이 해(亥)월에 태어났으면 문창성(文昌星)인 식신(食神)이 되고, 술토(戌土)는 천의(天醫) 문서가 된다.
- 기토(己土) 일간(日干)이 해(亥)월생이면 해(亥) 중 갑목(甲木)을 용신(用神)으로 쓰고, 해수(亥水)는 쓰지 않는다.

1. 돼지띠의 성격

매사에 집착이 강하지만 체념도 빠르고, 소극적인 성격으로 비밀과 침묵을 중시하는 경향이 있고, 겉으로는 양성적이나 속으로는 음성적이다. 따라서 자신의 마음에 들면 인정에 약하나, 눈밖에 나면 독성을 품으며 언젠가는 원망의 화살을 보낸다. 또한 웃음이 없고 엄숙하며, 목적과 성공을 위해서는 수단과 방법을 가리지 않고, 속마음을 드러내지 않는다.

2. 돼지띠의 직업

수사나 탐정 방면에 특수한 재능이 있으니 수사 · 탐험 · 과학자 · 천문학자 · 사고처리 · 의약분야 · 생물학 · 신경정신과 · 산부인과 · 역사학 · 예언자 · 야간업소 등이 적합하다.

11장. 질병론

사람의 질병도 운명과 마찬가지로 태어날 때부터 정해져 있다. 우주 속에 삼라만상의 본질이 음양오행으로 이루어져 있으니, 소우주인 인간도 오장으로 근본을 삼기 때문이다. 그러나 다른 생명체는 오장을 갖추지 못하고, 어느 한두 가지에 특성지어 있으므로 그 생김새가 다르게 나타난다.

다시 말해 소는 소만의 장기가 있어 소의 형상을 하고, 개는 개의 형상과 장기가 있는 것이다. 따라서 개의 장기를 가진 소는 없고, 소의 장기를 가진 개도 없다. 여기에 인간은 오장을 온전하게 갖추어 다른 생명체들과는 근본적으로 다른 성질과 형상을 타고났으니 바로 우주만물의 구성요소인 오행의 기질을 고루 갖추고 있기 때문이다.

그래서 인간을 소우주라고도 하며, 만물의 영장이라고도 하는 것이며, 사람이 곧 하늘이요 신이라고까지 하게 된 것이며, 사람을 사랑하는 것이 곧 하느님을 사랑하는 것이요, 하느님의 모습을 찾으려면 사람을 보라는 것이다.

그럼에도 인간은 중생으로서 승화된 신의 경지에 이르지 못하는 것은 그 마음이 그렇게 될 수밖에 없도록 편협하기 때문이며, 그 마음에 의해서 오장 역시 평등하게 구성되었다. 그러므로 그 마음을 보면 그 오장을 말할 수 있는데 그 오장에서 마음이 나타나기 때문이다. 뿐만 아니라 오장의 구성요건에 따라서 사람의 형상도 다르게 나타나는 것이므로 소위 형상학 또는 관상학이라는 학문이 생긴 것이다.

그러면 왜 사람은 태어날 때부터 건강까지 정해지는 것일까? 그 까닭은 업에 의하여 정해진 운명은 바로 육체의 조건과 연관되어 있기 때문이며, 그 육체의 조건은 제각기 다른 형상과 성질 두뇌 등을 나타내므로 운명과 마찬가지로 이미 예정된 건강을 가진 육신이 이 세상에 태어났기 때문이다. 따라서 육체의 조건이 바로 운명의 조건이고, 운명의 조건이 육체의 조건이 되는 것이다. 지금까지 연구한 사주팔자론을 돌이켜보면 쉽게 이해할 수 있으리라고 본다.

- 목(木)은 간담에 속한다.
- 화(火)는 심장과 소장에 속한다.
- 토(土)는 비장과 위장에 속한다.

■ 금(金)은 폐장과 대장에 속한다.

■ 수(水)는 신장과 방광에 속한다.

사주에 수(水)가 많으면 상대적으로 화(火)가 약하니 목화(木火)운을 만나야만 형통한다. 수(水)가 많으면 신장과 방광이 크고, 심장과 소장은 상대적으로 작고 기능이 약할 수밖에 없다. 따라서 목화(木火)운을 만나 간과 심장을 다스려야만 병에 걸리지 않는다. 만일 금수(金水)운을 만나거나 폐·대장·신장·방광에 좋은 약만 먹으면 간장이나 심장·소장의 병은 더욱 악화될 것이다.

뿐만 아니라 간에 속하는 목(木)의 성질은 본래 어진데, 간에 병이 들면 어진 성품이 병들어 폭언과 분노를 잘 일으킨다. 그러나 약해진 목(木)을 생조(生助)하는 수목(水木)운을 만나면 간기능이 활발해지고 다시 어진 천성으로 돌아간다. 사람의 성격이 해마다 다르게 변하는 것도 모두 이러한 이치 때문이다.

따라서 사주팔자는 운명뿐이 아니라 건강까지도 예시하니, 장차 언제 어떤 병이 올지, 또 성격은 어떻게 변하는지를 미리 알 수 있다. 그럴 때 처방을 하면 악화된 오장이 생기를 찾고, 성격과 건강을 바르게 다스리는 것도 운명을 바꿀 수 있는 방법 중의 하나로, 완벽을 기할 수는 없어도 최선의 노력을 해야만 현명한 사람이다. 그러므로 건강을 다스리는 여러 가지 자연식에 대해서 설명하고자 한다.

1. 인체와 오행

사람의 오장과 육부는 완벽하게 음양오행이 가진 기의 성질과 기능으로 구성되었다. 그러므로 음양오행의 사상이 동양의학의 근간이 되었음은 물론 시공을 초월한 우주의 자체성이 음양오행의 요소로 이루어져 있기 때문에 모든 학문의 근본이자 종교적인 신의 실체를 규명하는 뿌리가 되는 것이 음양오행학이다.

따라서 우주의 일체성인 음양오행의 기능을 온전하게 갖춘 사람의 실체를 파악하면 우주를 깨달을 수 있고, 이 세상의 어떤 학문이나 종교와도 통할 수가 있다. 그러므로 음양오행의 논리에 배속된 오장육부의 기능을 의학적인 논리로만 볼 것이 아니라, 확대하여 우주만물이 존재하는 이치를 비교해 보면서 공부하는 것이 지혜로운 방법이라고 할 수 있다.

때문에 음양오행 사상에 의한 해마다의 기후 변화와 우리의 생활과 밀접한 관계인 농작물 등의 풍작과 흉작, 그리고 수많은 동식물이 지닌 오행의 특성을 함께 설명한다. 무엇이 자신의 오장과 육부에 유익한 음식인지를 판단하고, 매년 변하는 오장육부의 기능을 미리 알고 음식을 섭취하면 질병을 예방할 수 있을 뿐만 아니라 치유도 할 수 있다. 인위적인 방법을 벗어나 가장 원시적이면서도 자연스럽고 이치에 합당한 것이 인체와 음양오행의 관계이다.

1. 오장육부와 음양오행

오행은 목화토금수(木火金水)이고, 음양은 오행이 강한 것과 약한 것으로 나눈다. 강한 것은 양이요, 약하고 부드러운 것은 음이다. 십간(十干)과 십이지(十二支) 중에 음양이 내포되어 있다는 것은 이미 설명했다. 십간(十干)과 십이지(十二支)는 크게 보아 오장육부의 기능을 표시하지만, 작게는 인체의 모든 분야를 총괄한다.

편자는 전문의가 아니므로 의학적인 상식을 전부 세세하게 규명할 수는 없지만 모든 질병의 근원은 오장과 육부에 있기 때문에 그 뿌리를 알면 어떤 병도 능히 다스릴 수 있다고 생각한다. 따라서 질병의 원인을 밝히고 예방과 치유법을 설명하기로 한다. 그러면 먼저 오장육부가 십간(十干)과 십이지(十二支)에 어떻게 배속되는지를 알아보기로 한다.

■ 목(木)은 간담에 속하는데

음목(陰木)인 을묘목(乙卯木)은 간에 속하고

양목(陽木)인 갑인목(甲寅木)은 담에 속한다.

■ 화(火)는 심장과 소장에 속하는데

음화(陰火)인 정사화(丁巳火)는 심장에 속하고

양화(陽火)인 병오화(丙午火)는 소장에 속한다.

■ **토(土)는 비장과 위장에 속하는데**

음토(陰土)인 사축미토(巳丑未土)는 비장에 속하고

양토(陽土)인 무진술토(戊辰戌土)는 위장에 속한다.

■ **금(金)은 폐장과 대장에 속하는데**

음금(陰金)인 신유금(辛酉金)은 폐장에 속하고

양금(陽金)인 경신금(庚申金)은 대장에 속한다.

■ **수(水)는 신장과 방광에 속하는데**

음수(陰水)인 계해수(癸亥水)는 신장에 속하고

양수(陽水)인 임자수(壬子水)는 방광에 속한다.

이상과 같이 오장은 오행에 배속된다. 이것을 음과 양으로 나누면 다음과 같다.

■ 오장의 음은 간장 · 심장 · 비장 · 폐장 · 신장이다.

■ 오장의 양은 담 · 소장 · 위장 · 대장 · 방광이다.

육부는 양에 속하는 담 · 소장 · 위장 · 대장 · 방광이다. 오장은 5가지가 있고 육부는 6가지가 있어야 하는데 5가지밖에 없다. 그러나 육부는 실제의 모양은 없지만 무형의 장기인 삼초라는 것이 있다. 삼초는 심장 밑에 있는 상초와 위장 밑에 있는 중초, 그리고 방광 위에 있는 하초를 말한다. 위장과 소장 사이, 소장과 대장 사이, 그리고 대장에서 배설의 사이를 소통시켜 소화기능을 원활하게 하는 작용을 말한다. 이것은 마치 사람과 사람 사이에서 감정이 전달되는 것과 같다.

그런데 오장에도 무형의 작용을 하는 장기가 있다. 이것을 삼초라고 하는데 형체는 없다. 그러나 포(胞)가 아기의 태(胎)를 의미하듯이, 삼초도 심장의 근기로 생명을 주관하는 능력이 잠재되어 있다. 어떤 사람들은 이 삼초를 오장의 하나로 보아야 한다며, 오장육부론을 주장하나 이것은 자연의 섭리에 맞지 않는다.

왜냐하면 모든 생명의 활동은 천기의 작용에 의한 것이고, 그 천기의 영향으로 심포작용이 일어나기 때문이다. 이것은 대우주론적인 관점에서 보면 우주에 펼쳐진 천체와 만물이 멸하지 않고 계속되는 것은, 무엇으로도 감지해낼 수 없는 어떤 힘에 지배당하기 때문이다.

따라서 우리는 이 힘을 일신의 위대한 능력으로 인식하고, 수많은 종교의 태동도 이에 근거한다. 어쨌든 삼초는 신비한 우주의 힘으로 생명의 활동을 지속시켜주는 하늘과 같고, 오장육부는 이 무형의 힘에 의하여 맡은 기능을 다하는 것이다.

2. 오장육부의 작용

오장육부의 작용은 오행의 작용과 조금도 다르지 않다. 그러므로 천간(天干)과 십이지(十二支)의 특성이 그대로 적용된다. 오행의 상생(相生)과 상극(相剋), 형충파해(刑沖破害)의 이론에 의해 기능한다. 그래서 오행의 상생(相生)원리인 금생수(金生水) · 수생목(水生木) · 목생화(木生火) · 화생토(火生土) · 토생금(土生金)의 이치대로 다음과 같다.

- 오장의 간담인 목(木)은 심장과 소장인 화(火)를 생하고,
- 심장과 소장인 화(火)는 비장과 위장인 토(土)를 생하고,
- 비장과 위장인 토(土)는 폐장과 대장인 금(金)을 생하고,
- 폐장과 대장인 금(金)은 신장과 방광인 수(水)를 생하고,
- 신장과 방광인 수(水)는 간담인 목(木)을 생한다.

- 갑기합토(甲己合土)가 되어 담인 갑목(甲木)과 비장인 기토(己土)가 합하여 비장과 위장을 튼튼하게 만든다.
- 을경합금(乙庚合金)이 되어 간인 을목(乙木)과 대장인 경금(庚金)이 합세하여 폐와 간장을 튼튼하게 만든다.
- 병신합수(丙辛合水)가 되어 소장인 병화(丙火)와 폐장인 신금(辛金)이 합하여 방광을 튼튼하게 만든다.
- 정임합목(丁壬合木)이 되어 심장인 정화(丁火)와 방광인 임수(壬水)가 합세하여 간과 담을 튼튼하게 만든다.
- 무계합화(戊癸合火)가 되어 위장인 무토(戊土)와 신장인 계수(癸水)가 합세하여 심장과 소장을 튼튼하게 만든다.

따라서 갑일간(甲日干)이 기토(己土)의 합(合)을 얻지 못하면 비장과 위장이 뒤틀리기 때문에 만성두통에 시달린다. 합과 마찬가지로 충극(沖剋)도 같은 이치다.

- 목극토(木剋土) : 간담은 비장과 위장을 극한다.
- 토극수(土剋水) : 비장과 위장은 신장과 방광을 극한다.
- 수극화(水剋火) : 신장과 방광은 심장과 소장을 극한다.
- 화극금(火剋金) : 심장과 소장은 폐장과 대장을 극한다.
- 금극목(金剋木) : 폐장과 대장은 간과 담을 극한다.

- 따라서 사주에 목기(木氣)가 강하면 간과 담이 크고, 상대적으로 토기(土氣)인 비장과 위장이 작고 힘이 없어 비위병이 온다.
- 토기(土氣)가 많고 강하면 비장과 위장이 큰 반면, 수기(水氣)인 신장과 방광이 작고 힘이 없어 신장과 방광에 병이 온다.
- 수기(水氣)가 많고 강하면 신장과 방광이 큰 반면, 화기(火氣)인 심장과 소장이 작고 약하여 심장이나 소장에 병이 온다.
- 화기(火氣)가 많고 강하면 심장과 소장이 큰 반면, 금기(金氣)인 폐장과 대장이 작고 힘이 약해져 폐와 대장에 병이 온다.

이런 까닭에 사람의 운명이 대운과 년운·월운을 거치면서 길함과 흉함이 교차되듯이 건강도 주기적으로 흥망성쇠를 맞이한다. 그러면 질병은 언제 생기고, 치료는 가능한가를 규명하기 위해 앞에서 설명한 오행의 상생상극에 의한 오장의 상생상극표를 다음 쪽에 종합하여 실으니 참고하기 바란다.

양이 양을 극하고 음이 음을 극하는 것은 그 위력이 강하고, 양이 음을 극하고 음이 양을 극하는 것은 오히려 부드러운 것이다. 다음 쪽 상생상극표와 같이 오장육부와 오미, 그리고 오상을 표시했으니 숙지하기 바란다.

오행과 오장의 상생상극표

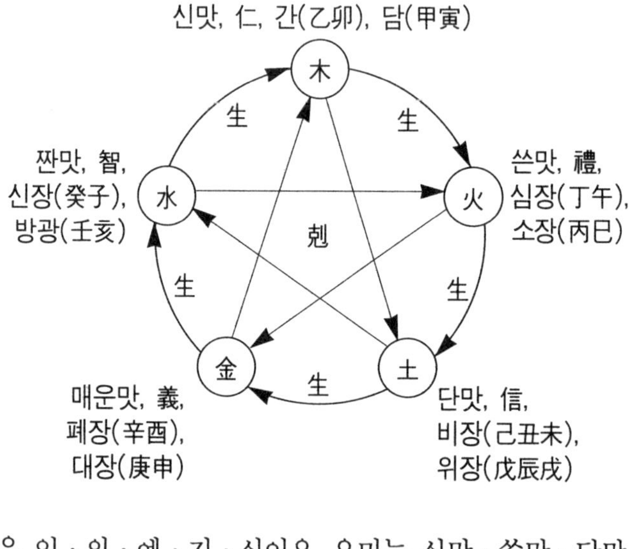

오상은 인·의·예·지·신이요, 오미는 신맛·쓴맛·단맛·매운맛·짠맛을 말한다. 이 세상의 모든 음식은 제각기 독특한 맛이 있고, 그 맛은 동식물의 특성에 따라 다르나 맛의 근본은 오행의 원리 속에 있다. 따라서 사람이 먹을 수 있는 모든 음식은 이 5가지맛 안에 있다.

이렇게 모든 동식물의 생명을 지탱하는 근본은 오미이고, 오장육부의 근원적인 바탕이 된다. 따라서 음식이 만 가지 질병의 원인이 되기도 하고, 예방과 치료가 되기도 한다. 오행의 상생·상극·상합과 마찬가지로 음식의 맛으로 장기를 다스릴 수 있다.

오늘날 음식으로 하는 자연치유법을 식이요법이라고 한다. 그러나 오행의 상생상극은 물론 상합과 상충의 이치를 모르고 함부로 음식을 섭취하면 오히려 병을 더 악화시키는 결과를 초래한다.

왜냐하면 목기(木氣)에 속하는 간과 담은 신맛이 바탕인데, 간담이 약하면 신음식을 먹거나 목기(木氣)를 생조하는 수기(水氣)의 음식인 짠음식을 먹어야만 간담의 기력이 회복되는데, 목기(木氣)를 극하는 금기(金氣)인 매운음식을 먹거나 금기(金氣)를 생조하는 토기(土氣)의 단것을 먹으면 간과 담의 병은 더 악화될 수밖에 없다. 따라서 제아무리 좋은 음식이라 해도 해로울 수 있고, 하찮은 음식이라도 유익한 것이 있으니 자신의 사주팔자에 맞는 음식을 먹어야 한다.

자신의 사주팔자에 나타난 오장육부의 기능을 파악하고, 앞으로 어디에 병이 오는지, 지금은 어느 장기에 문제가 있는지를 파악하고, 음식으로 치유하는 방법을 상세히 알아본다.

2. 질병의 원인과 식이요법

1. 목기(木氣) : 간 · 담

간장과 담낭은 목기(木氣)가 근본이다. 을묘목(乙卯木)은 간에 속하기 때문에 을묘목(乙卯木)이 강하면 간이 크고 실하나, 약하면 간이 작고 기력이 약하여 목기(木氣)가 약해지는 금(金)운이 오면 간질환이 따른다.

갑인목(甲寅木)은 담에 속하기 때문에 갑인목(甲寅木)이 강하면 담이 크고 힘이 있으나, 약하면 담이 작고 힘이 없어 목기(木氣)가 약해지는 금(金)운이나 화(火)운이 오면 담에 문제가 생긴다.

갑을목(甲乙木)은 같은 오행으로 서로 보완관계이다. 따라서 갑목(甲木)이 약해도 을목(乙木)이 강하면 갑목(甲木)이 힘을 얻고, 을목(乙木)이 약해도 갑목(甲木)이 강하면 을목(乙木)이 힘을 얻어 간과 담이 모두 건강하고 실하다.

사주에 목기(木氣)가 강하면 반드시 토기(土氣)가 약화되어 비장과 위장에 병이 온다. 이때는 금(金)운이 와서 강한 목기(木氣)를 제압하거나, 화(火)운이 와서 강한 목기(木氣)를 설기(洩氣)시켜 토기(土氣)를 생조해야 비장과 위장에 병이 오지 않는다.

만약에 사주에 화기(火氣)가 없고 목기(木氣)와 토기(土氣)만 있으면 간담인 목(木)과 비위인 토(土)는 상극이 되어 싸우므로 간담과 비위가 모두 상한다.

또 목기(木氣)가 약하면 수(水)운과 목(木)운이 와야만 간과 담이 건강해진다. 그렇지 않고 금(金)운이나 토(土)운이 오면 목기(木氣)가 극을 받아 간과 담의 병은 악화된다.

乙	甲	戊	乙		乾
亥	辰	寅	卯		命

58	48	38	28	18	8
壬	癸	甲	乙	丙	丁
申	酉	戌	亥	子	丑

이 사주는 갑일간(甲日干)이 인(寅)월에 득령(得令)하고, 인묘진(寅卯辰) 방합(方合)을 이루어 목국(木局)이 되고, 시지(時支)에 해수(亥水)가 목(木)을 생조(生助)하니, 일간(日干)인 목(木)은 기세가 대단히 강하다.

따라서 사주에 병화(丙火)가 있어 일주(日柱) 갑목(甲木)을 설기(洩氣)시키거나, 토(土)가 금(金)을 생조(生助)하거나, 금(金)운이 와서 갑목(甲木)을 억제해야 토(土)인 비위가 상하지 않는다.

그러나 수(水)운이나 목(木)운이 오면 갑목(甲木)이 더 강해지고, 토(土)를 심하게 극하여 토(土)에 해당하는 위장에 병이 온다. 위장이 나빠지면 비장도 나빠진다. 화토금(火土金)운을 만나야만 병도 치유되고 운명도 발복한다.

본명은 계(癸) 대운까지는 위장병에 시달리며 운명도 나빠져 고생이 많다. 그러나 유(酉) 대운부터는 왕한 갑목(甲木)이 금기(金氣)의 힘을 받아 억제되므로, 토(土)에 속하는 비위가 생기를 얻어 병이 호전된다. 또 운명도 뒤늦게 발복하여 그동안의 고생을 보상받고 안락한 생활을 한다.

己	乙	辛	庚		坤
卯	酉	巳	申		命

57	47	37	27	17	7
乙	丙	丁	戊	己	庚
亥	子	丑	寅	卯	辰

이 사주는 을목(乙木)이 사(巳)월에 태어나 실령(失令)·실세(失勢)하여 힘이 약하나, 시지(時支) 묘목(卯木)에 유근(有根)하여 신약(身弱)은 면했다. 그러나 간지(干支)의 관살(官殺)인 경신신유(庚辛申酉)의 극이 심한데, 설상가상으로 시상(時上)에 기토재(己土財)가 생관(生官)하니, 일주(日柱) 을목(乙木)은 기력이 없다.

따라서 본명은 금(金)에 해당하는 폐와 대장이 크고, 목(木)에 속하는 간과 담이 선천적으로 약하고, 토(土)가 금기(金氣)에게 심하게 설기(洩氣) 당하여 비위도 약하다. 그러나 강한 금기(金氣)가 목기(木氣)를 제압하여 비위가 심하게 상하지는 않았다.

화(火)로 강한 금기(金氣)를 제압하거나, 수(水)운을 만나 금기(金氣)를 설기(洩氣)시켜 일주(日柱) 목(木)을 생하거나, 비겁(比劫)인 목(木)운을 만나야 간담의 병세는 호전된다.

7세 을묘(乙卯) 대운에서는 묘유(卯酉)가 상충(相沖)되어 간담에 질환이 왔다.

27세 무인(戊寅) 대운에서는 인신(寅申)이 충(沖)되어 간과 담은 치유가 불가능하게 되었고, 운명도 흉하기만 했다.

37세 정축(丁丑) 대운에서는 사유축(酉丑) 금국(金局)을 이루어 약한 목(木)을 극상(剋傷)시키니 운명은 물론 간담의 병도 더 악화되었다. 그러나 대운의 정화(丁火)가 극금(剋金) 제살(制殺)하여 위기를 모면했다.

47세 병자(丙子) 대운에서는 자수(子水)가 왕살(旺殺) 금기(金氣)를 설기(洩氣)시켜 일간(日干) 을목(乙木)을 생조(生助)하니, 간과 담의 기능이 생기를 얻고, 운명도 호전되기 시작했다. 그러나 오래된 지병인지라 회복이 쉽지는 않았다.

57세 을해(乙亥) 대운에서는 해(亥)운에서 해수(亥水)가 제살하는 상관(傷官) 사화(巳火)를 충(沖)하여 사망했다. 사화(巳火)는 심장과 소장에 속하는데, 간담인 목(木)이 약하여 심장과 소장인 화(火)를 생(生)하지 못하니, 심장이 이상을 일으킨 것이다.

1. 간·담에 병이 올 때의 증상

■ 목(木)은 인(仁)에 속하고, 인(仁)은 어진 것이다. 어진 마음이 병들면 화를 잘 내며, 언행이 난폭해진다. 목소리가 크며 말에도 독기가 있고, 시기심과 질투심이 강하다.

■ 갑목(甲木)은 머리에 해당하니 기토(己土)의 합을 얻지 못하면 평생 두통에 시달린다.

■ 인목(寅木)은 양손과 발등에 해당하니 인목(寅木)이 충극(沖剋)되거나 약해지면 손과 발에 이상이 생기고, 사고를 당한다.

■ 을목(乙木)은 목에 해당하니 을목(乙木)이 약하면 목에 이상이 온다.

■ 묘목(卯木)은 손가락과 발가락에 해당하니 묘목(卯木)이 약하면 손가락과 발가락에 이상이 오고, 형충(刑沖)되면 손가락이나 발가락에 상처를 입는다.

■ 간과 담인 목(木)이 약하면 무서움을 많이 타고 용기가 없다. 항상 긴장하며 피로가 쉽게 오고, 심하면 헛구역질을 하며 얼굴색이 검게 변한다. 또한 소화도 안되며 현기증이 있고, 근육에 경련이 일어나며 손발에는 쥐가 잘 난다. 눈물이 많으며 시력도 떨어지고, 오른쪽 옆구리가 결리는 경우도 있다. 눈에 정기는 간에서 나오므로 간이 실하면 눈이 빛나고, 간이 허하면 황달이 오기 쉽다.

간이나 담에서 오는 질병

간과 담이 약하여 생기는 질병은 간염·간경화·간암·황달병 · 눈·힘줄·목·손발·두통·현기증·신경통·만성피로·신경질환 등이 있다.

2. 간·담의 치료법

목(木)은 신맛을 담당하니, 간과 담의 본질은 신맛이다. 구수하고 누린내 나는 것도 도움이 된다. 목기(木氣)인 갑을인묘(甲乙寅卯)가 약하면 신음식과 목기(木氣)를 생조(生助)하는 수기(水氣)인 짠음식을 먹어야만 간과 담이 생기를 얻는다.

따라서 목기(木氣)가 약하면 유달리 산미의 음식을 잘 먹고, 짠음식도 잘 먹는다. 그러나 죽을 때가 된 사람은 이런 음식을 싫어하고 먹을 인연도 없다. 왜냐하면 죽을 사람은 틀림없이 좋지 않을 음식만 찾을 뿐 아니라, 오행의 상생상극의 이치를 모르는 사람들의 지시에 따라 무조건 짠음식을 피하기 때문이다.

짠맛과 매운맛을 무조건 나쁘다고 하는 것은 서양의학의 편견에 지나지 않는다. 가령 신장에 병이 있어 당뇨가 왔는데도 무조건 짠음식을 못 먹게 해서 생명을 단축시키는 과오를 범한다. 어쨌든 서양의 현대의학만이 만능은 아니다.

그러므로 동양의학을 까닭도 모르고 경시해서는 안 된다. 적어도 서양의 사상과 문화가 모두 동양에 뿌리가 있다는 사실만이라도 안다면 문명이 좀 앞섰다고 해서 그들의 생각을 맹신하지는 않을 것이다. 하여튼 동양의학은 목기(木氣)가 약하면 간과 담이 작고 기력이 없어 간담에 병이 온다. 이럴 때는 신음식과 짠음식을 먹어야 한다.

반대로 목기(木氣)가 강하면 신맛과 짠음식은 해가 된다. 간과 담은 신맛과 짠맛의 기를 받아 더 강해지므로 비위를 극파(剋破)하여 비장과 위장에 병이 든다. 따라서 이럴 때는 목기(木氣)를 설기(洩氣)시키는 화기(火氣)의 쓴음식이 가장 좋다. 쓴맛나는 화기(火氣)가 단맛나는 토기(土氣)를 생조(生助)해서 토기(土氣)인 비위에 생기를 불어넣기 때문이다.

그리고 단음식을 먹어서 위장과 비장의 기를 북돋워 주어야만 한다. 또 매운음식을 먹고 폐와 대장을 건강하게 해서 목기(木氣)인 간과 담을 억제하는 것도 좋다.

음식을 섭취하는 것 외에 병을 치유하기 위해서 색깔과 방향을 선택하고, 마음을 바르게 하는 방법도 있다. 음식조절과 함께 노력한다면 훨씬 쉽게 치료하고, 개운에도 많은 도움이 될 것이다.

목(木)은 방위로는 동쪽, 색으로는 푸른색, 마음은 어진 것이 목(木)의 근본이다. 목기(木氣)가 약하면 동쪽으로 머리를 두고 잠을 자고, 앉을 때도 동쪽이나 북쪽을 향하면 머리가 맑고 깨끗해질 것이다. 그러나 목기(木氣)가 강하면 동북쪽은 해롭고, 남쪽이나 서쪽을 향해야 한다.

만일 목기(木氣)가 약하면 푸른색과 검은색이 좋고, 황색과 흰색은 상극(相剋)이 되어 나쁘다. 반면에 목기(木氣)가 강하면 흰색과 황색이 좋고, 붉은색도 무난하지만 푸른색과 검은색은 강한 목기(木氣)를 더욱 강하게 만들어 좋지 않다. 그리고 강한 목기(木氣)의 폭발적인 감정으로 목기(木氣) 특유의 온화함을 잃지 않도록 해야 한다.

3. 간 · 담에 좋은 음식

음식에는 대표적인 5가지 곡식이 있고, 5가지 동물이 있다. 이 5가지 곡식을 오곡이라 하는데, 쌀 · 보리 · 기장쌀 · 콩 · 조를 말한다. 5가지 동물을 오축이라고 하는데 소 · 말 · 양 · 돼지 · 닭을 말한다. 오미와 오곡, 오축을 오행으로 분류하면 다음과 같다.

- 목(木)은 오미로는 신맛, 오곡으로는 보리, 오축으로는 개, 오장육부에서는 간장과 담낭이다.
- 화(火)는 오미로는 쓴맛, 오곡으로는 기장, 오축으로는 양, 오장육부로는 심장과 소장이다.
- 토(土)는 오미로는 단맛, 오곡으로는 조, 오축으로는 소, 오장육부로는 비장과 위장이다.
- 금(金)은 오미로는 매운맛, 오곡으로는 쌀, 오축으로는 말, 오장육부로는 폐장과 대장이다.
- 이 외에 떫은맛이 있는데 오곡으로는 수수, 동물로는 생선, 오

장육부로는 심포와 삼초로 본다.

위에서 밝힌 것과 같이 오미·오곡·오축을 모두 음양오행으로 분류할 수 있고, 오장육부에 배속되어 있다는 것을 알 수 있다. 아래 오행속성표를 숙지하여 활용하기 바란다.

오행속성표

	木	火	土	金	水
五臟	간장	심장	비장	폐장	신장
五常	仁	禮	信	義	智
五穀	보리	기장	조	쌀	콩
五畜	개	양	소	말, 닭	돼지
五味	신맛	쓴맛	단맛	매운맛	짠맛
五色	청색	적색	황색	백색	흑색

따라서 간과 담이 약하면 목기(木氣)에 속하는 보리밥을 많이 먹고, 개고기를 취하면 좋다. 기장음식과 양고기도 좋다. 그러나 좁쌀·쇠고기·말고기·닭고기는 좋지 않고, 목기(木氣)를 생조(生助)하는 콩이나 돼지고기는 좋다.

오곡은 주식이기 때문에 골고루 먹되, 가능하면 오장육부에 관계되는 것 중에서 좋은 것은 많이 먹고, 나쁜 것은 적게 먹어야 한다. 육식도 맞지 않으면 피하고 맞아도 알맞게 먹어야 한다.

심장이나 소장이 나쁘면 기장과 보리밥이 좋고, 양고기와 개고기가 좋다. 쌀과 콩은 적게 먹고, 말고기나 닭고기·돼지고기는 피하는 것이 좋다. 심장과 소장이 좋으면 반대로 먹으면 된다.

토(土)는 비장과 위장에 속하니 비위가 나쁘면 보리와 콩은 적게 먹고, 개고기와 돼지고기는 피한다. 좁쌀과 기장음식을 많이 먹고, 쇠고기와 양고기는 적당히 먹는 것이 좋다.

금(金)은 폐장과 대장에 속하니 폐장과 대장이 약하면 현미와 좁쌀밥을 먹고, 기장과 보리밥은 적게 먹는다. 쇠고기와 닭고기는 적당히 먹고, 양고기와 개고기는 피하는 것이 좋다.

수(水)는 신장과 방광에 속하니 신장과 방광이 약하면 기장과 조를 적게 먹고, 현미와 콩을 많이 먹는다. 양고기와 쇠고기는 피하고, 돼지고기와 닭고기·말고기는 적당히 먹는 것이 좋다.

심포와 삼초는 떫은맛으로 수수와 생선이 여기에 속한다. 심포와 삼초는 근본이 열이므로 목기(木氣)와 화기(火氣)의 음식이 좋고, 금기(金氣)와 수기(水氣)의 음식은 좋지 않다.

이상과 같이 오곡과 오축을 오행으로 분류했다. 이외에 모든 동식물은 오행의 오미로 분류되니 값비싼 오곡과 오축에서만 건강을 찾을 것이 아니라, 모든 음식에서 자신에게 맞는 것을 찾아 먹어야 한다. 이렇게 하는 것이 진실한 식이요법이며 자연치유법이다. 다음은 간담에 좋은 음식을 소개한다.

신맛나는 음식

식물 : 보리 · 팥 · 밀 · 깨 · 땅콩 · 오미자 · 사과 · 귤 · 완두콩 · 강낭콩 · 딸기 · 잣 · 호두 · 오렌지 · 부추 · 신김치 · 감자 · 칡뿌리 · 모과 · 식초 · 참기름 · 들기름 등.

동물 : 개고기 · 매추리 · 웅담과 각종 동물의 간.

4. 간 · 담에서 오는 질병의 식이요법

기본적으로 신음식과 짠음식을 많이 섭취해야 한다. 단맛과 매운맛 음식은 피한다.

간암

알콜중독 등으로 간에 영양이 부족하고, 열량이 초과하여 식욕이 없다. 쉽게 피곤해지고 정신쇠약 증세가 있다. 소화가 잘 되지 않아 항상 위장이 더부룩하다. 간에 병이 들면 붓고 상대적으로 위가 극을 받는다. 심하면 통증이 오고 호흡이 곤란하며 하혈을 한다.

식이요법으로는 녹황색 채소 · 두부 · 치즈 · 콩가루 등을 먹고, 채소는 생즙으로 먹는 것이 좋다.

간염

쉽게 피곤해지고 감기기운이 있어 두통과 구토가 따른다. 명치부위에 통증이 있고, 미열이 난다. 눈에는 황달기가 있고, 소변이 황색으로 변한다.

식이요법으로는 약쑥 · 칡뿌리 · 민들레 · 구기자 등을 생즙으로 마시면 좋다. 율무 뿌리를 달여서 먹거나 구기자 생잎에 흑설탕을 넣어 볶아 먹어도 좋다. 논우렁이가 특효이고, 모과차를 수시로 마시면 빨리 회복할 수 있다.

간디스토마

얼굴이 검어지고 피부에는 황달이 온다. 설사를 심하게 하며 시력도 떨어져 밤에는 잘 보이지 않는다. 간디스토마는 민물고기나 미나리 등에서 감염되는데, 이런 것들을 먹은 후에는 바로 간에 영양을 공급해줘야 한다.

식이요법으로는 석류가 특효이고 고추도 좋다. 고추는 매운맛으로 간을 극하나 신맛이 디스토마균을 없앤다. 그러므로 풋고추를 한 번에 몇 개씩 먹으면 효과를 볼 수 있다.

간질병

의식을 잃고 쓰러져 사지가 뒤틀리고 입으로는 거품을 내뿜으며 눈동자가 돌아가는 증세다. 간질이 발작하기 전에 목이나 등뼈 · 복부에 딱딱한 것이 생기는데, 이곳을 손으로 문지르면 부드러워지며 발작을 예방할 수 있다.

식이요법으로는 파초나 감람나무 잎사귀를 즙을 내어 먹으면 특효이다. 꿩고기 중에서도 수컷을 태워서 가루를 내어 매일 한 숟가락씩을 물 한 컵과 먹으면 효력이 있다. 또 웅담을 한두어 방울씩 콧구멍에 넣으면 예방할 수 있다.

2. 화기(火氣) : 심장 · 소장

심장과 소장은 화기(火氣)에 속한다. 병화(丙火)와 사화(巳火)는 소장에 속하고, 정화(丁火)와 오화(午火)는 심장에 속한다. 그러므로 화기(火氣)가 강하면 심장과 소장이 크고 실하다. 심장과 소장이 실하면 금기(金氣)가 극을 받아 폐장과 대장이 상대적으로 작고 약해진다.

그러나 화기(火氣)가 약하고 수기(水氣)가 많으면 신장과 방광이 크고 강하여 심장과 소장이 약해지니, 금(金)운과 수(水)운에 심장과 소장에 질병이 생긴다.

병화(丙火)는 소장으로 양어깨도 주관하니, 수기(水氣)가 강하면 양어깨가 무겁고 쑤신다. 정화(丁火)는 눈을 주관하니, 정화(丁火)가 약하면 시력이 나빠진다.

또 사화(巳火)는 얼굴에 해당하니, 사화(巳火)가 약하고 해수(亥水)의 충(沖)을 받으면 얼굴에 경련이 일어나거나 사고를 당할 수도 있다. 오화(午火)는 정신과 눈을 주관하니, 오화(午火)가 약하면 정신이 혼미해지거나 눈앞에 캄캄해지고, 자(子)가 오(午)를 충(沖)하면 정신분열이 오기 쉽고, 심하면 실명할 수도 있다.

따라서 화기(火氣)가 약하면 목화(木火)운을 만나야 운명도 발전하고 건강도 좋아진다. 만약 화기(火氣)가 약한데 금수(金水)운이 오면 운명뿐 아니라 심장이나 소장 계통의 병도 깊어진다. 심장이 약하면 어깨와 허리 · 무릎도 아프고, 꿈도 잘 꾸고 잘 맞는다. 그리고 영감이 뛰어나 예언을 잘 하여 주위를 놀라게 하는데, 일반적으로 무속기운이 나타나기도 하고, 심하면 무녀가 될 수도 있다.

심장은 사람의 신이 머무는 곳이므로, 심장이 약하면 자신의 신이 수기(水氣)를 견딜 수 없어 다른 신이 들어와 자리를 잡아 무당이 되는 것이다. 화기(火氣)가 강하면 폐장과 대장에 병이 오는데, 금(金)운과 수(水)운이 와야 병이 생기지 않고 운명도 호전된다. 그러나 목화(木火)운을 만나면 금기(金氣)인 폐나 대장에 문제가 생긴다.

庚	丁	己	丁	乾
子	未	酉	丑	命

이 사주는 정일간(丁日干)이 유(酉)월에 태어나 심약한데, 유축(酉丑)이 합(合)되어 금(金)으로 변하고, 시주(時柱)에 경자(庚子)가 합세하여 금수(金水)가 태과(太過)하다. 정화(丁火)는 일지(日支) 미(未) 중 정화(丁火)에 뿌리가 있고, 년상(年上) 정화(丁火)가 다시 돕고 있어 약하지 않으나, 시상(時上) 경금(庚金)이 시지(時支) 자수(子水)를 생하여 정화(丁火)가 매우 약해졌다. 따라서 이 사람은 태어날 때부터 심장이 약하여 겁이 많고 잘 놀랐다.

3세 되는 무신(戊申)운까지는 운세도 나쁘고 심장 때문에 잔병치레도 많았다.

13세 정미(丁未) 대운에 와서 비로소 정화(丁火)가 생조(生助)를 얻어 신장이 생기를 받으니, 얼굴에 화색이 돌고 운명도 48세 신운까지 상승했다.

53세 계묘(癸卯) 대운에 와서는 용신(用神)인 묘목(卯木)이 유금(酉金)과 충(沖)하고, 천간(天干)으로 오는 대운 계수(癸水)는 정화(丁火)를 파극(破剋)하여 사망했다.

庚	丙	癸	癸		坤
寅	子	亥	未		命

58	48	38	28	18	8
己	戊	丁	丙	乙	甲
巳	辰	卯	寅	丑	子

이 사주는 병화(丙火)가 해(亥)월에 태어나 일간(日干)이 매우 약한데, 계수(癸水)와 자수(子水)가 병화(丙火)를 극하고, 시상(時上) 경금(庚金)이 수기(水氣)를 생조(生助)한다. 병일간(丙日干)은 인목(寅木)과 미(未) 중에 유근(有根)하고, 또 병화(丙火)는 화산처럼 치솟는 불과 같아 강세가 대단하다.

그러나 금기(金氣)와 수기(水氣)가 너무 많아 불길을 지필 수 없는데, 대운이 자축(子丑)으로 흘러 축(丑) 대운 27세까지 젊은 나이에도 소장이 약해 소화기능에 문제가 있었다. 그러나 28세 병인(丙寅) 대운부터는 소화기능이 좋아지고 운명도 절정기를 만났다.

1. 심장 · 소장에 병이 올 때의 증상

심장과 소장을 주관하는 화기(火氣)는 예(禮)에 속한다. 그러므로 심장이나 소장에 병이 들면 예의가 병든 것으로, 버릇이 없고 천방지축인 경우가 많다.

신(神)이 머무는 곳이 허약하니, 무서움이 많아 혼자 밤길을 가지 못하고, 잘 놀라며 가슴이 두근대는 증상이 있다. 그리고 성격도 조급하며 폭발적이다가 돌아서면 잊어버리기도 잘 한다. 조급증 때문에 말을 더듬기도 한다. 시력도 감퇴하고, 신트림도 자주하며, 심장에 통증이 있고, 팔꿈치가 가끔 아프다. 여자는 오른쪽, 남자는 왼쪽 어깨가 결리고, 허리와 무릎이 아프다. 또한 명치끝이 아프고, 혓바늘이 돋기도 한다.

대개 여드름이 많은데 심장이 강한 사람도 이런 현상이 일어난다. 그것은 열이 머리로 치솟기 때문이다. 심장이 약하면 혈압이 높고 두통이 있다. 그러나 심장이 강하면 오히려 혈압이 낮다. 일반적인 상식으로는 화기(火氣)가 강하기 때문에 혈압이 높을 것으로 생각하지만 그렇지 않다. 물론 화기(火氣)가 태왕(太旺)하면 혈압이 높겠지만, 보통 화기(火氣)가 부족한 사람은 혈압이 높다. 그 까닭은 화기(火氣)가 약하여 열기가 머리로 치솟기 때문이다.

약하다는 것은 가볍다는 뜻이다. 가벼우면 위로 뜨고, 무거우면 밑으로 내려가는 것이 원칙이다. 그러나 열이 있다고 무조건 차게 하면 심장을 더 약하게 할 뿐이다. 따라서 심장이 약한 사람은 냉

수욕을 삼가하고, 날것을 먹지 말아야 한다. 찬물도 씹어서 따뜻하게 한 뒤에 삼켜야 심장이 손상되지 않는다.

심장 · 소장에서 오는 질병

심장과 소장이 약하여 오는 질병은 저혈압 · 수족관절통 · 혀 · 얼굴 · 고혈압 · 심장판막 등이 있다.

2. 심장 · 소장의 치료법

화기(火氣)가 강하면 금수(金水)로 제압하고, 화기(火氣)가 약하면 목화(木火)로 생부(生扶)하는 것이 원칙이다. 화기(火氣)가 강하면 심장과 소장이 크고 실하며 금기(金氣)와 수기(水氣)는 약해진다.

왜냐하면 수기(水氣)는 화기(火氣)가 충천하면 마르기 때문이다. 수기(水氣)가 마르면 신장과 방광이 나빠진다. 따라서 금수(金水)에 해당하는 매운음식과 짠음식을 골고루 먹고, 목화(木火)에 해당하는 신음식과 쓴음식은 화기(火氣)를 더욱 가중시켜 폐장과 대장, 신장과 방광을 병들게 한다.

오장육부

	木	火	土	金	水
五臟	간장	심장	비장	폐장	신장
六腑	담	소장	위장	대장	방광

화기(火氣)가 약하면 심장과 소장이 작고 힘이 없어 심장병이 오는데, 목화(木火)에 해당하는 신음식과 쓴음식을 찾아서 먹어야만 생기를 찾는다. 화기(火氣)가 약한데 금수(金水)에 해당하는 매운음식과 짠음식을 먹으면 심장은 더 약해져 병이 들고 소장에도 병이 들어 소화기능이 떨어진다.

심포는 떫은맛을 담당하는데, 현대의학에서는 심장판막이라고 하여 숨이 차서 뛰지 못하고 힘든 일은 할 수 없다. 이럴 때는 떫은 음식을 오래 먹으면 좋아진다.

화(火)는 남쪽에 해당하기 때문에 심장과 소장이 약하면 동쪽이나 남쪽을 향하고, 심장과 소장이 강하면 서쪽이나 북쪽을 향해야 좋다.

오색으로는 화기(火氣)는 붉은색이니 심장과 소장이 약하면 푸른색과 붉은색이 좋고, 심장과 소장이 강하면 백색과 검은색이 좋다.

3. 심장 · 소장에 좋은 음식

심장과 소장이 약하면 쓴맛이 좋고, 다음으로는 떫은맛, 그 다음으로 화기(火氣)를 생부(生扶)하는 신맛이 좋다. 그러나 심장과 소장이 강하면 매운맛과 짠맛을 먹어 폐장 · 대장 · 신장 · 방광을 튼튼하게 만들어야 건강해진다. 떫은맛은 심장판막을 좋게 하기 때문에 화기(火氣)가 부족한 사람에게는 반드시 필요하다.

쓴맛나는 음식

식물 : 씀바귀 · 냉이 · 쑥 · 쑥갓 · 취나물 · 익모초 · 해바라기씨 · 은행 · 커피 · 인삼 · 더덕 · 도라지 · 조 · 다시마 · 두릅 · 솔잎 · 도토리 · 벽오동잎 · 소주 등.

동물 : 고양이 · 양의 염통 · 메뚜기 · 칠면조 등

4. 심장 · 소장에서 오는 질병의 식이요법

기본적으로 쓴음식과 떫은음식을 많이 먹고, 다음으로는 신음식을 먹어야 한다.

심장판막

숨이 차서 뛰지 못하고 힘든 일은 할 수 없다. 식이요법으로는 옥수수 · 수수 · 녹두 · 도토리묵 · 토마토 · 오이 · 가지 · 콩나물 · 고사리 · 양배추 · 양고기 · 오리고기를 항상 먹으면 좋다.

고혈압

아침에 뒷머리가 아프고 무거우며 머리가 맑지 못하다. 귀가 멍멍해지고 손발이 저리며 밤에는 불면증이 온다. 쉽게 흥분하고 피로해지며 빈혈이 온다.

식이요법으로는 다시마를 생으로 먹으면 효과가 있고, 찹쌀과 꿀 그리고 다시마를 섞어서 찻숟가락으로 매일 아침과 점심, 저녁으로 먹으면 효과를 볼 수 있다. 또 봄에 막 돋아난 솔잎을 생으로

먹어도 좋고 차로 마셔도 좋다. 그리고 손발이 저릴 때는 미역을 생으로 먹으면 특효가 있다.

저혈압

현기증이 있고 손바닥에 땀이 나며 신경쇠약 증세가 있다. 손발이 저리고 가슴이 답답하며 소화불량에 시달린다. 어깨와 관절이 아프며 힘이 없고 몸이 하약해지면 헛것이 보인다.

식이요법으로는 옥수수·녹두·수수를 혼식하고, 송이버섯·우엉·고사리·가지·도토리가루·토란·당근·죽순 등을 생으로 먹으면 효과가 있고, 양고기와 오리고기도 많은 도움이 된다.

여드름과 기미

율무쌀을 죽으로 쑤어 먹으면 특효가 있고, 가지를 잘라서 그 액을 바르면 효과가 있으며, 감나무잎을 달여서 차 대용으로 마시면 훨씬 효과가 있다. 여드름과 기미는 민들레 줄기로 즙을 내어 세면 후 수시로 바르면 없어진다.

3. 토기(土氣) : 비장·위장

비장과 위장은 토기(土氣)가 주관한다. 양토(陽土)인 무토(戊土)와 진술토(辰戌土)는 육부의 위장을 주관하고, 음토(陰土)인 기토(己土)와 축미토(丑未土)는 오장의 비장을 주관한다.

사주팔자에서 무토(戊土)와 진술토(辰戌土)가 강하게 작용하면 위장이 크고 기능이 왕성하다. 그러나 위장이 크고 실하면 신장과 방광이 작고 약한데, 특히 방광이 좋지 않다.

기토(己土)와 축미토(丑未土)가 강하게 작용하면 비장이 크고 실하다. 따라서 신장과 방광은 작고 약한데, 특히 신장이 좋지 않다.

그러므로 토기(土氣)가 강하면 상대적으로 수기(水氣)가 약해져 신장이나 방광에 병이 와 금(金)운이나 수(水)운을 만나야 신장과 방광이 생기를 얻는다. 그리고 목기(木氣)인 간은 비장과 위장을 극하므로 수(水)운도 신장이나 방광을 보호하니 나쁘지 않다.

토기(土氣)가 약하면 비장과 위장이 작고 기력도 약하다. 그래서 화토(火土)운이 와야만 비장과 위장이 생기를 얻고, 수목(水木)운을 만나면 비위가 극을 받아 비위병이 온다.

甲	戊	丙	丁
寅	申	午	巳

51	41	31	21	11	1
壬	辛	庚	已	戊	丁
子	亥	戌	酉	申	未

이 사주는 무토(戊土) 일간(日干)이 사오(巳午)에 득령(得令)·득지(得地)하고, 인성(印星)인 병정(丙丁)의 도움을 받아 태왕(太旺)한데, 사주에 수기(水氣)가 없어 매우 건조하다. 따라서 위장이

강하며 크고, 심장과 소장도 크고 강하다.

그러나 화기(火氣)가 왕성하여 신금(申金)이 미약하므로 대장에 병이 있고, 신장과 방광도 허약하다. 그러므로 매우 건조한 기운을 수(水)로 조후(調侯)하고, 금(金)으로 수(水)를 생조(生助)해야만 신장과 방광이 건실해지고 폐와 대장도 생기를 얻는다.

1세부터 10세까지의 정미(丁未) 대운은 일간(日干) 무토(戊土)와 병정화(丙丁火)가 더욱 극왕(極旺)해지니 운명도 몹시 가난하게 전개되었다. 어린시절부터 폐와 대장이 나빠서 감기를 자주 앓고 설사도 잦았다.

11세부터 30세까지의 무신(戊申) 기유(己酉) 대운까지 신금(申金)과 유금(酉金)이 약한 금(金)을 도와주지만 병정사오(丙丁巳午)의 화기(火氣)를 이길 수 없고, 또 수(水)도 생조(生助)할 수가 없다.

31세 경술(庚戌) 대운은 인오술(寅午戌) 삼합(三合)으로 화(火)가 되어 일지(日支) 신금(申金)은 더 이상 기능을 할 수 없어 폐병을 얻었다. 물론 생활도 말할 수 없이 가난했는데 다행히 대운의 천간(天干) 경금(庚金)이 구제하여 겨우 목숨만은 유지할 수 있었다.

41세 신해(申亥) 대운에 이르러 금수(金水)의 용신(用神)운이 오니, 일생 중 처음으로 건강의 회복 기미가 보이기 시작했고, 가정도 빈곤에서 차츰 벗어날 수 있었다.

51세 임자(壬子) 대운에 들어 대운의 자수(子水)가 월령(月令) 오화(午火)를 충(沖)하여 쇠신충왕(衰神沖旺)에 왕신발(旺神發)로 세상을 떠나고 말았다.

만병은 오행의 불화에서 발생하는데, 불화는 태강(太强)이니 태약(太弱)이 원인이다. 오행이 중화상생 유통이 되면 병이 없고, 오행이 편중불화로 유통이 중단되면 질병이 많다.

乙	己	己	乙		乾
亥	未	卯	巳		命

55	45	35	25	15	5
癸	甲	乙	丙	丁	戊
酉	戌	亥	子	丑	寅

이 사주는 기토(己土) 일간(日干)이 년지(年支) 사(巳)와 일지(日支) 미(未)에 뿌리가 있고, 월간(月干)에서 비견(比肩)인 기토(己土)가 돕고 있으니 약하지 않다. 그러나 지지(地支)에서 해묘미(亥卯未)가 목국(木局)을 이루어 살기가 대단한데, 년상(年上)과 시상(時上)에서 을목살(乙木殺)이 가세를 한다.

따라서 일간(日干) 기토(己土)가 득지(得地)했다고는 하나 칠살(七殺) 목기(木氣)의 공격을 버텨낼 수가 없다. 따라서 선천적으로 비장이 작고 약하니 위장도 따라서 나빠졌다. 왜냐하면 비장과 위장은 부부와 같아 어느 한 쪽의 기세에 따라가기 때문이다.

그러므로 왕한 목기(木氣)를 설기(洩氣)시켜 약한 일간(日干) 토(土)를 생조(生助)하는 화(火)운이 가장 좋고, 왕목(旺木)을 제압하는 금(金)운도 좋다.

5세 무인(戊寅) 대운에 무토(戊土)운은 평탄했으나 인목(寅木)운은 관살(官殺)이 혼잡되어 공신하니, 병약하면서 가난도 겹쳤다.

15세 정축(丁丑) 대운에서 년지(年支) 사(巳)와 대운의 축(丑)이 반합(半合)이 되어 금(金)이 되고, 정화(丁火)가 일간(日干) 기토(己土)를 도와 차츰 건강도 회복되고 가난에서도 서서히 벗어났다.

25세 병자(丙子) 대운부터 44세 을해(乙亥) 대운까지 수(水)운을 맞이하니, 수(水)가 기신(忌神)인 목기(木氣) 칠살(七殺)을 생조(生助)하여 일간(日干) 기토(己土)는 왕한 관살(官殺)의 제압을 받아 병석에 눕게 되었다. 그러므로 극심한 생활고와 위장병을 얻어 44세에 사망했다.

1. 위장 · 비장에 병이 올 때의 증상

토(土)는 오상에서 믿음인 신(信)에 속한다. 그러므로 토기(土氣)인 비장과 위장이 나쁘면 믿음이 없고 거짓말을 잘 하며 호언장담을 잘 한다. 의심도 많고 공상이 많아 부부간에 의심이 많다. 토(土)가 병들면 항상 게으르며 잠을 많이 자고, 많이 먹으려 하며 얼굴에는 개기름이 흐른다. 전신이 쑤시고 아프며 입이 잘 부르트고 수족이 떨리기도 하며 피부에 멍이 잘 든다.

무토(戊土)는 비장 외에 옆구리에도 해당하므로 옆구리가 결리고, 기토(己土)는 복부에 해당하므로 항상 속이 더부룩하고, 진토(辰

土)는 피부를 관장하기 때문에 진토(辰土)가 허약하면 피부병에 걸리기 쉽고, 술토(戌土)의 충(沖)을 만나면 상처를 입기도 한다.

술토(戌土)는 발을 관장하니 술(戌)이 진(辰)을 만나 충(沖)되면 발에 이상이 생기고, 미토(未土)는 팔과 허리를 관장하므로 축(丑)을 만나 충(沖)되면 팔과 허리에 이상이 오며, 축(丑)은 양발과 무릎을 관장하니 미토(未土)의 충(沖)을 만나면 양발과 무릎에 이상이 오며 상처를 입는다.

십이지별 사지오체

	子	丑	寅	卯	辰	巳	午	未	申	酉	戌	亥
사지 오체	방광 요도 귀	양발 무릎 맹장	머리 양손 담	정갱 이 10지 이마	피부 어깨 가슴	얼굴 치아 인후 편도	정신 안목 눈	팔 허리 명치 척추	경락 신경 근골	정혈 월경 코	발 명문 항문 갈비	생식 기 자궁

비장 · 위장에서 오는 질병

토기(土氣)인 비장과 위장이 약하면 신경통 · 위산과다 · 위궤양 · 위암 · 만성소화불량 · 습진 · 당뇨 등이 따른다. 그리고 토기(土氣)는 천하의 중앙을 뜻하므로 위장과 비장은 오장육부의 중심부가 된다. 따라서 비위가 병들면 만 가지 질병이 따라온다.

2. 비장 · 위장의 치료법

토기(土氣)는 단맛을 관장한다. 고로 비장과 위장이 약하면 단음식을 집중적으로 섭취하면 비위가 생기를 얻어 급속도로 회복된다. 그리고 쓴맛과 떫은맛도 좋다. 쓰거나 떫은맛은 화기(火氣)에 속하기 때문에 비위인 토기(土氣)를 생조(生助)하여 주기 때문이다. 만약에 비장과 위장이 약한 사람이 매운음식을 먹거나 신음식을 먹으면 병은 더욱 악화된다. 그래서 비위를 치료할 때는 반드시 맵고 짜고 신음식을 피해야만 회복이 빠르다.

오색으로는 토기(土氣)가 황색에 속하기 때문에 토(土)가 강하면 청색과 백색이 좋고, 토(土)가 약하면 적색과 황색이 좋다.

방위와 오색오미

	木	火	土	金	水
방위	동	남	중앙	서	북
五色	청색	적색	황색	백색	흑색
五味	신맛	쓴맛	단맛	매운맛	짠맛

방향은 천하의 토(土)이므로 달리 정할 수가 없을 것 같으나, 각 계절에 해당하므로 토(土)가 강하면 동쪽과 북쪽을 향하고, 토기(土氣)가 약하면 남쪽과 동남향을 향해야 좋다.

토기(土氣)가 강할 때는 신장과 방광이 나쁘니 쓴음식과 단음식을 삼가하고, 신음식과 짠음식을 집중적으로 먹으면 신장과 방광이 회복된다. 회복 후에도 골고루 음식을 먹되, 토기(土氣)를 억제하는 수목(水木)에 해당하는 신맛과 짠맛을 즐겨먹는 것이 좋다. 특히 사주를 보아서 수기(水氣)가 약해지는 화토(火土)운이면 틀림없이 신장이나 방광이 기력을 잃으므로, 맵고 짠 음식이 싫어도 먹는 습관을 길러야 한다.

원래 운명이란 나빠질 때 나쁜 것을 찾고, 좋아질 때 좋은 것을 찾는 묘함이 있다. 그래서 운이 나쁠 때는 수기(水氣)가 약한데도 수기(水氣)를 억제하는 토기(土氣)에 해당하는 단맛과 쓴맛의 음식을 즐기는 경향이 있다. 이 모두가 운명이 더 나빠질 징조다. 더욱이 비위가 나쁘면 당뇨병이 오기 쉽고 특히 토기(土氣)가 강할수록 심하다.

이런 경우 신장과 방광이 극을 받아서 성욕이 무력해진다. 이럴 때는 당연히 맵고 짠음식을 먹어야 하는데도 당뇨병 환자는 무조건 맵고 짠 음식을 피하라고만 한다. 그러나 그러면 그럴수록 병은 더욱 깊어져 영원히 치료할 수 없게 된다.

다만 토기(土氣)가 강할 때는 달거나 쓴음식은 피해야 한다. 왜냐하면 당의 기운이 넘쳐 당뇨가 오기 때문이다. 그러나 토기(土氣)가 약해서 당뇨병이 왔을 때는 쓴맛과 단맛을 집중적으로 먹되, 매운맛과 짠맛의 음식은 먹지 말아야 한다. 토기(土氣)가 약할 때 오는 당뇨병은 비장과 위장이 무력하여 필요한 영양분을 오장육부에 공급할 수 없기 때문에 저절로 당을 배설한다.

동양의학의 이치가 이러하고, 그 뿌리인 역학의 이론이 이처럼 절묘한데, 어찌 역학을 미신이라 하는가. "그런 것은 보지 않는다"고 하는 특정 종교인들이 있는데 참으로 이상한 사람들이다. 무엇이 그런 것이란 말인가. 미신이란 귀신의 이름으로 사람의 마음을 혹

하는 것을 말한다. 그런데도 동양철학의 뿌리인 역학의 논리를 단 한 번이라도 공부해본 적이 없는 사람들이 미신이라고 밀어부치는 까닭은 무엇인가.

내것은 옳고 남의것은 그르다는 편견을 가지고, 귀신을 맹종하고 섬기면서 복이나 비는 그들이야말로 미신을 믿는 사람들이 아니고 무엇이란 말인가. 어쨌든 편견은 이기심을 낳고, 이기심은 단세포적이어서 전체를 볼 줄 모르는 것이다. 그러므로 동서양의 사상과 철학을 함께 수용할 줄 아는 너그러운 마음이 필요하다.

3. 비장 · 위장에 좋은 음식

단맛에 속하는 오곡의 대표적인 식품은 기장이고, 오축의 대표적인 동물은 소이다. 그래서 비위가 약하면 기장쌀을 많이 먹고, 쇠고기를 적당하게 먹어야 한다. 그리고 여러 가지 식품 중에서 단맛과 쓴맛의 음식을 집중적으로 먹으면 비위가 생기를 얻어 서서히 정상으로 돌아온다.

단맛나는 음식

식품 : 기장 · 피 · 호박 · 대추 · 단감 · 꿀 · 감자 · 설탕 · 엿 · 고구마줄기 · 미나리 · 시금치 · 연근 · 양배추 · 배 · 나팔꽃 · 홍당무 · 산나물 · 은행 등.

동물 : 쇠고기 · 토끼고기 · 동물의 내장 등.

4. 위장·비장에서 오는 질병의 식이요법

단음식을 기본적으로 먹고, 쓴음식도 아울러서 먹어야 하며, 맵고 짠 음식은 피해야 한다. 정신적으로는 헛소리에 가까운 말을 삼가하고, 참되게 말하는 습관을 길러야 한다.

당뇨병

당뇨병의 증상은 소변이 자주 마렵고 성욕이 감퇴하며 입 안이 마르기 때문에 물을 자주 마신다. 토기(土氣)가 약하면 비위기능이 약해져 당이 배설되므로 이럴 때는 오히려 당분을 섭취해야만 치료할 수 있다. 반대로 토기(土氣)가 강하면 당분을 섭취하지 말고 맵고 짠 음식을 먹어야 한다.

식이요법으로는 보리와 현미밥으로 식생활을 바꾸고, 야채를 주식으로 먹어야 한다. 토기(土氣)가 강하면 단음식을 삼가하고, 율무가루를 현미·보리와 섞어서 죽을 쑤어 먹으면 효력이 크다. 무잎 말린 것을 충분히 달여 그 물로 목욕을 자주 하고, 양배추의 겉잎을 생즙으로 만들어 식후마다 한 컵씩 마시면 효과가 크다. 수시로 나팔꽃잎과 난초잎을 함께 넣어 달여 차대신 마시면 효과가 빠르게 나타난다.

발기불능

구기자잎을 생으로 즙으로 내어 아침과 저녁 식전에 한 잔씩 마시고, 참깨를 생으로 가루를 낸 다음 식사와 함께 매일 한 순가락씩 먹으면 효과가 크다. 그리고 잠들기 전에 로얄제리를 따끈한 물과 함께 매일 한 숟가락씩 먹으면 좋다. 발기불능은 한 순간에 치료되는 것이 아니므로 장기간 복용해야 한다.

비만증

비만은 위장기능이 정상적이지 않기 때문인데, 증상은 숨이 차고 가슴이 답답하며 두근거린다. 매일 아침 공복에 당근을 갈아 한 잔씩 마시고, 식후에는 감나무잎을 달여 차대신 마신다. 그리고 산나물과 미역·다시마를 식초와 섞어서 반찬으로 장복하고, 적당한 운동을 계속하면 없어진다.

위궤양

위궤양은 심한 스트레스나 과음으로 위장에 단백질이 부족하여 소화기능이 떨어지는 것이다. 위에 염증이 생기고 심하면 헐어버린다. 증상은 공복일 때 속이 쓰리고 아프며, 식후에는 복통이 일어난다. 심하면 토혈까지 한다.

식이요법으로는 양배추와 사과·레몬을 같은 비율로 믹서기에 갈아 아침 저녁으로 식전에 한 잔씩 마신다. 그리고 감자를 갈아 즙을 낸 뒤 약탕기에 달여 식후에 찻숟갈로 하나씩 먹는다. 이때 밥에 율무를 섞어 먹으면 효과를 본다.

위산과다

위에 산이 많아 식후에 신트림이 나고, 위에 통증이 있으며 소화가 잘 안된다. 치유법은 매일 호두 세 개 정도를 생강즙과 같이 먹고, 사과 · 귤 · 레몬 · 오렌지 등 신맛나는 음식을 생즙으로 만들어 식후에 한 잔씩 마시면 특효를 본다. 부식으로는 다시마와 무를 많이 먹는다.

위암

불치병이라고는 하지만 낫는다는 믿음과 자신감을 갖고 이겨내야 한다. 식이요법으로는 율무가루와 현미가루 그리고 재래종 소맥분을 각 100g씩 섞고, 흑설탕과 약간의 소금과 식초 한 숟가락을 넣어 떡처럼 찐 뒤 밥처럼 먹는다. 그리고 율무와 구기자를 섞어 다린 차를 수시로 마시면서 전문의에게 치료를 받으면 효과를 볼 수 있다.

위염

과식하거나 상한 음식을 먹거나 찬음료를 많이 마셔도 위에 염증이 생기고, 지나치게 신경을 쓰거나 계속 스트레스를 많이 받아도 위가 기력을 잃고 염증이 생겨 소화가 잘 안되고, 복부에 통증이 오며 헛구역질까지 한다. 우선 마음을 평화롭게 갖고 지나치게 신경을 쓰지 말아야 한다. 그렇지 않으면 백약이 무효이다.

식이요법으로는 구기자를 응달에 말린 뒤, 충분히 달여 매일 차대신 마시면 특효를 본다. 이때 피마자 기름을 매일 찻숟가락으로 하나식 마시면 치료가 빠르다.

위장을 튼튼하게 만드는 방법은 사주에 토기(土氣)가 약하면 단음식과 쓴음식을 많이 먹되, 구기자잎과 민들레잎을 달여서 차대신 마시면 매우 좋고, 토기(土氣)가 강하면 금수(金水)에 해당하는 매운음식과 짠음식을 많이 먹으면서 치료하면 효과가 크다.

4. 금기(金氣) : 폐장 · 대장

폐장과 대장은 금기(金氣)가 주관한다. 폐는 음금(陰金)인 신금(申金)과 유금(酉金)이 담당하고, 오장에 속하는 대장은 양금(陽金)인 경금(庚金)과 신금(申金)이 담당한다. 고로 사주팔자에서 신금(辛金)과 유금(酉金)이 강하면 폐장이 크고 실하며 경금(庚金)과 신금(申金)이 강하면 대장이 크고 실하다.

그러나 금기(金氣)가 강하여 상대적으로 목기(木氣)가 약화되어 간과 담에 병이 온다. 신금(辛金)과 유금(酉金)이 강하면 을목(乙木)에 속하는 간이 허약해지고, 경금(庚金)과 신금(申金)이 강하면 갑목(甲木)에 속하는 담이 허약해져 담에 병이 온다. 그러나 금기(金氣)가 약하면 폐장과 대장이 작고 허약하므로 목화(木火)운이 오면 폐와 대장에 병이 온다.

그러므로 사주팔자를 자세히 본 다음에 무엇이 강하고 약한 지를 판단하여 강약에 맞춰 음식을 먹으면 질병을 예방하여 건강을 유지할 수 있다. 본래 마음이란 육신에 종속되어 있으므로 육신이 병들면 마음도 따라 병이 들고, 마음이 병들면 성격도 온전하기 어렵다. 그리고 그 성격대로 운명도 바뀐다. 운이 좋을 때는 좋은 마음이 생기고, 나쁜 운일 때는 나쁜 마음이 생긴다.

따라서 운이 좋을 때는 육신도 건강하고 좋은 인연을 만나 운명도 좋게 발전하고, 운이 나쁠 때는 육신도 허약하고 마음도 바르지 못해 해가 되는 사람만 골라 만나고, 음식도 몸에 맞지 않는 것만 먹게 된다. 이 모두가 천기의 작용이 그렇게 되도록 이끌기 때문에 일어나는 현상이니, 자신의 사주팔자를 알면 예방할 수 있다. 육신의 건강을 음식으로 다스리는 것도 운명을 개척하는 방법이다.

辛	庚	癸	己		乾
巳	辰	酉	未		命

55	45	35	25	15	5
丁	戊	己	庚	辛	壬
卯	辰	巳	午	未	申

이 사주는 일간(日干) 경금(庚金)이 유(酉)월생이라 양인(羊刃)격인데, 사유(巳酉)가 합(合)되어 금(金)으로 변했다. 시상(時上) 신금(辛金)이 일간(日干) 경금(庚金)과 합세하는데, 년상(年上)에 기미토(己未土)가 생조(生助)하니 경금(庚金) 일주(日柱)가 태왕(太旺)하다. 따라서 대장이 남달이 크고 실하며 폐장도 대장 못지않다. 그러나 상대적으로 목기(木氣)가 매우 약화되어 기력을 펼 수 없다.

5세 임신(壬申) 대운은 금기(金氣)가 왕성하니 목화(木火)는 더 약화되어 7세 되는 을축(乙丑)년에 소아마비를 앓았는데, 시지(時支)가 단교관살(斷橋官殺)이 가중되고, 집안도 가난이 겹쳐 치료할 형편이 못되어 불치병이 되고 말았다.

25세 경오(庚午) 대운은 사오미(巳午未)로 힘을 얻어 왕금(旺金)을 억제하니 병은 치료할 수 없었으나 생활은 넉넉해졌다.

35세 기사(己巳) 대운은 사유(巳酉) 반합(半合)으로 금(金)이 되고, 다시 대운의 천간(天干) 기토(己土)가 왕한 경금(庚金)을 생조(生助)하니 목기(木氣)가 약해져 간에 이상이 생겼다.

45세 무진(戊辰) 대운은 간질환으로 죽음 직전까지 갔는데, 다행히 진토(辰土)가 진진자형(辰辰子刑)이 되어 진(辰) 중의 을목(乙木)과 계수(癸水)가 형출되고, 미(未) 중의 을목(乙木)과 정화(丁火)가 왕한 금(金)을 억제하여 겨우 죽음만은 면했다.

55세 정묘(丁卯) 대운에는 대운의 지지(地支) 묘(卯)가 월령(月令) 양인(羊刃) 유금(酉金)을 충(沖)하여 안타깝게도 질환을 안고 세상을 떠났다.

己	辛	辛	辛	坤
丑	巳	卯	亥	命

68	58	48	38	28	18	8
戊	丁	丙	乙	甲	癸	壬
戌	酉	申	未	午	巳	辰

이 사주는 묘(卯)월 신금(辛金) 일간(金日干)이 실령(失令)하여 약해졌으나, 일지(日支) 사(巳) 중 경금(庚金)에 착근(着根)하고, 사축(巳丑)으로 금국(金局)을 얻었고, 천간(天干) 비견(比肩) 양신금(陽辛金)이 돕고, 시간(時干)에 기토(己土)가 생조하여 일간(日干) 신금(辛金)이 오히려 강하게 되었고, 묘목(卯木)은 약해졌다.

따라서 폐와 대장이 크고 실한 대신 간이 유난히 작고 힘이 없다. 본명은 금왕(金旺)하여 용신(用神)은 왕금(旺金)을 억제하는 화(火)가 되고 희신(喜神)이 되니 대운을 살펴보면 다음과 같다.

8세 임진(壬辰) 대운은 간이 허약하여 겁이 많았다.

18세 계사(癸巳) 대운은 사(巳) 중의 병화(丙火)가 득세(得勢)하여 점점 활기를 찾았다.

28세 갑오(甲午) 대운과 38세 을미(乙未) 대운은 희용신(喜用神)의 대운으로 대길했다.

48세 병신(丙申) 대운은 약 35년간 왕성한 사회활동은 물론 남편도 크게 출세했으나 기신(忌神)인 신금(申金) 대운에서 많은 어려움을 겪었다.

58세 정유(丁酉) 대운은 사유축(酉丑) 금국(金局)을 이루어 월지(月支) 묘목(卯木)을 극하니 간에 이상이 생겨 세상을 떠날 운명이었다. 그러나 월지(月支) 묘목(卯木)이 년지(年支) 해(亥)와 먼저 합(合)되고, 대운의 유금(酉金)이 탐생망충(貪生忘沖)의 원리로 년지(年支) 해수(亥水)를 생하고, 해수(亥水)가 묘목(卯木)을 생하여 유금(酉金)의 충(沖)을 견더 낼 수가 있었고, 대운의 정화(丁

火)가 도와 죽음은 면했다.

68세 무술(戊戌) 대운은 용신(用神) 병화(丙火)가 묘고(墓庫)인 술(戌)에 들어 죽음을 맞이했는데 문제는 간에 있었다.

1. 폐장·대장에 병이 올 때의 증상

금(金)은 오상으로는 의(義)에 속한다. 의(義)는 의로움을 뜻하는데, 금기(金氣)가 병들면 의로운 성격이 병들어 불의와 타협한다. 경금(庚金)은 대장 외에 배꼽도 주관하므로 경금(庚金)이 약하면 배꼽에 병이 온다.

신금(申金)은 피부를 주관한 신금(申金)이 허약하거나 인목(寅木)의 충(沖)을 만나면 피부에 이상이 생긴다. 신금(辛金)은 폐장 외에 다리를 주관하므로 신금(辛金)이 약하면 허벅지에 근육통이 온다. 유금(酉金)은 유방과 기관지를 주관하니 유금(酉金)이 쇠약하거나 묘(卯)의 충(沖)을 만나면 기관지염·감기·유방암 등이 생긴다.

성격으로는 금(金)은 강한 것을 의미하니 금(金)이 약하면 강한 기질이 없어져 유약하고, 지나치게 남을 동정하여 슬픔도 자주 느낀다. 폐가 약하면 얼굴이 창백하여 우수에 젖은 듯하고, 기침을 자주하며 숨이 차고, 심하면 피를 토한다. 또 폐와 대장이 약하면 감기에 자주 걸리고, 손목도 시큰거리며 설사도 자주 한다. 특히 찬 것을 먹으면 더 심하다.

폐장 · 대장에서 오는 질병

피부병 · 손목관절 · 축농증 · 기관지염 · 폐결핵 · 대장염 · 치질 · 폐렴 · 미친병 등이 있다.

2. 폐장 · 대장의 치료법

금(金)은 오미 중에서 매운맛을 담당한다. 그러므로 폐장과 대장의 기의 본질은 매운맛이고, 성격은 정의를 위한 분발심이 강하다.

사주팔자에서 금기(金氣)인 경신신유(庚辛申酉)가 약하면 매운음식의 기가 모자라니 마땅히 매운음식을 먹어야 한다. 또 금기(金氣)를 생조(生助)해주는 토기(土氣)의 단음식을 먹어야만 폐장과 대장이 활력을 얻는다. 고로 폐와 대장이 나쁜 사람은 유난히 맵고 얼큰한 음식을 좋아한다.

그러나 운이 나쁘면 오히려 맵고 얼큰한 음식을 싫어하거나 남의 충고로 받아들이지 않는다. 이것은 운명이 잘못되어 간다는 징조이다. 반대로 운이 좋으면 매운음식을 자연스럽게 먹고, 남의 충고도 잘 받아들이며, 얼큰한 음식을 즐겨먹는다.

폐장과 대장이 약하면 금기(金氣)에 속하는 맵고 얼큰한 음식이 필요할 뿐아니라, 토기(土氣)에 속하는 단음식도 많이 필요하다. 그러나 목기(木氣)에 속하는 신음식과 화기(火氣)에 속하는 쓴음식은 상극(相剋)이 되니 해롭다.

금(金)이 목화(木火)의 공격을 받기 때문에 화(火)인 심장과 소장, 목(木)인 간과 담의 기가 합세하여 금(金)인 폐장과 대장을 억누르기 때문에 병이 생긴다. 그러나 금기(金氣)가 강하면 당연히 쓰고 신 음식을 먹어서 심장·소장·간·담을 튼튼하게 해야 한다. 그렇지 않으면 간과 담에 병이 온다.

금(金)은 방위로는 서쪽, 오색으로는 흰색이니, 금기(金氣)가 약하면 서쪽을 향하고 서남간인 곤방(坤方)도 좋다. 금기(金氣)가 강할 때는 동쪽이나 남쪽을 향해야 길하다. 오색으로는 금기(金氣)가 약하면 황색과 백색이 좋고, 적색과 청색은 흉하다. 만약에 금기(金氣)가 강하면 붉은색이 좋고 푸른색도 길하다.

오색을 비교하여 여러 나라의 민족을 살펴보면 놀라운 점을 발견한다. 브라질이나 이탈리아 등 남미 국가에서는 붉은색을 좋아하는데, 통계적으로 그곳 사람들은 심장이 약하다는 것이다. 환경과 조건에 따라 사람의 건강도 이에 대응하여 진화하는 이치다. 더운 지역은 화기(火氣)가 많은 곳이니 자연히 수기(水氣)가 강해야만 적응하기 쉬우므로 몸도 차다.

반대로 추운지역에 사는 사람들은 화기(火氣)가 많아 몸이 덥다. 고로 열대지방 사람들은 몸이 차기 때문에 추위를 견디지 못하고, 한대지방 사람들은 몸이 덥기 때문에 더위를 참지 못한다.

따라서 화기(火氣)가 많은 곳에 사는 사람일수록 신장과 방광이 강하여 성능력이 뛰어나고, 수기(水氣)가 많은 지역 사람들은 심장이 크고 강한 대신 신장과 방광이 약하기 때문에 성능력을 일찍 잃는다.

그리고 사계절이 분명한 지역은 방향의 영향을 많이 받는다. 우리나라 사람들이 흰옷을 즐겨 입고, 중국인들이 붉은옷을 좋아하는 까닭도 역학이론에 의해서 자연스럽게 진화한 것이다. 왜냐하면 중국은 지역적으로 금기(金氣)가 작용하기 때문에 당연히 금기(金氣)를 제압하는 붉은색이 필요한 것이고, 우리나라는 동방으로 목기(木氣)가 강하게 작용하기 때문에 금기(金氣)인 흰색이 필요한 것이다. 즉 강하면 억제하고 약하면 생조(生助)한다는 역학이론은 틀린 것이 하나도 없다.

3. 폐장 · 대장에 좋은 음식

금기(金氣)는 매운맛을 담당한다. 오곡으로는 현미, 오축으로는 말고기와 개고기이다. 그러므로 폐장과 대장이 약하면 현미밥을 밥이 먹고, 율무나 좁쌀을 혼식하면 좋다. 보리나 수수는 좋지 않다. 또 육식으로는 양고기나 칠면조고기는 맞지 않고, 말고기와 개고기가 도움이 된다. 폐장이나 대장이 강하면 반대가 된다. 폐와 대장이 나쁘면 주식으로는 현미와 좁쌀을 먹고, 부식으로는 맵고 단 음식을 집중적으로 먹으면 회복이 빠르다.

맵고 단맛나는 음식

식물 : 현미 · 율무 · 조 · 무 · 양파 · 마늘 · 달래 · 표고버섯 · 고추 · 호박 · 감자 · 고구마 · 생강 · 후추 · 겨자 · 포도당 · 꿀.

동물 : 말고기 · 어패류 · 동물의 허파와 곱창 등.

4. 폐장 · 대장에서 오는 질병의 식이요법

식이요법의 기본은 맵고 얼큰하고 단 음식을 많이 먹고, 쓴맛 · 신맛 · 떫은맛 나는 음식은 피하는 것이다.

기관지염

기관지가 약해서 염증이 생겨 헛기침과 짙은 가래가 나오고, 식욕도 떨어지며 머리가 아프다. 식이요법으로는 감자와 양파 · 홍당무를 적당히 섞어 끓인 뒤, 그 물을 식사를 전후로 지속적으로 마시면 좋다. 곁들여서 잠자기 전에 생강차를 마시면 더 효과를 볼 수 있다. 식사 때 마늘을 한 쪽씩 구워서 먹고, 연뿌리를 달여 매일 아침과 저녁 식전에 마시면 기침이 없어진다.

편도선염

온몸에 오한이 일어나고 권태 · 두통 · 언어장애 · 귀울림이 따르며, 목이 붓고 전신이 쑤시는 증상이 있다. 식이요법으로는 쑥잎을 찧어 즙을 만들어 매일 한 번 반 잔씩 마시고, 알로에를 찧어 목에 붙이고 붕대로 감아두면 세 시간 정도 지나면 효과가 나타난다. 또 붓고 통증이 심하면 사과즙을 내어 반 잔씩 하루에 세 번 마시면 효과가 있다.

폐결핵

그동안의 감정 경험으로는 사주팔자에서 정화(丁火) 일간(日干)

이 지나치게 강하고, 대운이나 세운(歲運)이 화(火)운으로 들어가 신유금(辛酉金)이 극상(剋傷)을 당하면 거의 폐결핵에 걸린다는 것을 알았다. 병의원이나 보건소에서 좋은 약을 먹고도 좀처럼 낫지 않다가 묘하게도 수(水)운에 들면 치료 효과가 높다는 것을 알게 되었다.

庚	丁	辛	己		乾
子	未	未	未		命

60	50	40	30	20	10
乙	丙	丁	戊	己	庚
丑	寅	卯	辰	巳	午

이 사주는 정화(丁火) 일간(日干)이 6월 염천에 태어나고, 년월(年月)과 생지(生地) 미(未) 중 정화(丁火)에 유근(有根)이 심왕하다. 경신금(庚辛金)이 투간(透干)했으나 무근(無根)으로 힘을 쓰지 못하고, 시지(時支) 자수(子水)도 많은 미토(未土)에게 극되니 조후(調候)로도 무용지물이 되어 사주가 매우 건조하다. 그런데도 유난히 물을 싫어하고 밥을 먹을 때도 국을 먹지 않았다.

태어난 때가 윤달이고, 남자가 음(陰)사주이니 대운이 역행한다. 경오(庚午) 대운에서 오화(午火)의 기세가 일간(日干) 정화(丁火)에 가세하여 폐결핵으로 고생했다. 진(辰)대운에 들어 38세 병신

(丙申)년에 신자진(申子辰) 수국(水局)으로 왕화(旺火)를 억제하고, 신금(辛金)을 보호하여 완치될 수 있었다.

따라서 일간(日干)이 병화(丙火)보다 정화(丁火)가 폐결핵에 걸릴 확률이 높다는 것을 알았다. 왜냐하면 폐에 속하는 신금(辛金)과 병화(丙火)는 유정하게도 합(合)이 되지만 정화(丁火)는 신금(辛金)을 정면으로 극파(剋破)하기 때문이다.

식이요법으로는 앞으로 수기(水氣)를 가까이 하고, 맵고 짠 음식을 계속 먹으면 재발하지 않을 것이다. 그리고 현미·조·율무와 혼식하고, 반찬으로는 시금치·도라지·연뿌리를 먹는 것을 습관화하고, 구기자차를 마시면 좋다. 별도의 식이요법으로는 석류씨를 즙을 내어 흑설탕이나 꿀을 섞어 매일 마시면 특효를 본다.

폐렴

갑자기 오한이 일어나고, 두통이 온다. 식욕도 없고 호흡도 곤란하다, 늑막에 이상이 생기고 황달기가 있으며 구토증세도 있다. 겨자가루 2g 정도를 세숫대야에 넣고 물을 가득 부은 다음, 수건을 적셔 아픈 부위에 대는 찜질을 매일 두 번씩 하면 효과가 있고, 식이요법으로는 율무와 현미를 섞어 죽을 쑤어 밥대신 먹으면 좋다.

늑막염

식욕부진과 헛기침, 두통과 호흡장애가 따른다. 식이요법으로는 율무와 현미를 섞어서 만든 죽을 먹는다. 그리고 소주에 마늘을 많이 넣고 흑설탕을 넣은 다음, 약 6개월 후에 매일 한 잔씩 마시면 효과를 본다.

5. 수기(水氣) : 신장 · 방광

수기(水氣)는 신장과 방광의 주된 기로 정(精)을 주관한다. 정(精)은 인체의 근원적인 기운으로 고갈되면 빨리 늙고 일찍 죽는다. 음수(陰水)인 계수(癸水)와 자수(子水)는 오장 중에서 신장에 속하고, 양수(陽水)인 임수(壬水)와 해수(亥水)는 육부 중에서 방광에 속하는데, 사주팔자에서 음수(陰水)인 계자수(癸子水)가 왕성하면 신장과 방광이 크고 실하다.

그러나 심장과 소장이 약해져 심장과 소장에 병이 온다. 특히 심장의 병이 심각하다. 심장은 정화(丁火)이므로 계수(癸水)가 정면으로 극파(剋破)하고, 임수(壬水)는 정화(丁火)와 유정하게도 합(合)하기 때문에 소장만은 심각하지 않다. 그러나 계자수(癸子水)가 약하면 신장이 나빠지고, 신장이 나빠지면 간도 뒤따라 나빠진다. 왜냐하면 계수(癸水)가 을목(乙木) 간을 생조(生助)할 수 없기 때문이다.

임수(壬水)와 계수(癸水)가 강하면 심장과 소장이 나빠지는데, 특히 소장에 병이 온다. 왜냐하면 임수(壬水)가 병화(丙火) 소장을 극파(剋破)하기 때문이다. 그러나 임수(壬水)와 계수(癸水)가 약하면 방광이 작고 기력이 없어 소변을 자주 보고, 나중에는 성기능까지 떨어진다.

신장도 이와 같다. 그러므로 수기(水氣)가 강하면 화토(火土)운이 와서 수기(水氣)를 제압해야만 수기(水氣)가 오래 기력을 잃지 않는다. 그 까닭은 신장과 방광이 크면 자연히 많이 쓰게 되고, 많이 쓰면 저절로 기세가 허물어지기 때문이다. 그래서 토기(土氣)로 수기(水氣)를 제한하며 조절하는 것이다.

그러나 수기(水氣)가 약하면 토기(土氣)는 크게 꺼린다. 신장과 방광이 작고 힘도 없는데 토(土)의 극을 받으니 수(水)는 더 기력을 잃을 수밖에 없다. 이럴 경우에는 금수운(金水運)을 만나 신장과 방광이 활기를 찾도록 도와야만 신장과 방광에 병이 오지 않는다. 그 예를 다음 쪽에 들어보기로 한다.

癸	癸	丁	庚	乾
卯	未	亥	申	命

55	45	35	25	15	5
癸	壬	辛	庚	己	戊
巳	辰	卯	寅	丑	子

이 사주는 일간(日干) 계수(癸水)가 해(亥)월에 득령(得令)하고, 년주(年柱) 경신(庚申)과 시상(時上) 계수(癸水)가 합세하여 방조(幇助)하니 기세가 당당하다. 정화(丁火)는 미(未) 중 정화(丁火)에 유근(有根)하고 해묘미(亥卯未) 목국(木局)을 이루어 약하지

않지만, 정화(丁火)는 왕성한 계수(癸水) 칠살(七殺)을 감당할 수 없다. 따라서 심장이 약하고 신장과 방광은 강하다.

무자(戊子) 대운 5세부터 14세까지 계수(癸水)가 건록(建祿)을 얻어 득세(得勢)하니 정화(丁火)인 심장이 더 쇠약해졌다. 수줍은 성격과 가정환경도 어렵고 병약하여 어린시절 활달하지 못했다.

기축(己丑) 대운 15세에 와서는 비록 축(丑)이 토(土)이기는 하지만, 깊은 겨울이기 때문에 더욱 추워져 정화(丁火)가 오히려 약화되었다. 축토(丑土)가 미토(未土)를 충(沖)하여 축(丑) 중의 계수(癸水)가 미(未) 중 정화(丁火)를 극파(剋破)시키고, 미(未) 중 을목(乙木)은 축(丑) 중 신금(辛金)에게 파극(破剋)되어 더 어려워졌다. 그러나 시지(時支) 묘(卯)가 일간(日干) 계수(癸水)의 천을귀인(天乙貴人)이 되어 간신히 목숨만은 구했다.

경인(庚寅) 대운 25세에 비로소 대운의 지지(地支) 인목(寅木)이 심장인 정화(丁火)를 생조(生助)해주어 기력도 회복되고 운명도 좋아졌다. 인(寅)운에는 정화(丁火)를 생조(生助)하여 공직에 입신하게 되었다.

신묘(辛卯) 대운 30세부터 44세까지 15년간 평범한 공직생활을 했다. 대운에 천간(天干) 경신금(庚辛金) 때문에 고위직까지는 오를 수 없었다.

임진(壬辰) 대운 45세에 신진(申辰)이 합세하여 수(水)가 되고, 다시 대운의 천간(天干) 임수(壬水)가 가세하여 공직에서 물러났고, 지병인 심장병이 재발했다.

계사(癸巳) 대운 55세 대운에 천간(天干) 계수(癸水)가 용신(用神)인 정화(丁火)를 충(沖)하고, 대운의 지지(地支) 사화(巳火) 용신(用神)이 월지(月支) 해수(亥水)와 충(沖)되어 심장마비로 세상을 떠났다.

甲 癸 甲 辛　坤
寅 卯 午 酉　命

59 49 39 29 19 9
庚 己 戊 丁 丙 乙
子 亥 戌 酉 申 未

이 사주는 계수(癸水) 일간(日干)이 오(午)월에 실령(失令)했는데, 식상(食傷)인 갑인묘(甲寅卯)에게 극심하게 설기(洩氣)를 당했다. 년주(年柱)에서 편인(偏印)인 신유금(辛酉金)이 일간(日干) 계수(癸水)를 생하지만, 4개나 되는 목(木)에게 일간(日干) 계수(癸水)는 기력을 잃었다. 신유금(辛酉金)은 월령(月令) 오화(午火)가 갑인묘목(甲寅卯木)과 합세하여 파극(破剋)하니, 신유금(辛酉金)도 도움이 되지 않는다.

따라서 신장과 방광이 허약하다. 특히 신장이 약하여 폐와 대장도 작고 기세가 미약하다. 그러나 간담은 크고 실하며 심장도 양호하다. 그러나 오화(午火)가 목기(木氣)가 많아 오히려 화기(火氣)가 살아날 수 없는 상태다. 즉 간과 담이 너무 크고 실해서 심장이 기를 펼 수 없으니, 금(金)이 목(木)을 억제하면 화기(火氣)가 살아나 동시에 계수(癸水)가 생기를 얻을 것이다. 대운을 살펴보면 다음과 같다.

을미(乙未) 대운 9세에서 18세까지 을목(乙木)이 기신(忌神)으로 흉한데, 다시 대운에 지지(地支) 미토(未土)가 일지(日支) 묘(卯)와 합(合)하여 기신(忌神) 목(木)으로 변하여 흉함이 더 가중되었다. 다만 미(未) 중 정화(丁火)가 돕고, 일지(日支) 묘(卯)가 천을귀인(天乙貴人)으로 구원을 받는다.

병신(丙申) 대운 드디어 19세부터 건강이 좋아지고 운명도 희용신(喜用神)운이 되어 중말년까지 학자로서 이름이 높았다.

1. 신장 · 방광에 병이 올 때의 증상

수(水)는 오상으로는 지혜에 속하기 때문에 심장과 방광에 병이 들면 지혜가 병든 것으로, 두뇌가 둔화된다. 특히 신장은 잡념을 유발하기 때문에 어느 한 곳에 집중할 수가 없어 더 지혜롭지 못하게 된다.

수기(水氣)가 많으면 공포증이 있고 허리가 아프며 어깨가 굽어진다. 임계수(壬癸水)가 약해져 병들면 성기능이 저하되고 얼굴이 검어지며 이명이 오고 중이염을 앓는다. 정(精)이 쇠약하여 소변이 자주 마렵고 힘이 없다. 여성은 냉증이나 대하증 · 생리통 · 하복통

등이 따른다.

임수(壬水) 방광에 병이 들면 정강이에 문제가 생긴다. 그리고 해수(亥水)는 머리카락을 주관하니 해수(亥水)가 약해지거나 충(沖)되면 머리가 빠지고 일찍 대머리가 된다.

계수(癸水)는 신장 외에 생식기와 발을 주관하기 때문에 신장인 계수(癸水)가 병들면 정력이 떨어지고 발등이 붓는 병이 온다.

자수(子水)는 귀와 여성의 자궁을 주관한다. 따라서 자수(子水)가 약해지거나 충(沖)을 만나면 귀머거리가 되기도 하고, 자궁에 병이 온다.

수기(水氣)가 너무 많아 신장과 방광이 냉하면 여성은 임신을 못하는 경향이 있다. 그 까닭은 자궁도 같이 냉하여 포태할 수 있는 능력이 없어지기 때문이다. 그러므로 항상 몸을 따뜻하게 하고, 맵고 짠 음식은 피하고 쓰고 단 음식을 많이 먹어야 한다. 그리고 붉은색 옷을 즐겨 입으면서 남향을 하되, 수화(水火)운 목화(木火)일시를 택하여 결합하면 아이를 낳을 수 있다.

반대로 수기(水氣)가 약하면 자궁이 약하여 쉽게 유산된다. 습관적인 유산도 자궁이 약하기 때문에 일어나는 현상이다. 따라서 조급하게 생각하지 말고 자신의 사주팔자를 신중하게 검토한 뒤, 금수(金水)가 득세(得勢)하는 대운과 세운(歲運), 그리고 월일시(日時)를 택하면 유산을 막을 수 있다.

신장 · 방광에서 오는 질병

신장과 방광에 의한 병은 수기(水氣)가 주관하는 신체의 모든 부위가 해당이 된다. 뼈가 시리는 병 · 힘줄 · 발목관절 · 정강이 · 중이염 · 탈모 · 요통 · 당뇨병 · 추위를 타는 체질 · 동상 · 두통 · 성병 · 무좀 · 발기불능 · 방광염 · 신장염 · 냉증 · 대하증 · 불감증 · 자궁암 · 습진 · 신경통 · 여드름 · 월경불순 등.

2. 신장 · 방광의 치료법

사주팔자에서 수기(水氣)가 약하면 짠맛의 본기가 기능을 다하지 못하는 것으로 본다. 따라서 신장과 방광이 쇠약하여 질병이 생긴다. 매운음식과 짠음식을 집중적으로 먹어야만 신장과 방광이 생기를 얻어 여러 질병에서 벗어날 수 있다. 만약 수기(水氣)가 약한데도 단음식이나 쓴음식을 먹으면 신장과 방광은 더욱 기력을 잃고 허물어져 병이 생긴다.

따라서 사주팔자를 보아 대운이 화토(火土)운으로 향하면 즉시 맵고 짠 음식이 싫어도 먹어야만 건강을 지킬 수 있고, 운명도 호전된다. 그러나 쓰고 단 음식이 맞다거나 남의 말을 듣고 강장제 등을 함부로 먹으면 몸과 마음은 물론 운명도 병이 든다.

순간의 유혹에 빠져 함부로 음식을 먹지 말아야 한다. 그러나 대운이 금수(金水)운으로 향하면 아무거나 먹어도 좋다. 다만 사주에 수기(水氣)가 너무 쇠약하면 맵고 짜게 먹고, 반대로 수기(水氣)가 강하면 화토(火土)운이라도 쓰고 단 음식이 좋다.

방향은 수기(水氣)가 강하면 동쪽과 남쪽이 좋고, 색상은 붉고 푸르거나 황색이 좋다. 그러나 수기(水氣)가 약하면 서쪽과 북쪽을 향하고, 색깔은 검은색과 흰색이 좋고, 황색과 붉은색은 도움이 되지 않는다.

정신적으로는 마음을 고요하게 하는 것이 제일이다. 수기(水氣)가 너무 많아도 번뇌가 많고, 너무 적어도 번뇌가 많다. 따라서 지혜가 병들어 지혜롭지 못하기 때문에 쓸데없는 근심과 걱정은 잊어야 한다.

3. 신장 · 방광에 좋은 음식

오곡 중에서 짠맛의 대표 음식은 콩이고, 콩 중에서도 검은 약콩이 제일이다. 신장과 방광을 튼튼하게 하고 머리를 검게 하는 특효가 있다. 오축의 대표적인 것은 돼지고기이다. 그 외에 짠맛 나는 동식물을 가려보면 다음과 같다.

짠맛나는 음식

식물 : 콩 · 미역 · 다시마 · 김 · 감자 · 된장 · 콩국 · 파래 · 밤 · 수박 · 실고사리 · 가지 · 오이 · 맨드라미 · 박 · 흰봉선화꽃 · 메밀 등이 있다.

동물 : 돼지고기 · 해삼 · 젓갈류 · 개구리 · 굼뱅이 · 지렁이 · 복숭아벌레 등이 있다.

4. 신장 · 방광에서 오는 질병의 식이요법

매독

남성은 국부에 좁쌀같은 것이 솟고 진물이 흐르며 통증이 있다. 여성은 음부에 멍울이 생기고 가슴과 배 · 손발에 누런빛이나 장미빛의 반점이 나타나는 것이 특징이다.

식이요법으로는 복숭아벌레를 6마리 정도 말려서 가루를 낸 다음 술에 타서 마시면 효과가 있고, 호두나무 잎을 달여서 차대신 마시면 효과가 증가한다. 이 외에도 은행과 보리차 · 시금치도 좋다.

발기불능

구기자잎을 생즙을 내어 매일 아침 점심 저녁 공복에 마시고, 마늘 200g과 소주 한 되와 흑설탕 200g을 넣어 100일 이상 숙성시킨 다음 식사 전에 한 잔씩 마시면 좋다. 그리고 식사 때 참깨를 날것으로 먹고, 잠자기 전에 로얄제리를 따끈한 물과 같이 먹으면 생기가 솟는다.

임질

질경이와 쑥을 2:1 비율로 섞어 감초를 조금 넣어 달여서 먹으면 효과가 있다.

월경불순

박껍질과 박씨를 그늘에서 말린 다음 물에 섞어 매일 차대신 마시면 효과를 본다.

습진

봉선화잎을 찧어서 자주 바르는데, 생강을 얇게 썰어 붙여주면 효과가 있다. 또 쑥잎 줄기와 고추를 태워 가루로 만든 다음 참기름과 섞어 몇 차례 발라도 효과를 본다.

방광염

소변이 자주 마렵고, 소변을 본 다음에 찌르듯이 아프고, 소변이 탁하고 심하면 피가 섞여 나온다. 식이요법으로는 실고사리씨를 그늘에 말린 다음 달여서 매일 보리차와 함께 2g 정도씩 마신다. 수박을 즙을 내어 달이면 두부같이 되는데 이것을 매일 식전에 한 숟가락씩 먹는다.

신장염

허리가 아프고 피곤하며 갈증이 생기고 식욕이 없다. 아침에 눈등이 붓거나 소변의 양이 줄거나 많아지기도 하여 밤중에 화장실을 많이 간다. 식이요법으로는 구기자잎을 생즙을 내어 매일 아침 공복에 한 잔씩 마시고, 흰맨드라미꽃을 말린 후 달여서 차대신 마시면 효과가 있다.

오행을 돕는 식품

	木	火	土	金	水
곡식류	보리, 밀, 흑미, 귀리, 팥, 메밀, 강낭콩	수수, 기장, 팥	조, 수수, 기장	조, 현미, 흑미, 율무	콩, 조
과일류	사과, 귤, 포도, 잣, 딸기, 호두, 매실, 자두	은행, 사과, 자두, 해바라기씨, 토마토	참외, 대추, 바나나	마늘, 양파, 무, 달래, 표고버섯, 고추	수박, 옥수수, 밤
야채류	부추, 깻잎, 녹색야채, 들깨, 신동치미	냉이, 상추, 쑥갓, 풋고추, 씀바귀, 취나물, 도리지, 디덕	호박, 아욱, 미나리, 시금치, 당근, 고구마	마늘, 양파, 무, 달래, 표고버섯, 고추, 흰깨	우엉, 마
육류	닭고기, 개고기, 계란, 조개류, 메추리, 동물의 간,	양고기, 메뚜기, 곱창, 칠면조, 염통, 참새	쇠고기, 돼지고기, 토끼고기, 내장	말고기, 동물의 내장, 개고기	돼지고기
해산물류	고등어, 꽁치	명태, 해산물	황조기	어패류, 고등어	파래, 미역, 다시마, 김, 굴비, 젓갈류
기타	식초, 참기름, 들기름	익모초, 면실유, 짜장, 영지	된장, 포도당, 칡, 꿀	수정과, 생각차, 후추, 겨자, 고추장	소금, 된장

3. 심성에 의한 질병

탐하는 마음에서 오는 질병

정신병 · 간질병 · 안질 · 산액 · 방광염 · 신장염 · 당뇨병 · 복막염 등이 생길 확률이 높다.

원망하는 마음에서 오는 질병

피부병 · 편도선염 · 임파선염 · 나병 · 폐결핵 등이 생길 확률이 높다.

인색한 마음에서 오는 질병

심장병 · 장질부사 · 늑막염 · 열병 · 감기 · 각혈병 · 학질 등이 생길 확률이 높다.

분노하는 마음에서 오는 질병

관절신경통 · 골절 · 척추병 · 골막염 · 소아마비 · 곱추 · 중풍 · 위장병 등이 생길 확률이 높다.

편애하는 마음에서 오는 질병

간장병 · 황달 · 담석증 · 설사 · 구토 · 변비 · 위장병 등이 생길 확률이 높다.

증오하는 마음에서 오는 질병

벙어리 · 귀머거리 · 천식 · 기관지염 · 폐렴 · 백일해 등이 생길 확률이 높다.

교만한 마음에서 오는 질병

정신이상 · 간질병 · 백치 · 폐병 · 자궁병 · 중풍 · 관절탈구 등이 생길 확률이 높다.

이상에 해당하는 심성은 악성질환을 유발시키기 때문에 항상 욕심과 원망하는 마음을 버리고 천부지심으로 살아간다면 악질을 만나지 않고 행복할 수 있을 것이다. 보통 자신의 부조화로 생긴 병은 약이나 의사의 힘으로 쉽게 회복되지만, 심성으로 얻은 병은 과학이나 의학의 힘으로도 어쩔 수 없다.

12장. 임신에 관한 상식

어떻게 하면 아들을, 또는 딸을 낳을 수 있을까? 이 문제는 영원히 꿈과 같은 이야기일 것이다. 자연의 섭리는 이 의문을 풀어주지 않으므로 남자와 여자 어느 한쪽을 많지도 적지도 않게 태어나게 한다. 인류가 그동안 수많은 전쟁을 겪으면서 수없이 많은 남성이 죽어갔지만 그래서 결혼하지 못한 여성은 없었다. 그때마다 절묘하게도 남녀의 균형이 맞춰졌다. 이렇게 자연의 섭리는 언제나 이 세상의 질서를 유지시키는데 인색하지 않았다.

역학의 논리로는 양기(陽氣)는 음기(陰氣)를 불러들이고, 음기(陰氣)는 양기(陽氣)를 불러들인다는 간단한 이치로 설명할 수 있다. 즉 남성이 모자라고 여성이 많아졌을 때, 음기(陰氣)에 속하는 여성의 기운이 강력하게 양기(陽氣)에 속하는 남성의 기운을 흡수하기 때문이다. 예를 들어 날씨가 매우 무더운 화기(火氣)의 해에는 반드시 큰 비가 내리고, 매우 추운 수기(水氣)의 해가 지나면 비가 별로 오지 않는 무더위가 계속되는 자연의 이치와 같다.

이렇게 볼 때 남녀를 구별해서 낳으려고 하는 것은 대자연의 섭리에 반하는 행동이다. 그러나 현대의학은 이미 아이가 잉태되었을 때 남녀를 분별할 수 있는 기구까지 만들어 놓았다. 즉 의료기로 자신이 원하는 아들이나 딸이 아니면 아무 죄의식도 없이 태연하게 없애는 것이다. 세상에 나오지 않았다고 해서, 원하지 않는 아이는 필요없다고 해서, 함부로 죽이고도 죄의식을 갖지 않는 요즘 사람들의 이기성은 참으로 무섭다.

불교는 물론 기독교와 힌두교 그리고 이슬람교의 성서에서는 모두 새끼밴 짐승은 절대 죽이지 말라고 했다. 특히 신 앞에 바치는 제물은 더 엄하게 금한다. 그럼에도 자신이 잉태한 생명체를 종교인이든 아니든 가리지 않고 필요여부에 따라 마음대로 죽이고 살리는 사람들은 과연 그 업을 어떻게 받을 것인가?

이에 아들과 딸낳는 법을 명리학의 이론에 따라 설명하려 한다. 도덕적 차원에서 더 이상 사람들이 업을 짓지 않도록 하려는 것이다. 명리학의 이론으로 자세히 설명하고 예문도 충분히 실었으니 참고하기 바란다. 자신의 사주팔자를 보고 언제 아이를 낳을 수 있고, 또 어떻게 하면 아들이나 딸을 낳을 수 있는지를 판단할 수 있게 하고 싶지만 아직 한 번도 경험해본 적이 없기 때문에 그 정확성을 확신할 수는 없다.

그러나 가끔 아기의 부모에게 언제 아이를 임신했느냐고 물어보고, 그 아이가 아들인지 딸인지를 판단할 수는 있었다. 따라서 오래 아이를 갖지 못한 사람이나 아들이나 딸을 낳고 싶은 사람은 더 이상 업에 종속되지 않기 위해서라도 믿음을 갖고 노력하기 바란다. 하늘은 믿음을 갖고 지극한 정성으로 원하는 자에게는 반드시 원하는 것을 준다. 그러므로 보다 신중을 기하여 연구하고, 연구한 것을 누구보다도 신중하게 정성을 다하여 행해야 한다.

1. 태중 아기의 아들 딸 구분하는 법

49를 기수로 하고, 49에다 음력으로 임신한 달 수를 더한다. 그 총수에서 임부의 올해 나이를 뺀다. 나머지 수가 양수(陽數)이면 아들일 확률이 높고, 음수(陰數)이면 딸일 확률이 높다. 단 양수(陽數)와 음수(陰數)가 불상이면 수명이 길지 않다.

예를 들어 23세의 임부가 음력으로 8월에 임신했다고 해보자. 기수 49+임신월수 8=57, 총수 57-올해 나이 23=34로 음수(陰數)가 되니 딸일 확률이 99%다. 만약 아들을 낳는다면 수명이 길지 않을 것이다.

2. 아들낳는 법

한 가지 분명한 사실은 여명의 사주팔자에서 포태법(胞胎法)으로 일간(日干)을 기준하여 생시(生時)가 태(胎)가 되면 아들을 낳을 수 없다. 남명 또한 사주팔자에서 태(胎)가 2개 이상 있으면 아들을 낳지 못한다는 것을 확인할 수 있었다. 그러나 이런 사람들도 아들을 낳을 수 없을까? 하여튼 단언할 수는 없어도 아들을 낳는 명리학의 이론은 다음과 같으니 참고하기 바란다.

첫째, 남명은 십신(十神) 중에서 정관(正官)과 편관(偏官)이 자식이고, 여명은 식신(食神)과 상관(傷官)이 자식이다. 따라서 남명은 정관(正官)과 편관(偏官)을 위주로 판단해야 하는데, 양관살(陽官殺)은 아들이고, 음관살(陰官殺)은 딸이다. 여명은 식신(食神)과 상관(傷官)을 위주로 판단하는데, 역시 남명과 같이 양식상(陽食傷)은 아들이고, 음식상(陰食傷)은 딸이다.

戊	丙	己	壬
子	午	酉	子

食神	身	傷官	偏官
正官	劫財	正財	正官
胎	帝旺	死	胎

이 사주 임수(壬水)는 일간(日干) 병화(丙火)의 편관(偏官)으로 양관(陽官)이다. 따라서 남명에서는 아들이고, 자수(子水)는 정관(正官)으로 음관(陰官)이니 딸이다. 여명에서는 월천간(月天干) 기토(己土)가 상관(傷官)으로 음식상(陰食傷)이 되니 병화(丙火) 일

간(日干)에게는 딸이고, 시상(時上) 무토(戊土)는 식신(食神)으로 양(陽) 자손이 되니 아들이다. 그런데 두 남녀의 포태법(胞胎法)을 보면 년지(年支)와 시지(時支)에 태(胎)가 2개씩 있어 남녀 모두 아들을 둘 수 없다.

乙	癸	戊	丙
卯	未	戌	辰

食神	身	正官	正財
食神	偏官	正官	正官
長生	墓	衰	養

남명인 경우 무진술(戊辰戌)은 양관(陽官)으로 계수(癸水) 일간(日干)에게는 아들이고, 미(未) 중 기토(己土)는 음관(陰官)으로 딸이다. 남명 계수(癸水)의 팔자에는 3남 1녀가 있다. 여명의 경우 시주(時柱)의 을(乙)과 묘(卯)는 음식신(陰食神)으로 딸이고, 일지(日支) 미토(未土)는 묘(卯)와 합(合)되어 목(木)이 된다. 합(合)은 반드시 양(陽)이 되므로 양상관(陽傷官)으로 아들이다.

따라서 진(辰) 중 을목(乙木)까지 1남 3녀가 되나, 진(辰) 중 을목(乙木)은 술(戌) 중 신금(辛金)에게 충(沖)되어 약하니 1남 2녀는 틀림없다. 포태법(胞胎法)에서도 태(胎)가 없어 남녀 모두 자식이 있다고 보나, 일간(日干) 계수(癸水)가 관살(官殺)의 극을 심하게 받고, 식상(食傷)의 설기(洩氣)가 심한 점이다.

남명의 경우 아내인 재성(財星)이 설기(洩氣)가 심하니 재성(財星)은 의지할 곳이 없고, 여명의 경우에는 관살(官殺) 혼잡으로 남편이 많은 상이니, 남녀 모두 한 번의 결혼으로 끝나지 않을 사람들이다.

또한 일간(日干)이 근기가 없어 자식을 두기 어려운 팔자다. 아들을 낳으려면 남명은 정관(正官)이나 편관(偏官)운 중에서 양의 해와 달과 날과 시를 택하여 결합하고, 여명은 식신(食神)과 상관(傷官)운 중에서 양의 해와 달과 날과 시를 택하여 결합해야 한다.

남명은 정관(正官)과 편관(偏官)년 중에서 양관살(陽官殺)의 해, 여명은 식신(食神)과 상관(傷官)년 중에서 양식상(食傷)의 해가 일치될 때 부부가 결합하면 아들을 낳을 확률이 높다. 그러나 부부가 일치되지 않을 경우에는 여명을 위주로 한다. 즉 남명이 정관(正官) 또는 편관(偏官)운을 만나지 못하면 식신(食神)과 상관(傷官)운 중에서 양식상(陽食傷)의 년월일시(年月日時)를 택한다.

己	庚	戊	壬		乾
卯	申	申	戌		命

58	48	38	28	18	8
甲	癸	壬	辛	庚	己
寅	丑	子	亥	戌	酉

이 사주는 일간(日干) 경금(庚金)의 정관(正官)은 정화(丁火)이고, 편관(偏官)은 병화(丙火)다. 그런데 사주에 병정화(丙丁火)는 없고 시지(時支)에 묘(卯)가 포태법(胞胎法)으로 태(胎)가 된다. 그리고 일간(日干) 경금(庚金)이 월과 일에서 신금(申金)을 만나고, 년지(年支) 무토(戊土)가 도와주어 비견(比肩)이 대단히 강하다. 따라서 아내인 묘목(卯木)이 군비쟁재(群比爭財)가 되어 결혼이 쉽게 이루어지지 않는다.

그러나 28세 신해(申亥)운에서 겁재(劫財)인 신금(辛金)이 경금(庚金)을 도와주나 해수(亥水) 식신(食神)이 묘목(卯木)을 생조(生助)하여 결혼한다. 하지만 술(戌) 중의 정화(丁火)는 음관(陰官)으로 정관(正官)이니 첫아이는 딸이기 쉽다. 만약 이후 병화(丙火)의 양관살(陽官殺)운에서 아들을 낳지 못하면 계속 딸만 낳을 수밖에 없다.

그러므로 병화(丙火)년을 택하거나 아내의 식신(食神)과 상관(傷官)년 중에서 양(陽)의 해를 택하되, 그 해의 병화(丙火)월 병화(丙火)일에 병화(丙火)가 장생지(長生地)로 가는 인(寅)시에 결합하면 아들을 낳을 확률이 높다.

이때 아내의 나이를 계산해야 한다. 가령 아내의 나이가 28세라면 28세를 3으로 나누어 남은 1을 1개월로 보고, 1·3·5·7·9월 중에서 병화(丙火)나 갑목(甲木)의 달을 택한다. 만약 병화(丙火)와 갑목(甲木)이 없으면 다섯 달 중에서 양(陽)의 달을 택한다. 이렇게 하는 이유는 여명의 나이를 3으로 나누어 남은 수에서 3개월마다

한 번씩 임신할 수 있는 기회가 오기 때문이다.

癸	甲	乙	乙		坤
酉	寅	酉	巳		命

59	49	39	29	19	9
辛	庚	己	戊	丁	丙
卯	寅	丑	子	亥	戌

이 사주는 갑목(甲木) 일간(日干)이 유(酉)월에 태어났지만 비겁(比劫)인 을목(乙木)과 인목(寅木)이 있고, 계수(癸水)가 생소(生助)하므로 일주(日柱)가 약변강(弱變强)이 되어 결혼하기가 힘들다. 그러나 유금(酉金)이 2개나 있고, 사유(巳酉)가 합(合)하여 금(金) 관살(官殺)이 되어 남편은 있다.

병술(丙戌) 대운 17세 되는 신유(申酉)년에 결혼한다.

정해(丁亥) 대운 19세부터 해수(亥水)가 갑목(甲木)을 도와주어 매우 어려운 운명이 되었다. 남편인 정관(正官)이 목기(木氣)가 강한 힘과 재성(財星)이 없으므로 관(官)이 무력해졌다. 그리고 정화(丁火) 상관(傷官)은 음(陰)에 해당하니 딸이고, 시지(時支) 유금(酉金)은 포태법(胞胎法)으로 태(胎)가 되어 아들을 낳을 수 없다. 때문에 정해(丁亥) 대운 중에서 병화(丙火) 식신(食神)의 해와 달과 병(丙)일을 택하여, 병화(丙火)가 장생지(長生地)인 인(寅)시에 결합하면 아들을 낳을 수 있다. 다만 19세를 3으로 나누면 1일이 남으니, 1·3·5·7·9·11월 중에서 병화(丙火)나 갑목(甲木)의 달을 택하거나 양(陽)의 달을 택하여 결합해야 한다.

3. 딸낳는 법

딸을 낳는 법은 아들과 반대로 보면 된다. 즉 남명은 정관(正官)과 편관(偏官)운 중에서 음관성(陰官星)의 년월일시(年月日時)를 택하고, 여명은 식신(食神)과 상관(傷官)운 중에서 음식상(陰食傷)의 년월일시(年月日時)를 택하면 된다. 다만 사주에 태(胎)가 2개 이상 있으면 딸을 낳기 위해 노력할 필요가 없다.

丙	壬	丁	丙	乾
午	子	酉	辰	命

59	49	39	29	19	9
癸	壬	辛	庚	己	戊
卯	寅	丑	子	亥	戌

이 사주는 임수(壬水) 일간(日干)이 유(酉)월에 득령(得令)하고 일지(日支) 자수(子水)가 방조(幇助)하여 신강(身强) 사주다. 그러나 재성(財星)인 병정오화(丙丁午火)가 있고 진토(辰土)가 있으니

오히려 일간(日干) 임수(壬水)의 기세가 꺾여 신약(身弱)으로 변했다. 일간(日干)을 돕는 금수(金水)가 희용신(喜用神)으로, 운로가 금수(金水)운으로 흘러야만 길하다. 그런데 시지(時支) 오화(午火)는 임수(壬水)의 태(胎)가 되고, 19세 이후로 아들에 해당하는 편관(偏官)운은 없고, 기토(己土) 정관(正官)운만 있으니 딸만 두었다.

甲	癸	己	丁		坤
寅	酉	酉	巳		命

54	44	34	24	14	4
乙	甲	癸	壬	辛	庚
卯	寅	丑	子	亥	戌

이 사주는 일간(日干) 계수(癸水)가 유(酉)월에 득령(得令)하고, 유유(酉酉)가 생조(生助)하고, 사유(巳酉)가 합(合)하여 금(金)으로 변했다. 정화(丁火) 편재(偏財)가 기를 잃어 힘이 없는데 편관(偏官) 기토(己土)마저 시주(時柱)의 갑인(甲寅) 상관(傷官)에게 극을 받으니, 기토(己土) 관성(官星) 남편이 너무 힘이 없어 남편복이 박하다. 여기다 대운이 해자축(亥子丑) 수(水)운으로 흘러 14세 이후 결혼이 매우 힘들다.

34세 계축(癸丑) 대운에서 기토(己土) 편관(偏官)이 힘을 얻어 결혼하지만, 시주(時柱) 갑인(甲寅)이 상관(傷官)으로 양식신(陽食神)이기 때문에 딸을 두기 힘들다. 또 시상(時上)에 상관(傷官)이 있어 왕하면 반드시 자식이 죽거나 불구자가 되는데, 본명은 상관(傷官)이 건록(建祿)을 얻어 왕하여 두 아들을 실패했다. 이런 경우 을목(乙木) 식신(食神)의 년월일시(年月日時)를 택하고, 인(寅)시를 피하여 식신(食神)이 녹지(祿地)로 가는 묘(卯)시에 결합하면 딸을 낳을 확률이 높다.

4. 임신이 어려울 때의 임신하는 법

건강에 이상이 없는데도 임신하지 못하는 경우는 다음과 같다. 대개 남녀 모두 사주에 비견(比肩)과 겁재(劫財)가 매우 많거나, 여명이 식신(食神)과 상관(傷官)이 있는데 식상(食傷)의 힘이 미약하고 정인(正印)과 편인(偏印)이 많으면 아이를 두지 못한다.

남명은 사주에 정관(正官)과 편관(偏官)이 있는데 힘이 부족하고, 식신(食神)과 상관(傷官)이 매우 강하면 아이를 두지 못한다. 여명은 사주가 너무 한냉하거나 조열(燥熱)하면 임신하기 어렵고, 남녀 모두 정이 약해도 임신하기 어렵다. 그러므로 체온을 조절하고 정을 생산하는 약을 복용하면서 부부가 노력해야 자식을 둘 수 있다.

남명이나 여명이나 모두 사주에 비견(比肩)과 겁재(劫財)가 많으면 결혼하기 힘들고 아이도 갖기 힘들다. 이런 경우에는 용신(用神)운에 결혼하거나 아이를 갖는 경우가 있다.

여명은 식상(食傷)운에 임신할 수 있는데, 사주에 인성(印星)이 너무 강하면 안 된다. 특히 식신(食神)운에는 편인(偏印)이 없어야 하고, 상관(傷官)운에는 정인(正印)이 없어야 한다. 그러나 사주에 정인(正印)과 편인(偏印)이 있는데, 정인(正印)이 강하면 정재(正財)운에 임신하고, 편인(偏印)이 강하면 편재(偏財)운에 임신한다. 만일 이런 운이 오지 않으면 초조하게 생각하지 말고 때를 기다리는 것이 현명하다.

辛	庚	庚	辛		乾
巳	辰	子	亥		命

60	50	40	30	20	10
甲	乙	丙	丁	戊	己
午	未	申	酉	戌	亥

이 사주는 경금(庚金) 일주(日柱)가 실령(失令)하고 인비(印比)가 있어 신강(身强) 사주로 보이나, 식상(食傷)이 태왕(太旺)하여 강변약(强變弱)의 사주로 엄동에 천지가 얼어붙은 상태다. 시지(時支)에 사화(巳火) 편관(偏官)이 있으나 재성(財星)이 없어 편관(偏官) 사화(巳火)는 의지할 곳이 없다. 따라서 결혼을 못하거나 해도 30세를 넘어야 한다.

진(辰) 중에 을목(乙木) 재(財)가 있고, 해(亥) 중에도 갑목(甲木)

재(財)가 있기 때문에 30세 정유(丁酉) 대운에서 병정화(丙丁火)가 비겁(比劫)을 제압하고 조후(調侯)로 해동시키면 정편재(正偏財)인 갑을(甲乙)년에 결혼하고, 병(丙)년이나 정(丁)년에 아이도 낳을 수 있다. 만약에 병(丙)년이나 정(丁)년이 지나면 40세 병신(丙申) 대운에 자식을 얻을 수 있으니 때를 놓치지 말아야 한다.

癸	癸	己	壬		坤
亥	丑	酉	子		命

59	49	39	29	19	9
癸	甲	乙	丙	丁	戊
卯	辰	巳	午	未	申

이 사주는 일간(日干) 계수(癸水)가 비겁(比劫)이 강하고, 유축(酉丑)으로 금국(金局)이 되어 계수(癸水) 일간(日干)을 생조(生助)하니, 일간(日干)이 비할데 없이 강하다. 다행히도 월천간(月天干) 기토(己土)가 축(丑) 중 기토(己土)에 착근(着根)하니, 왕수(旺水)를 어느 정도 억제해도 왕한 수기(水氣)의 기세를 견디기 힘들다.

그리고 사주에 화기(火氣)가 없기 때문에 몸이 매우 차다. 따라서 화(火)로 조후(調侯)하고 목(木)으로 왕수(旺水)를 설기(洩氣) 생화(生火)하고, 토(土)로 수기(水氣)를 막아야 하는데, 대운이 계속

화(火)운으로 나가니 대단히 좋은 운이다. 다만 목(木)이 없어 슬하에 자식을 두기 어렵다.

그러나 정미(丁未) 대운에서 미(未)와 시지(時支)가 해(亥)가 합(合)하여 목(木)이 되기 때문에 갑을목(甲乙木) 식신(食神)과 상관(傷官)운에서 임신이 되거나, 39세 을(乙) 대운이 식신(食神) 대운으로 임신할 수 있는 운이니 놓치지 말아야 한다.

甲	己	丙	丙		坤
子	未	申	午		命

51	41	31	21	11	1
庚	辛	壬	癸	甲	乙
寅	卯	辰	巳	午	未

이 사주는 일간(日干) 기토(己土)가 상관(傷官)월에 태어나 실령(失令)했는데, 인비(印比)의 생조(生助)가 많아 약변강(弱變强) 사주가 되었다. 자식인 월지(月支) 신금(申金)이 인수(印綬)인 화(火)에게 심하게 억제당하니 화(火)운에서는 임신할 수 없고, 화기(火氣)를 제압하는 수(水)운이나 금(金)운에 임신할 수 있다.

남명이 정관(正官)과 편관(偏官)이 있으나 힘이 미약하고 식상(食傷)이 태왕(太旺)하면 정관(正官)이나 편관(偏官)을 생조(生助)하는 재(財)운에 아이를 가질 수 있고, 또 식상(食傷)을 억제하는 인성(印星)운에 아이를 가질 수 있다. 그러나 사주에 정편재(正偏財)가 정편관(正偏官)운이 와도 임신하기 힘들고, 운명도 대단히 어렵게 전개된다. 왜냐하면 식상(食傷)은 정편관(正偏官)과 상극(相剋)으로 싸우기 때문이다. 이럴 때는 재성(財星)이 있어야 통관(通關)하여 구원된다.

여명은 식상(食傷)이 있는데 힘이 미약하고, 정인(正印)이나 편인(偏印)이 강하면 아이를 가질 수 없다. 그러나 비겁(比劫)운이나 정편재(正偏財)운에 임신한다.

乙	己	辛	戊		乾
亥	巳	酉	申		命

59	49	39	29	19	9
丁	丙	乙	甲	癸	壬
卯	寅	丑	子	亥	戌

이 사주는 일간(日干) 기토(己土)가 실령(失令)하고, 생조(生助)하는 인비(印比)는 약하고, 설기(洩氣)하는 재관식(財官食)이 태왕(太旺)하여 신약(身弱) 사주가 되었다. 29세 갑자(甲子) 대운에 결혼하지만 용신(用神) 사화(巳火)가 수(水)의 극(剋)을 받아 일간(日干) 기토(己土)는 생식능력이 약하다.

따라서 정편인(正偏印)운에 식상(食傷) 금(金)을 제압하여 편관

(偏官) 을목(乙木)이 생기를 얻어 아이를 둔다. 때문에 용신(用神)인 정인(正印)운이나 편인(偏印)운을 놓치면 안 된다.

辛	甲	丁	乙		坤
未	子	亥	卯		命

59	49	39	29	19	9
癸	壬	辛	庚	己	戊
巳	辰	卯	寅	丑	子

이 사주는 일간(日干) 갑목(甲木)이 득령(得令)하고, 해묘미(亥卯未) 삼합(三合) 목국(木局)을 이루고, 지지(地支) 해자수(亥子水)의 생조(生助)를 받아 신강(身强) 사주가 되었다. 자식성인 월상(月上) 정화(丁火) 상관(傷官)은 강한 수기(水氣)의 공격 때문에 힘을 얻지 못했다.

그러나 병정(丙丁)의 식상(食傷)운이나 무기(戊己) 정편재(正偏財)운에 강한 수기(水氣)를 억제할 수 있기 때문에 이때 임신한다. 따라서 병정무기(丙丁戊己)운을 그냥 지나치면 영원히 임신할 수 없다. 왜냐하면 대운이 계속 목운(木運)으로 흐르기 때문에 관성(官星)이 힘을 쓸 수가 없다. 관성(官星)이 약하여 결혼하기 어렵고, 설사 결혼을 해도 관성(官星)이 무기력하여 남편이 무능하다.

5. 불구자식이 태어나는 이유

과학이 고도로 발달했는데도 장애아가 많이 태어나는 까닭은 무엇일까? 물론 오염된 자연환경 때문에 그럴 수도 있지만, 보다 근본적인 문제는 무분별한 성행위 때문일 것이다. 다시 말해 지극한 사랑의 표현인 음양의 결합을 무절제한 쾌락으로 여기고, 때와 장소를 가리지 않고 행동하기 때문에 벌어진 결과라고 본다.

따라서 옛사람들의 지혜로운 법이 절실하게 필요하다. 이것은 역학이론에 의한 것이 아니라 동의보감에 있는 것을 그대로 옮긴 것이다. 동의보감이 동양 최고의 의서이고 보면 허망한 이야기만은 아닐 것이다.

6. 성교시 금기법

음양의 교합은 병정(丙丁)일과 초하룻날 · 보름날 · 그믐날은 피해야 한다. 또 강한 바람이 불 때, 큰 비가 내릴 때, 짙은 안개가 끼었을 때, 한파가 몰아칠 때, 무더위가 극성을 부릴 때, 번개가 번쩍이고 뇌성벽력이 천지를 뒤엎을 때, 일식과 월식이 일어날 때, 무지개가 섰을 때, 지진이 일어날 때, 햇빛이 내려쬐는 정오의 야외, 신전 안에서의 성행위는 삼가해야 한다.

만약 이것을 어기면 사람과 신(神)에게 손상을 입혀 백배의 징벌을 받는다. 벙어리나 귀머거리, 혹은 앞을 못보는 장님, 저능아를 낳는다. 그리고 그 자식은 질병이 많아 오래 살기도 어렵고, 비록 정상아라 해도 불효를 하거나 불량아가 된다. 이처럼 남녀가 교합할 때의 환경과 방법은 태어날 아이에게 많은 영향을 미친다.

13장. 부적에 관한 상식

부적은 부작이라고도 한다. 부적은 나뭇잎·죽순·나무껍질·가죽·나무쪽·대나무쪽·헝겊·종이 등의 평면재료에 그린 것과 돌·이빨·뼈·조개껍질·발톱·뿔·깃털·씨앗·귀금속 등을 그대로 또는 일정한 모양으로 만든 입체재료에 그리거나 조각한다.

다시 말하면 부적은 상서로운 영험한 신앙의 뜻으로, 원래는 하나씩 쪼개어 떨어진 목판이나 대쪽을 붙여 하나의 완성품이 되므로 상서로움과 영험함이 나타난다는 뜻으로 유래되었다고 한다.

부적이 효험을 나타내려면 마음가짐이 올바르며 청정해야 하고, 복을 빌며 재앙을 물리치려 하는 간절함과 신의 은혜를 입기 위한 적덕과 경건한 성실성이 필요하다. 그 부적을 지닌 사람은 반복하여 경문이나 주문을 읊조려 그 염원이 영파로 발사되면 신의 도움이라는 표현할 수 없는 영험한 신비를 얻는다.

1. 최치원의 오색부

신라시대 최치원이 중국황제의 명을 받고 중국에 들어가 천황문을 지날 때, 오색부를 사용하고 재화를 면했다는 사실이 『최고운전』에 전한다. 예로부터 중국과 우리나라는 대소형제의 나라라 하여 특별한 교린이 있었다. 그러나 중국은 한국의 명지(明智)를 시기하여 때때로 가혹한 계교로 혼란스럽게 만드는 경우가 적지 않았다.

신라의 최치원은 세계적인 문장가로 일찍이 중국에 알려져 많은 문인을 놀라게 했다. 중국의 황제가 이 말을 듣고 '소국에서 대인이 나면 좋지 않다'고 오만하게 말하면서, 장차 신라를 칠 목적으로 달걀을 여러 겹의 솜으로 싸서 돌함에 넣어 신라에 보내, "너희 나라는 반도의 한 구석에 치우쳐 있으면서 작은 재주로 큰 나라를 업신여긴다 하니 이것을 알아맞추면 용서하겠으나 그렇지 못하면 살육의 화를 면치 못하리라"고 했다.

황당한 신라왕은 여러 군신들에게 명령했으나 아는 사람이 없었다. 그런데 다행히 나승상댁 파경노가 승상의 딸 제화와 결혼을 조건으로 시를 짓겠다고 하여 시를 지었다. 이 시를 받아본 중국황제는 고개를 갸우뚱하였다.

'둥글고 둥근 함 속에 반은 희고 반은 누르다'라고 한 시의 구절은 맞는데, '밤마다 때를 알고 울려고 해도 뜻만 품을 뿐 소리를 내지 못한다'는 말은 틀리기 때문에 사실을 확인하려고 석함을 열어보니, 함 속의 달걀이 병아리로 변해 있었다.

이 사실에 감탄한 중국황제는 그를 죽일 생각으로 중국으로 초청했다. 그리고 그가 들어올 문을 새로 짓게 하고, 그 앞에 함정을 파고, 악사들을 숨겨 요란한 악기로 정신을 잃게 만든 다음, 마지막 문에 술취한 코끼리를 풀어놓아 죽이려 하였다. 최치원이 중국 능원땅에 이르렀는데, 길가에서 한 여인을 만났다. 그 여인은 황성에 들어갈 때 반드시 화가 있으니 조심하라면서 주머니에서 5가지 색으로 된 부적을 주었다. 이것이 바로 오색부이다.

최치원이 황성에 이르러 의관을 바로 하고 문 안에 들어서니, 난데없이 악기소리가 요란했다. 그러자 전날 오색부를 건네준 여인의 말을 기억하고, 먼저 푸른색 부적을 꺼내 던지니 곧 소리가 멈추고 조용해졌다. 두번째 문에 들어서니 역시 소리가 나 붉은색 부적을 던지고, 세번째 문에서는 흰색 부적을, 네번째 문에서는 검정색 부적을 던지니 사방이 조용했다.

마지막 다섯번째 문에 다다르니 술취한 코끼리가 미친듯 날뛰면서 달려오길래 황색 부적을 던졌다. 그러자 황색 부적은 수천 마리의 구렁이로 변하여 코끼리의 입과 코를 감아 움직이지 못하게 하여, 최치원을 죽이려 했던 계획은 수포로 돌아가고 말았다. 이 사실을 들은 황제는 '과연 천신이로다' 감탄하며 그를 맞아 최고의 칙사대접을 했다고 한다.

2. 부적의 기원

부적의 기원은 원시시대로 거슬러 올라간다. 인류가 바위나 동굴 등에 해나 달, 그리고 동물과 사람 등 주술적인 그림을 그린 것에서 찾아볼 수 있다. 우리나라의 예를 들어보면 통일신라 때 처용의 얼굴을 그려서 대문에 부쳐 귀신을 쫓았다는 기록이 있다.

부적은 승려나 점술가 또는 무녀들이 만드는데, 예로부터 부적을 만들 때는 날을 잡아 목욕제계한 후에 동쪽을 향하여 정수를 올리고 분향, 고치삼통을 하고 같은 주문을 외운 후에 그린다.

글씨는 붉은빛이 나는 경면주사나 영사를 곱게 갈아 기름이나 설탕물에 개어서 쓴다. 종이는 괴황지를 쓰는 것이 원칙이나 누른빛이 도는 창호지를 쓰기도 한다.

부적이란 특수문자 또는 우주문자로 인간과 하늘의 기운을 연결하는 신의 증표로 볼 수 있다. 한마디로 인간의 소원을 천신에게 알리는 하나의 대화 통로다.

이는 마치 우리가 멀리 있는 사람과 대화할 때 전화를 이용하는 것과 같은 이치이다. 보이지 않는 인간의 정신세계의 중요성을 인식하는 사람이라면 관심을 두지 않을 수 없다.

3. 부적의 모양

부적의 모양은 용・호랑이・독수리 등의 동물과 해와 달・별 등이 많고, 이 외에도 추상적인 와문형 · 탑형 · 계단형 등 다양하다. 글자는 일월(日月) · 천 · 광 · 왕 · 금(金) · 신 · 화(火) · 수(水) · 용(龍) 등이 많은데, 부적 전체가 한자로 된 것도 있지만, 한자의 파자를 써거서 여러 가지로 결합하고 여기에 줄을 긋는 형태들이 많다. 이런 경우에는 부적의 윗부분에 '칙령'이라는 글자를 적는 것이 일반적이다.

종류는 사용 목적과 기능에 따라 두 가지로 나눌 수 있다. 하나는 주력으로 좋은 것을 증가시켜 이를 성취할 수 있게 하는 부적인데, 칠성부 · 소원성취부 · 초재부 · 재수대길부 · 합격부 · 생자부 · 가택편안부 · 만사대길부 등이 있다.

다른 하나는 사액을 물리쳐 소원을 이루는 부적인데 재앙을 예방하려는 삼재예방부와 부정을 막는 부적이 있고, 악귀를 물리치는 부적으로 귀불침부 · 벽사부 · 구마제사부 · 축사부가 있으며, 벌레와 짐승을 막는 비수불침부 · 야수불침부도 있다.

이외에 살을 막는 상문부 · 도살부 등이 있고, 가장 흔한 것으로 병을 물리치는 병부가 있는데 아픈 곳에 붙이거나 불에 태워서 마시기도 하고, 벽이나 문 위에 부치거나 몸에 지니고 다닌다.

현재 우리나라에서 많이 쓰는 부적은 대부분 흰종이에 빨간색 단사로 그리거나, 모인이라 할 수 있는 옛고전체를 넣은 것이 대부분인데 중국이나 일본에서는 이를 주부 또는 부주라고 한다.

그러나 우리가 부적이라 함은 인간에 운명이 기록되어 있다고 믿는 천계의 원부를 말함이며, 부의 원래 뜻은 대체적으로 증거나 징험 · 길조 · 천부 · 신이 가호하는 나무조각 · 신부 · 예언서 · 부합 등으로 해석할 수 있다. 결국은 인간이 정해진 길흉화복의 운명을 간절한 염원과 적덕을 수정하는 의지를 담고 있으며, 신들을 부리는 명령서라고 할 수 있다.

또한 부적을 평면재료로 만든 이유는 증명서적인 역할과 기능 때문이 아닐까 하는 생각이 든다. 부적의 범위는 원시시대의 전승물로 이어지는 돌 · 씨앗 · 조개 · 뿔 · 뼈 등의 주술물까지 부적으로 보아야 하기 때문에 부작이라 해도 틀린 말이 아니다.

부적의 역사는 수십만 년 전, 인간이 존재하면서부터 시작되었다. 조형미술품의 가치는 물론이요 고대 상고사와 직결되는 천문 · 지리 · 군사 · 행정 · 의술 등과도 관련이 있어 그 의미는 대단히 중요하다고 볼 수 있다.

그렇다면 부적에는 여러 가지가 있으나 굳이 분류한다면 크게 세 가지로 나누어 볼 수 있다. 대체적으로 쓰임에 따른 분류, 표현형식에 따른 분류, 종교적 특성에 따른 분류로 보는데 우선 쓰임새에 따른 부적을 살펴보면 다음과 같다.

1. 벽사부

악귀를 물리치고 재앙을 막는 부적으로 청동기시대에는 허리띠 장식에 나타나 있는 호랑이와 말, 곰과 용 등은 사귀를 물리친다는 벽사의 상징으로, 옛 고분에서 발견되었는데 이러한 것이 등장하는 것은 벽사의 풍속으로 보아야 한다. 옛날부터 흰개와 흰닭을 기르면 집안에 악귀가 들어오지 못한다는 우리나라의 풍속도 흑백을 구분, 흑은 어둠으로 보고 백은 밝음으로 광명으로 보니 밝음은 길한 징조로 보기 때문이다. 부적으로는 호랑이발톱 사슴뿔과 털, 복숭아나무 부적, 대추나무 부적, 쑥묶음 부적 등이 있다.

2. 호선부

신의 가호로 악귀로부터 자신을 보호한다는 부적인데, 선신의 모습을 옥돌이나 나무, 쇠붙이로 지니기 좋도록 작게 만들어 항상 옆구리에 차거나 호주머니에 넣고 다닌다. 이와 함께 경문이나 주문을 외우면 더 효과가 있다.

3. 기복부

행복해지려는 인간의 원초적인 욕망을 주술의 힘을 빌어 염원의 징표로 삼는 것이데 조개껍질이나 속옷 · 석류 · 달걀 · 호랑이코 · 도끼 · 바늘 등의 입체적으로 된 부적이 있다.

5. 부적만드는 법

1. 택일

부적을 지니거나 사용할 당사자의 연령에 의한 생기일이나 복덕일, 또는 천의일이나 일간(日干)의 건록(建祿)일, 천을귀인(天乙貴人)중 적합한 날과 천덕일이나 월덕일, 천월 덕합일이나 기타 길신과 합치되는 날로 택일한다.

2. 목욕제계

부적을 만드는 사람과 사용할 사람은 전날 목욕과 이발을 깨끗이 하고, 부정한 곳이나 일을 피하여 몸가짐을 깨끗하게 한 뒤, 마음과 정신을 맑게 갖는다. 깨끗한 의복을 입고 남녀 합방을 금하며, 상인이나 복인을 접촉하거나 집안에 들이지 말아야 한다.

3. 부적의 재료

경면주사를 쓰는데 없으면 영사를 쓴다. 다음은 깨끗한 창호지나 괴황지, 그리고 참기름이나 묽은 설탕물을 준비한다.

4. 부적의 제작

택일한 당일 아침에는 일찍 일어나 세수를 하고, 깨끗하게 의복을 갈아입고, 앞에서 말한 것처럼 사용하고자 하는 부적을 부적대전에서 찾아서 그린다. 전술한 고치삼통과 주문을 정성스레 암송한다. 용지의 규격은 가로 10㎝ 세로 15㎝ 내외로 하면 된다.

5. 제작 후 경문

부적의 제작이 끝나면 집안에 붙이거나 불살라 마시거나 몸에 지니는 경우 다음과 같이 해당하는 경문을 외운다.

■ 소원성취부

천수경(天手經) 반야심경(般若心經) 고왕경(高王經) 다라니경(多羅尼經) 관음경(觀音經) 관세음사십이수주문(觀世音四十二手呪文)

칠성부(七星符)를 사용시는 북두주(北斗呪)

■ 재앙에 대한 부적

천수경(天手經) 관세음신주경(觀世音神呪經) 몽수경(蒙手經) 안택신주경(安宅神呪經) 도액경(度厄經) 관세음구고경(觀世音救苦經) 고왕관세음경(高王觀世音經) 묘법연화경(妙法蓮華經) 제왕경(帝王經)

■ 삼재에 대한 부적

삼재경(三災經) 다라니경(多羅尼經) 삼지불수경(三支不受經) 도액경(度厄經)

■ 가택 안전에 대한 부적

천수경(天手經) 안택신주경(安宅神呪經) 명당경(明堂經) 적호경(的乎經) 용호축사경(龍虎逐邪經)

■ 부부 자손 화합부

안택신주경(安宅神呪經) 명당경(明堂經) 육모적살경(六耗赤殺經)

■ 자손 수명부

동자속명경(童子續命經) 동자연명경(童子延命經) 구호신명경(救護身命經)

■ 질병부

천룡경(天龍經) 온황신주경(瘟§神呪經) 축학경(逐,´經) 구병시식경(救病施食經) 용호축사경(龍虎逐邪經) 제왕경(帝王經) 안목청정경(眼目淸靜經)

■ 동토부

동토경(動土經) 단목경(斷木經) 지신경(地神經) 오작경(烏鵲經)

■ 고사부

산왕경(山王經) 조왕경(Œ王經) 안택경(安宅經) 명당경(明堂經) 용왕삼매경(龍王三昧經) 당산경(堂山經)

■ 부정부

부정경(不淨經) 고왕관세음경(高王觀世音經) 안택신주경(安宅神呪經)

■ 흉살부

백살신주경(百殺神呪經) 칠살경(七殺經) 제왕경(帝王經) 육모적살경(六耗赤殺經)

■ 귀신 요마 축출부

축사경(逐邪經) 축귀경(逐鬼經) 육모적살경(六耗赤殺經) 백살신

주경(百殺神呪經) 용호축사경(龍虎逐邪經) 간귀경(奸鬼(逐邪經)
금신칠살경(金神七殺(逐邪經) 구호신명경(救護身命(逐邪經)

■ 죄 소멸부

고왕관세음경(高王觀世音經) 수생경(壽生經) 도액경(度厄經) 관세음구고경(觀世音救苦經)) 반야심경(般若心經)

■ 수명부

화엄경(華嚴經) 북두연명부(北斗延命符) 동자속명경(童子續命經)

■ 사후부

아미타경(阿彌陀經) 심모타라니경(心 陀羅尼經) 수생경(壽生經) 해원경(解寃經) 화엄경(華嚴經)

■ 육축부

우마장생경(牛馬長生經)

이상의 경문을 해당부적을 사용하기 바로 전에 경건한 마음으로 독송하면 대길하다. 그리고 모든 경문에 앞서 반드시 천수경(天手經)을 먼저 독송한다.

쉽게 푼 역학(개정판)

쉽게 배워 적용할 수 있는 생활역학서 !

이 책에서는 좀더 많은 사람들이 역학의 근본인 우주의 오묘한 진리와 법칙을 깨달아 보다 나은 삶을 영위하는데 도움이 될 수 있도록 가장 쉬운 언어와 가장 쉬운 방법으로 풀이했다. 역학계의 대가 김봉준 선생의 역작이다.

신비한 동양철학 71 | 백우 김봉준 저 | 568면 | 30,000원 | 신국판

사주명리학 핵심

맥을 잡아야 모든 것이 보인다

이 책은 잡다한 설명을 배제하고 명리학자에게 도움이 될 비법들만을 모아 엮었기 때문에 초심자가 이해하기에는 다소 어려운 부분도 있겠지만 기초를 튼튼히 한 다음 정독한다면 충분히 이해할 것이다. 신살만 늘어놓으며 감정하는 사이비가 되지말기를 바란다.

신비한 동양철학 19 | 도관 박흥식 저 | 502면 | 20,000원 | 신국판

물상활용비법

물상을 활용하여 오행의 흐름을 파악한다

이 책은 물상을 통하여 오행의 흐름을 파악하고 운명을 감정하는 방법을 연구한 책이다. 추명학의 해법을 연구하고 운명을 추리하여 오행에서 분류되는 물질의 운명 줄거리를 물상의 기물로 나들이 하는 활용법을 주제로 했다. 팔자풀이 및 운명해설에 관한 명리감정법의 체계를 세우는데 목적을 두고 초점을 맞추었다.

신비한 동양철학 31 | 해주 이학성 저 | 446면 | 34,000원 | 신국판

신수대전

흉함을 피하고 길함을 부르는 방법

신수는 대부분 주역과 사주추명학에 근거한다. 수많은 학설 중 몇 가지를 보면 사주명리, 자미두수, 관상, 점성학, 구성학, 육효, 토정비결, 매화역수, 대정수, 초씨역림, 황극책수, 하락리수, 범위수, 월영도, 현무발서, 철판신수, 육임신과, 기문둔갑, 태을신수 등이다. 역학에 정통한 고사가 아니면 추단하기 어려우므로 누구나 신수를 볼 수 있도록 몇 가지를 정리했다.

신비한 동양철학 62 | 도관 박흥식 편저 | 528면 | 36,000원 | 신국판 양장

정법사주

운명판단의 첩경을 이루는 책

이 책은 사주추명학을 연구하고자 하는 분들에게 심오한 주역의 이해를 돕고자 하는 의도에서 시작되었다. 음양오행의 상생상극에서부터 육친법과 신살법을 기초로 하여 격국과 용신 그리고 유년판단법을 활용하여 운명판단에 첩경이 될 수 있도록 했고 추리응용과 운명감정의 실례를 하나하나 들어가면서 독학과 강의용 겸용으로 엮었다.

신비한 동양철학 49 | 원각 김구현 저 | 424면 | 26,000원 | 신국판 양장

내가 보고 내가 바꾸는 DIY사주

내가 보고 내가 바꾸는 사주비결

기존의 책들과는 달리 한 사람의 사주를 체계적으로 도표화시켜 한 눈에 파악할 수 있고, DIY라는 책 제목에서 말하듯이 개운하는 방법을 제시한다. 초심자는 물론 전문가도 자신의 이론을 새롭게 재조명해 볼 수 있는 케이스 스터디 북이다.

신비한 동양철학 39 | 석오 전광 저 | 338면 | 16,000원 | 신국판

인터뷰 사주학

쉽고 재미있는 인터뷰 사주학

얼마전만 해도 사주학을 취급하면 미신을 다루는 부류로 취급되었다. 그러나 지금은 하루가 다르게 이 학문을 공부하는 사람들이 폭증하고 있는 것으로 보인다. 젊은 층에서 사주카페니 사주방이니 사주동아리니 하는 것들이 만들어지고 그 모임이 활발하게 움직이고 있다는 점이 그것을 증명해준다. 그뿐 아니라 대학원에는 역학교수들이 점차로 증가하고 있다.

신비한 동양철학 70 | 글갈 정대엽 편저 | 426면 | 16,000원 | 신국판

사주특강

자평진전과 적천수의 재해석

이 책은 『자평진전』과 『적천수』를 근간으로 명리학의 폭넓은 가치를 인식하고, 실전에서 유용한 기반을 다지는데 중점을 두고 썼다. 일찍이 『자평진전』을 교과서로 삼고, 『적천수』로 보완하라는 서낙오의 말에 깊이 공감한다.

신비한 동양철학 68 | 청월 박상의 편저 | 440면 | 25,000원 | 신국판

참역학은 이렇게 쉬운 것이다

음양오행의 이론으로 이루어진 참역학서

수학공식이 아무리 어렵다고 해도 1, 2, 3, 4, 5, 6, 7, 8, 9, 0의 10개의 숫자로 이루어졌듯이 사주도 음양과 오행으로 이루어졌을 뿐이다. 그러니 용신과 격국이라는 무거운 짐을 벗어버리고 음양오행의 법칙과 진리만 정확하게 파악하면 된다. 사주는 음양오행의 변화일 뿐이고 용신과 격국은 사주를 감정하는 한 가지 방법에 지나지 않는다.

신비한 동양철학 24 | 청암 박재현 저 | 328면 | 16,000원 | 신국판

사주에 모든 길이 있다

사주를 알면 운명이 보인다!

사주를 간명하는데 조금이라도 도움이 됐으면 하는 바람에서 이 책을 썼다. 간명의 근간인 오행의 왕쇠강약을 세분하고, 대운과 세운, 세운과 월운의 연관성과, 십신과 여러 살이 미치는 암시와, 십이운성으로 세운을 판단하는 법을 설명했다.

신비한 동양철학 65 | 정담 선사 편저 | 294면 | 26,000원 | 신국판 양장

왕초보 내 사주

초보 입문용 역학서

이 책은 역학을 너무 어렵게 생각하는 초보자들에게 조금이나마 도움을 주고자 쉽게 엮으려고 노력했다. 이 책을 숙지한 후 역학(易學)의 5대 원서인 『적천수(滴天髓)』, 『궁통보감(窮通寶鑑)』, 『명리정종(命理正宗)』, 『연해자평(淵海子平)』, 『삼명통회(三命通會)』에 접근한다면 훨씬 쉽게 터득할 수 있을 것이다. 이 책들은 저자가 이미 편역하여 삼한출판사에서 출간한 것도 있고, 앞으로 모두 갖출 것이니 많이 활용하기 바란다.

신비한 동양철학 84 | 역산 김찬동 편저 | 278면 | 19,000원 | 신국판

명리학연구

체계적인 명확한 이론

이 책은 명리학 연구에 핵심적인 내용만을 모아 하나의 독립된 장을 만들었다. 명리학은 분야가 넓어 공부를 하다보면 주변에 머무르는 경우가 많아, 주요 내용을 잃고 헤매는 경우가 많다. 그러므로 뼈대를 잡는 것이 중요한데, 여기서는 「17장. 명리대요」에 핵심 내용만을 모아 학문의 체계를 잡는데 용이하게 하였다.

신비한 동양철학 59 | 권중주 저 | 562면 | 29,000원 | 신국판 양장

말하는 역학

신수를 묻는 사람 앞에서 술술 말문이 열린다

그토록 어렵다는 사주통변술을 쉽고 흥미롭게 고담과 덕담을 곁들여 사실적으로 생동감 있게 통변했다. 길흉을 어떻게 표현하느냐에 따라 상담자의 정곡을 찔러 핵심을 끌어내 정답을 내리는 것이 통변술이다.역학계의 대가 김봉준 선생의 역작.

신비한 동양철학 11 | 백우 김봉준 저 | 576면 | 26,000원 | 신국판 양장

통변술해법

가닥가닥 풀어내는 역학의 비법

이 책은 역학과 상대에 대해 머리로는 다 알면서도 밖으로 표출되지 않아 어려움을 겪는 사람들을 위한 실습서다. 특히 실명감정과 이론강의로 나누어 역학의 진리를 설명하여 초보자도 쉽게 이해할 수 있다. 역학계의 대가 김봉준 선생의 역서인 「알기쉬운 해설·말하는 역학」이 나온 후 후편을 써달라는 열화같은 요구에 못이겨 내놓은 바로 그 책이다.

신비한 동양철학 21 | 백우 김봉준 저 | 392면 | 36,000원 | 신국판

술술 읽다보면 통달하는 사주학

술술 읽다보면 나도 어느새 도사

당신은 당신 마음대로 모든 일이 이루어지던가. 지금까지 누구의 명령을 받지 않고 내 맘대로 살아왔다고, 운명 따위는 믿지 않는다고, 운명에 매달리지 않는다고 말하는 사람들이 많다. 그러나 우주법칙을 모르기 때문에 하는 소리다.

신비한 동양철학 28 | 조철현 저 | 368면 | 16,000원 | 신국판

사주학

5대 원서의 핵심과 실용

이 책은 사주학을 체계적으로 공부하려는 학도들을 위해서 꼭 알아두어야 할 내용들과 용어들을 수록하는데 중점을 두었다. 이 학문을 공부하려고 많은 사람들이 필자를 찾아왔을 깨 여러 가지 질문을 던져보면 거의 기초지식이 시원치 않음을 보았다. 따라서 용어를 포함한 제반지식을 골고루 습득해야 빠른 시일 내에 소기의 목적을 달성할 수 있을 것이다.

신비한 동양철학 66 | 글갈 정대엽 저 | 778면 | 46,000원 | 신국판 양장

명인재

신기한 사주판단 비법

이 책은 오행보다는 주로 살을 이용하는 비법을 담았다. 시중에 나온 책들을 보면 살에 대해 설명은 많이 하면서도 실제 응용에서는 무시하고 있다. 이것은 살을 알면서도 응용할 줄 모르기 때문이다. 그러나 이 책에서는 살의 활용방법을 완전히 터득해, 어떤 살과 어떤 살이 합하면 어떻게 작용하는지를 자세하게 설명하였다.

신비한 동양철학 43 | 원공선사 저 | 332면 | 19,000원 | 신국판 양장

명리학 | 재미있는 우리사주

사주 세우는 방법부터 용어해설 까지!!

몇 년 전 『사주에 모든 길이 있다』가 나온 후 선배 제현들께서 알찬 내용의 책다운 책을 접했다는 찬사를 받았다. 그러나 사주의 작성법을 설명하지 않아 독자들에게 많은 질타를 받고 뒤늦게 이 책 을 출판하기로 결심했다. 이 책은 한글만 알면 누구나 역학과 가까워질 수 있도록 사주 세우는 방법부터 실제간명, 용어해설에 이르기까지 분야별로 엮었다.

신비한 동양철학 74 | 정담 선사 편저 | 368면 | 19,000원 | 신국판

사주비기

역학으로 보는 역대 대통령들이 나오는 이치!!

이 책에서는 고서의 이론을 근간으로 하여 근대의 사주들을 임상하여, 적중도에 의구심이 가는 이론들은 과감하게 탈피하고 통용될 수 있는 이론만을 수용했다. 따라서 기존 역학서의 아쉬운 부분들을 충족시키며 일반인도 열정만 있으면 누구나 자신의 운명을 감정하고 피흉취길할 수 있는 생활지침서로 활용할 수 있을 것이다.

신비한 동양철학 79 | 청월 박상의 편저 | 456면 | 19,000원 | 신국판

사주학의 활용법

가장 실질적인 역학서

우리가 생소한 지방을 여행할 때 제대로 된 지도가 있다면 편리하고 큰 도움이 되듯이 역학이란 이와같은 인생의 길잡이다. 예측불허의 인생을 살아가는데 올바른 안내자나 그 무엇이 있다면 그 이상 마음 든든하고 큰 재산은 없을 것이다.

신비한 동양철학 17 | 학선 류래웅 저 | 358면 | 15,000원 | 신국판

명리실무

명리학의 총 정리서

명리학(命理學)은 오랜 세월 많은 철인(哲人)들에 의하여 전승 발전되어 왔고, 지금도 수많은 사람이 임상과 연구에 임하고 있으며, 몇몇 대학에 학과도 개설되어 체계적인 교육을 하고 있다. 그러나 아직도 실무에서 활용할 수 있는 책이 부족한 상황이기 때문에 나름대로 현장에서 필요한 이론들을 정리해 보았다. 초학자는 물론 역학계에 종사하는 사람들에게 큰 도움이 될 것이라고 믿는다.

신비한 동양철학 94 | 박흥식 편저 | 920면 | 39,000원 | 신국판

사주 속으로
역학서의 고전들로 입증하며 쉽고 자세하게 푼 책

십 년 동안 역학계에 종사하면서 나름대로는 실전과 이론에서 최선을 다했다고 자부한다. 역학원의 비좁은 공간에서도 항상 후학을 생각하는 마음으로 역학에 대한 배움의 장을 마련하고자 노력한 것도 사실이다. 이 책을 역학으로 이름을 알리고 역학으로 생활하면서 조금이나마 역학계에 이바지할 것이 없을까라는 고민의 산물이라 생각해주기 바란다.

신비한 동양철학 95 | 김상회 편저 | 429면 | 15,000원 | 신국판

사주학의 방정식
알기 쉽게 풀어놓은 가장 실질적인 역서

이 책은 종전의 어려웠던 사주풀이의 응용과 한문을 쉬운 방법으로 터득하는데 목적을 두었고, 역학이 무엇인가를 알리고자 하는데 있다. 세인들은 역학자를 남의 운명이나 풀이하는 점쟁이로 알지만 잘못된 생각이다. 역학은 우주의 근본이며 기의 학문이기 때문에 역학을 이해하지 못하고서는 우리 인생살이 또한 정확하게 해석할 수 없는 고차원의 학문이다.

신비한 동양철학 18 | 김용오 저 | 192면 | 16,000원 | 신국판

오행상극설과 진화론
인간과 인생을 떠난 천리란 있을 수 없다

과학이 현대를 설정하여 설명하고 있으나 원리는 동양철학에도 있기에 그 양면을 밝히고자 노력했다. 우주에서 일어나는 모든 일을 과학으로 설명될 수는 없다. 비과학적이라고 하기보다는 과학이 따라오지 못한다고 설명하는 것이 더 솔직하고 옳은 표현일 것이다. 특히 과학분야에 종사하는 신의사가 저술했다는데 더 큰 화제가 되고 있다.

신비한 동양철학 5 | 김태진 저 | 222면 | 15,000원 | 신국판

스스로 공부하게 하는 방법과 천부적 적성
내 아이를 성공시키고 싶은 부모들에게

자녀를 성공시키고 싶은 마음은 누구나 같겠지만 가난한 집 아이가 좋은 성적을 내기는 매우 어렵고, 원하는 학교에 들어가기도 어렵다. 그러나 실망하기에는 아직 이르다. 내 아이가 훌륭하게 성장해 아름답고 멋진 삶을 살아가는 방법을 소개한다.

신비한 동양철학 85 | 청암 박재현 지음 | 176면 | 14,000원 | 신국판

진짜부적 가짜부적
부적의 실체와 정확한 제작방법

인쇄부적에서 가짜부적에 이르기까지 많게는 몇백만원에 팔리고 있다는 보도를 종종 듣는다. 그러나 부적은 정확한 제작방법에 따라 자신의 용도에 맞게 스스로 만들어 사용하면 훨씬 더 좋은 효과를 얻을 수 있다. 이 책은 중국에서 정통부적을 연구한 국내유일의 동양오술학자가 밝힌 부적의 실체와 정확한 제작방법을 소개하고 있다.

신비한 동양철학 7 | 오상익 저 | 322면 | 20,000원 | 신국판

수명비결
주민등록번호 13자로 숙명의 정체를 밝힌다

우리는 지금 무수히 많은 숫자의 거미줄에 매달려 허우적거리며 살아가고 있다. 1분 ·1초가 생사를 가름하고, 1등·2등이 인생을 좌우하며, 1급·2급이 신분을 구분하는 세상이다. 이 책은 수명리학으로 13자의 주민등록번호로 명예, 재산, 건강, 수명, 애정, 자녀운 등을 미리 읽어본다.

신비한 동양철학 14 | 장충한 저 | 308면 | 15,000원 | 신국판

진짜궁합 가짜궁합
남녀궁합의 새로운 충격

중국에서 연구한 국내유일의 동양오술학자가 우리나라 역술가들의 궁합법이 잘못되었다는 것을 학술적으로 분석·비평하고, 전적과 사례연구를 통하여 궁합의 실체와 타당성을 분석했다. 합리적인 「자미두수궁합법」과 「남녀궁합」 및 출생시간을 몰라 궁합을 못보는 사람들을 위하여 「지문으로 보는 궁합법」 등을 공개하고 있다.

신비한 동양철학 8 | 오상익 저 | 414면 | 15,000원 | 신국판

주역육효 해설방법(상·하)

한 번만 읽으면 주역을 활용할 수 있는 책

이 책은 주역을 해설한 것으로, 될 수 있는 한 여러 가지 사설을 덧붙이지 않고, 주역을 공부하고 활용하는데 필요한 요건만을 기록했다. 따라서 주역의 근원이나 하도낙서, 음양오행에 대해서도 많은 설명을 자제했다. 다만 누구나 이 책을 한 번 읽어서 주역을 이해하고 활용할 수 있도록 하는데 중점을 두었다.

신비한 동양철학 38 | 원공선사 저 | 상 810면·하 798면 | 각 29,000원 | 신국판

쉽게 푼 주역

귀신도 탄복한다는 주역을 쉽고 재미있게 풀어놓은 책

주역이라는 말 한마디면 귀신도 기겁을 하고 놀라 자빠진다는데, 운수와 일진이 문제가 될까. 8×8=64괘라는 주역을 한 괘에 23개씩의 회답으로 해설하여 1472괘의 신비한 해답을 수록했다. 당신이 당면한 문제라면 무엇이든 해결할 수 있는 열쇠가 이 한 권의 책 속에 있다.

신비한 동양철학 10 | 정도명 저 | 284면 | 16,000원 | 신국판

나침반 | 어디로 갈까요

주역의 기본원리를 통달할 수 있는 책

이 책에서는 기본괘와 변화와 기본괘가 어떤 괘로 변했을 경우 일어날 수 있는 내용들을 설명하여 주역의 변화에 대한 이해를 돕는데 주력하였다. 그러나 그런 내용을 구분할 수 있는 방법을 전부 다 설명할 수는 없기에 뒷장에 간단하게설명하였고, 다른 책들과 설명의 차이점도 기록하였으니 참작하여 본다면 조금이나마 도움이 될 것이다.

신비한 동양철학 67 | 원공선사 편저 | 800면 | 39,000원 | 신국판

완성 주역비결 | 주역 토정비결

반쪽으로 전해오는 토정비결을 완전하게 해설

지금 시중에 나와 있는 토정비결에 대한 책들은 옛날부터 내려오는 완전한 비결이 아니라 반쪽의 책이다. 그러나 반쪽이라고 말하는 사람은 없다. 그것은 주역의 원리를 모르기 때문이다. 그래서 늦은 감이 없지 않으나 앞으로 수많은 세월을 생각해서 완전한 해설판을 내놓기로 했다.

신비한 동양철학 92 | 원공선사 편저 | 396면 | 16,000원 | 신국판

육효대전

정확한 해설과 다양한 활용법

동양고전 중에서도 가장 대표적인 것이 주역이다. 주역은 옛사람들이 자연을 거울삼아 생활을 영위해 나가는 처세에 관한 지혜를 무한히 내포하고, 피흉추길하는 얼과 슬기가 함축된 점서인 동시에 수양·과학서요 철학·종교서라고 할 수 있다.

신비한 동양철학 37 | 도관 박흥식 편저 | 608면 | 26,000원 | 신국판

육효점 정론

육효학의 정수

이 책은 주역의 원전소개와 상수역법의 꽃으로 발전한 경방학을 같이 실어 독자들의 호기심을 충족시키는데 중점을 두었습니다. 주역의 원전으로 인화의 처세술을 터득하고, 어떤 사안의 답은 육효법을 탐독하여 찾으시기 바랍니다.

신비한 동양철학 80 | 효명 최인영 편역 | 396면 | 29,000원 | 신국판

육효학 총론

육효학의 핵심만을 정확하고 알기 쉽게 정리

육효는 갑자기 문제가 생겨 난감한 경우에 명쾌한 답을 찾을 수 있는 학문이다. 그러나 시중에 나와 있는 책들이 대부분 원서를 그대로 번역해 놓은 것이라 전문가인 필자가 보기에도 지루하며 어렵다는 느낌이 들었다. 그래서 보다 쉽게 공부할 수 있도록 이 책을 출간하게 되었다.

신비한 동양철학 89 | 김도희 편저 | 174쪽 | 26,000원 | 신국판

기문둔갑 비급대성

기문의 정수

기문둔갑은 천문지리·인사명리·법술병법 등에 영험한 술수로 예로부터 은밀하게 특권층에만 전승되었다. 그러나 아쉽게도 기문을 공부하려는 이들에게 도움이 될만한 책이 거의 없다. 필자는 이 점이 안타까워 천견박식함을 돌아보지 않고 감히 책을 내게 되었다. 한 권에 기문학을 다 표현할 수는 없지만 이 책을 사다리 삼아 저 높은 경지로 올라간다면 제갈공명과 같은 지혜를 발휘할 수 있을 것이다.

신비한 동양철학 86 | 도관 박흥식 편저 | 725면 | 39,000원 | 신국판

기문둔갑옥경

가장 권위있고 우수한 학문

우리나라의 기문역사는 장구하나 상세한 문헌은 전무한 상태라 이 책을 발간하였다. 기문둔갑은 천문지리는 물론 인사명리 등 제반사에 관한 길흉을 판단함에 있어서 가장 우수한 학문이며 병법과 법술방면으로도 특징과 장점이 있다. 초학자는 포국편을 열심히 익혀 설국을 자유자재로 할 수 있도록 하고, 개인의 이익보다는 보국안민에 일조하기 바란다.

신비한 동양철학 32 | 도관 박흥식 저 | 674면 | 46,000원 | 사륙배판

오늘의 토정비결

일년 신수와 죽느냐 사느냐를 알려주는 예언서

역산비결은 일년신수를 보는 역학서이다. 당년의 신수만 본다는 것은 토정비결과 비슷하나 토정비결은 토정 선생께서 사람들에게 용기와 희망을 주기 위함이 목적이어서 다소 허황되고 과장된 부분이 많다. 그러나 역산비결은 재미로 보는 신수가 아니라, 죽느냐 사느냐를 알려주는 예언서이이니 재미로 보는 토정비결과는 차원이 다르다.

신비한 동양철학 72 | 역산 김찬동 편저 | 304면 | 16,000원 | 신국판

國運 | 나라의 운세

역으로 풀어본 우리나라의 운명과 방향

아무리 서구사상의 파고가 높다하기로 오천 년을 한결같이 가꾸며 살아온 백두의 혼이 와르르 무너지는 지경에 왔어도 누구 하나 입을 열어 말하는 사람이 없으니 답답하다. 불확실한 내일에 대한 해답을 이 책은 명쾌하게 제시하고 있다.

신비한 동양철학 22 | 백우 김봉준 저 | 290면 | 16,000원 | 신국판

남사고의 마지막 예언

이 책으로 격암유록에 대한 논란이 끝나기 바란다

감히 이 책을 21세기의 성경이라고 말한다. 〈격암유록〉은 섭리가 우리민족에게 준 위대한 복음서이며, 선물이며, 꿈이며, 인류의 희망이다. 이 책에서는 〈격암유록〉이 전하고자 하는 바를 주제별로 정리하여 문답식으로 풀어갔다. 이 책으로 〈격암유록〉에 대한 논란은 끝나기 바란다.

신비한 동양철학 29 | 석정 박순용 저 | 276면 | 19,000원 | 신국판

원토정비결

반쪽으로만 전해오는 토정비결의 완전한 해설판

지금 시중에 나와 있는 토정비결에 대한 책들을 보면 옛날부터 내려오는 완전한 비결이 아니라 반면의 책이다. 그러나 반면이라고 말하는 사람이 없다. 그것은 주역의 원리를 모르기 때문이다. 따라서 늦은 감이 없지 않으나 앞으로의 수많은 세월을 생각하면서 완전한 해설본을 내놓았다.

신비한 동양철학 53 | 원공선사 저 | 396면 | 24,000원 | 신국판 양장

나의 천운 | 운세찾기

몽골정통 토정비결

이 책은 역학계의 대가 김봉준 선생이 몽공토정비결을 우리의 인습과 체질에 맞게 엮은 것이다. 운의 흐름을 알리고자 호운과 쇠운을 강조하고, 현재의 나를 조명하고 판단할 수 있도록 했다. 모쪼록 생활서나 안내서로 활용하기 바란다.

신비한 동양철학 12 | 백우 김봉준 저 | 308면 | 11,000원 | 신국판

역점 | 우리나라 전통 행운찾기

쉽게 쓴 64괘 역점 보는 법

주역이 점치는 책에만 불과했다면 벌써 그 존재가 없어졌을 것이다. 그러나 오랫동안 많은 학자가 연구를 계속해왔고, 그 속에서 자연과학과 형이상학적인 우주론과 인생론을 밝혀, 정치·경제·사회 등 여러 방면에서 인간의 생활에 응용해왔고, 삶의 지침서로써 그 역할을 했다. 이 책은 한 번만 읽으면 누구나 역점가가 될 수 있으니 생활에 도움이 되길 바란다.

신비한 동양철학 57 | 문명상 편저 | 382면 | 26,000원 | 신국판 양장

이렇게 하면 좋은 운이 온다

한 가정에 한 권씩 놓아두고 볼만한 책

좋은 운을 부르는 방법은 방위·색상·수리·년운·월운·날짜·시간·궁합·이름·직업·물건·보석·맛·과일·기운·마을·가축·성격 등을 정확하게 파악하여 자신에게 길한 것은 취하고 흉한 것은 피하면 된다. 이 책의 저자는 신학대학을 졸업하고 역학계에 입문했다는 특별한 이력을 갖고 있기 때문에 더 많은 화제가 되고 있다.

신비한 동양철학 27 | 역산 김찬동 저 | 434면 | 16,000원 | 신국판

운을 잡으세요 | 改運秘法

염력강화로 삶의 문제를 해결한다!

행복과 불행은 누가 주는 것이 아니라 자기 자신이 만든다고 할 수 있다. 한 마디로 말해 의지의 힘, 즉 염력이 운명을 바꾸는 것이다. 이 책에서는 이러한 염력을 강화시켜 삶에서 일어나는 문제를 해결하는 방법을 알려준다. 누구나 가벼운 마음으로 읽고 실천한다면 반드시 목적을 이룰 수 있을 것이다.

신비한 동양철학 76 | 역산 김찬동 편저 | 272면 | 10,000원 | 신국판

복을 부르는방법

나쁜 운을 좋은 운으로 바꾸는 비결

개운하는 방법은 여러 가지가 있으나, 이 책의 비법은 축원문을 독송하는 것이다. 독송이란 소리내 읽는다는 뜻이다. 사람의 말에는 기운이 있는데, 이 기운은 자신에게 돌아온다. 좋은 말을 하면 좋은 기운이 돌아오고, 나쁜 말을 하면 나쁜 기운이 돌아온다. 이 책은 누구나 어디서나 쉽게 비용을 들이지 않고 좋은 운을 부를 수 있는 방법을 실었다.

신비한 동양철학 69 | 역산 김찬동 편저 | 194면 | 11,000원 | 신국판

천직 | 사주팔자로 찾은 나의 직업

천직을 찾으면 역경없이 탄탄하게 성공할 수 있다

잘 되겠지 하는 막연한 생각으로 의욕만 갖고 도전하는 것과 나에게 맞는 직종은 무엇이고 때는 언제인가를 알고 도전하는 것은 근본적으로 다르고, 결과도 다르다. 만일 의욕만으로 팔자에도 없는 사업을 시작했다고 하자, 결과는 불을 보듯 뻔하다. 그러므로 이런 때일수록 침착과 냉정을 찾아 내 그릇부터 알고, 생활에 대처하는 지혜로움을 발휘해야 한다.

신비한 동양철학 34 | 백우 김봉준 저 | 376면 | 19,000원 | 신국판

운세십진법 | 本大路

운명을 알고 대처하는 것은 현대인의 지혜다

타고난 운명은 분명히 있다. 그러니 자신의 운명을 알고 대처한다면 비록 운명을 바꿀 수는 없지만 향상시킬 수 있다. 이것이 사주학을 알아야 하는 이유다. 이 책에서는 자신이 타고난 숙명과 앞으로 펼쳐질 운명행로를 찾을 수 있도록 운명의 기초를 초연하게 설명하고 있다.

신비한 동양철학 1 | 백우 김봉준 저 | 364면 | 16,000원 | 신국판

성명학 | 바로 이 이름

사주의 운기와 조화를 고려한 이름짓기

사람은 누구나 타고난 운명이 있다. 숙명인 사주팔자는 선천운이고, 성명은 후천운이 되는 것으로 이름을 지을 때는 타고난 운기와의 조화를 고려해야 한다. 따라서 역학에 대한 깊은 이해가 선행함은 지극히 당연하다. 부연하면 작명의 근본은 타고난 사주에 운기를 종합적으로 분석하여 부족한 점을 보강하고 결점을 개선한다는 큰 뜻이 있다고 할 수 있다.

신비한 동양철학 75 | 정담 선사 편저 | 488면 | 24,000원 | 신국판

작명 백과사전

36가지 이름짓는 방법과 선후천 역상법 수록

이름은 나를 대표하는 생명체이므로 몸은 세상을 떠날지라도 영원히 남는다. 성명운의 유도력은 후천적으로 가공 인수되는 후존적 수기로써 조성 운화되는 작용력이 있다. 선천수기의 운기력이 50%이면 후천수기도의 운기력도50%이다. 이와 같이 성명운의 작용은 운로에 불가결한조건일 뿐 아니라, 선천명운의 범위에서 기능을 충분히 할 수 있다.

신비한 동양철학 81 | 임삼업 편저 | 송충석 감수 | 730면 | 36,000원 | 사륙배판

작명해명

누구나 쉽게 활용할 수 있는 체계적인 작명법

일반적인 성명학으로는 알 수 없는 한자이름, 한글이름, 영문이름, 예명, 회사명, 상호, 상품명 등의 작명방법을 여러 사례를 들어 체계적으로 분석하여 누구나 쉽게 배워서 활용할 수 있도록 서술했다.

신비한 동양철학 26 | 도관 박흥식 저 | 518면 | 19,000원 | 신국판

역산성명학

이름은 제2의 자신이다

이름에는 각각 고유의 뜻과 기운이 있어 그 기운이 성격을 만들고 그 성격이 운명을 만든다. 나쁜 이름은 부르면 부를수록 불행을 부르고 좋은 이름은 부르면 부를수록 행복을 부른다. 만일 이름이 거지같다면 아무리 운세를 잘 만나도 밥을 좀더 많이 얻어 먹을 수 있을 뿐이다. 저자는 신학대학을 졸업하고 역학계에 입문한 특별한 이력으로 많은 화제가 된다.

신비한 동양철학 25 | 역산 김찬동 저 | 456면 | 26,000원 | 신국판

작명정론

이름으로 보는 역대 대통령이 나오는 이치

사주팔자가 네 기둥으로 세워진 집이라면 이름은 그 집을 대표하는 문패라고 할 수 있다. 따라서 이름을 지을 때는 사주의 격에 맞추어야 한다. 사주 그릇이 작은 사람이 원대한 뜻의 이름을 쓰면 감당하지 못할 시련을 자초하게 되고 오히려 이름값을 못할 수 있다. 즉 분수에 맞는 이름으로 작명해야 하기 때문에 사주의 올바른 분석이 필요하다.

신비한 동양철학 77 | 청월 박상의 편저 | 430면 | 19,000원 | 신국판

음파메세지 (氣)성명학

새로운 시대에 맞는 새로운 성명학

지금까지의 모든 성명학은 모순의 극치를 이룬다. 그러나 이제 새 시대에 맞는 음파메세지(氣) 성명학이 나왔으니 복을 계속 부르는 이름을 지어 사랑하는 자녀가 행복하고 아름다운 삶을 살아갈 수 있도록 하는데 도움이 되었으면 한다.

신비한 동양철학 51 | 청암 박재현 저 | 626면 | 39,000원 | 신국판 양장

아호연구

여러 가지 작호법과 실제 예 모음

필자는 오래 전부터 작명을 연구했다. 그러나 시중에 나와 있는 책에는 대부분 아호에 관해서는 전혀 언급하지 않았다. 그래서 아호에 관심이 있어도 자료를 구하지 못하는 분들을 위해 이 책을 내게 되었다. 아호를 짓는 것은 그리 대단하거나 복잡하지 않으니 이 책을 처음부터 끝까지 착실히 공부한다면 누구나 좋은 아호를 지어 쓸 수 있을 것이라고 생각한다.

신비한 동양철학 87 | 임삼업 편저 | 308면 | 26,000원 | 신국판

한글이미지 성명학

이름감정서

이 책은 본인의 이름은 물론 사랑하는 가족 그리고 가까운 친척이나 친구들의 이름까지도 좋은지 나쁜지 알아볼 수 있도록 지금까지 나와 있는 모든 성명학을 토대로 하여 썼다. 감언이설이나 협박성 감명에 흔들리지 않고 확실한 이름풀이를 볼 수 있을 것이다. 그리고 아름답고 멋진 삶을 살아갈 수 있는 이름을 짓는 방법도 상세하게 제시하였다.

신비한 동양철학 93 | 청암 박재현 지음 | 287면 | 10,000원 | 신국판

비법 작명기술

복과 성공을 함께 하려면

이 책은 성명의 발음오행이나 이름의 획수를 근간으로 하는 실제 이용이 가장 많은 기본 작명법을 서술하고, 주역의 괘상으로 풀어 길흉을 판단하는 역상법 5가지와 그외 중요한 작명법 5가지를 합하여 「보배로운 10가지 이름 짓는 방법」을 실었다. 특히 작명비법인 선후천역상법은 성명의 원획에 의존하는 작명법과 달리 정획과 곡획을 사용해 주역 상수학을 대표하는 하락이수를 쓰고, 육효가 들어가 응험률을 높였다.

신비한 동양철학 96 | 임삼업 편저 | 370면 | 30,000원 | 사륙배판

올바른 작명법

소중한 이름, 알고 짓자!

세상 부모들에게 가장 소중한 것이 뭐냐고 물으면 자녀라고 할 것이다. 그런데 왜 평생을 좌우할 이름을 함부로 짓는가. 이름이 얼마나 소중한지, 이름의 오행작용이 일생을 어떻게 좌우하는지 모르기 때문이다.

신비한 동양철학 61 | 이정재 저 | 352면 | 19,000원 | 신국판

호(雅號)책

아호 짓는 방법과 역대 유명인사의 아호, 인명용 한자 수록

필자는 오래 전부터 작명연구에 열중했으나 대부분의 작명책에는 아호에 관해서는 전혀 언급하지 않고, 간혹 거론했어도 몇 줄 정도의 뜻풀이에 불과하거나 일반작명법에 준한다는 암시만 풍기며 끝을 맺었다. 따라서 필자가 참고한 문헌도 적었음을 인정한다. 아호에 관심이 있어도 자료를 구하지 못하는 현실에 착안하여 필자 나름대로 각고 끝에 본서를 펴냈다.

신비한 동양철학 97 | 임삼업 편저 | 390면 | 20,000원 | 신국판

관상오행

한국인의 특성에 맞는 관상법

좋은 관상인 것 같으나 실제로는 나쁘거나 좋은 관상이 아닌데도 잘 사는 사람이 왕왕있어 관상법 연구에 흥미를 잃는 경우가 있다. 이것은 중국의 관상법만을 익히고 우리의 독특한 환경적인 특징을 소홀히 다루었기 때문이다. 이에 우리 한국인에게 알맞는 관상법을 연구하여 누구나 관상을 쉽게 알아보고 해석할 수 있도록 자세하게 풀어놓았다.

신비한 동양철학 20 | 송파 정상기 저 | 284면 | 12,000원 | 신국판

정본 관상과 손금

바로 알고 사람을 사귑시다

이 책은 관상과 손금은 인생을 행복하게 만든다는 관점에서 다루었다. 그야말로 관상과 손금의 혁명이라고 할 수 있다. 여러분도 관상과 손금을 통한 예지력으로 인생의 참주인이 되기 바란다. 용기를 불어넣어 주고 행복을 찾게 하는 것이 참다운 관상과 손금술이다. 이 책이 일상사에 고민하는 분들에게 해결방법을 제시해 줄 것이다.

신비한 동양철학 42 | 지창룡 감수 | 332면 | 16,000원 | 신국판

이런 사원이 좋습니다

사원선발 면접지침

사회가 다양해지면서 인력관리의 전문화와 인력수급이 기업주의 애로사항이 되었다. 필자는 그동안 많은 기업의 사원선발 면접시험에 참여했는데 기업주들이 모두 면접지침에 관한 책이 있으면 좋겠다는 것이다. 그래서 경험한 사례를 참작해 이 책을 내니 좋은 사원을 선발하는데 많은 도움이 될 것이라고 믿는다.

신비한 동양철학 90 | 정도명 지음 | 274면 | 19,000원 | 신국판

핵심 관상과 손금

사람을 볼 줄 아는 안목과 지혜를 알려주는 책

오늘과 내일을 예측할 수 없을만큼 복잡하게 펼쳐지는 현실에서 살아남기 위해서는 사람을 볼줄 아는 안목과 지혜가 필요하다. 시중에 관상학에 대한 책들이 많이 나와있지만 너무 형이상학적이라 전문가도 이해하기 어렵다. 이 책에서는 누구라도 쉽게 보고 이해할 수 있도록 핵심만을 파악해서 설명했다.

신비한 동양철학 54 | 백우 김봉준 저 | 188면 | 14,000원 | 사륙판 양장

완벽 사주와 관상

우리의 삶과 관계 있는 사실적 관계로만 설명한 책

이 책은 우리의 삶과 관계 있는 사실적 관계로만 역을 설명하고, 역에 대한 관심과 흥미를 갖게 하고자 관상학을 추록했다. 여기에 추록된 관상학은 시중에서 흔하게 볼 수 있는 상법이 아니라 생활상법, 즉 삶의 지식과 상식을 드리고자 했다.

신비한 동양철학 55 | 김봉준·유오준 공저 | 530면 | 36,000원 | 신국판 양장

사람을 보는 지혜

관상학의 초보에서 실용까지

현자는 하늘이 준 명을 알고 있기에 부귀에 연연하지 않는다. 사람은 마음을 다스리는 심명이 있다. 마음의 명은 자신만이 소통하는 유일한 우주의 무형의 에너지이기 때문에 잠시도 잊으면 안된다. 관상학은 사람의 상으로 이런 마음을 살피는 학문이니 잘 이해하여 보다 나은 삶을 삶을 영위할 수 있도록 노력해야 한다.

신비한 동양철학 73 | 이부길 편저 | 510면 | 20,000원 | 신국판

한눈에 보는 손금

논리정연하며 바로미터적인 지침서

이 책은 수상학의 연원을 초월해서 동서합일의 이론으로 집필했다. 그야말로 논리정연한 수상학을 정리하였다. 그래서 운명적, 철학적, 동양적, 심리학적인 면을 예증과 방편에 이르기까지 상세하게 기술했다. 이 책은 수상학이라기 보다 바로미터적인 지침서 역할을 해줄 것이다. 독자 여러분의 꾸준한 연구와 더불어 인생성공의 지침서가 될 수 있을 것이다.

신비한 동양철학 52 | 정도명 저 | 432면 | 24,000원 | 신국판 양장

이런 집에 살아야 잘 풀린다

운이 트이는 좋은 집 알아보는 비결

한마디로 운이 트이는 집을 갖고 싶은 것은 모두의 꿈일 것이다. 50평이니 60평이니 하며 평수에 구애받지 않고 가족이 평온하게 생활할 수 있고 나날이 발전할 수 있는 그런 집이 있다면 얼마나 좋을까? 그런 소망에 한 걸음이라도 가까워지려면 막연하게 운만 기대하고 있어서는 안 된다. 좋은 집을 가지려면 그만한 노력이 있어야 한다.

신비한 동양철학 64 | 강현술·박흥식 감수 | 270면 | 16,000원 | 신국판

점포, 이렇게 하면 부자됩니다

부자되는 점포, 보는 방법과 만드는 방법

사업의 성공과 실패는 어떤 사업장에서 어떤 품목으로 어떤 사람들과 거래하느냐에 따라 판가름난다. 그리고 사업을 성공시키려면 반드시 몇 가지 문제를 살펴야 하는데 무작정 사업을 시작하여 실패하는 사람들이 많다. 그래서 이 책에서는 이러한 문제와 방법들을 조목조목 기술하여 누구나 성공하도록 도움을 주는데 주력하였다.

신비한 동양철학 88 | 김도희 편저 | 177면 | 26,000원 | 신국판

쉽게 푼 풍수

현장에서 활용하는 풍수지리법

산도는 매우 광범위하고, 현장에서 알아보기 힘들다. 더구나 지금은 수목이 울창해 소조산 정상에 올라가도 나무에 가려 국세를 파악하는데 애를 먹는다. 따라서 사진을 첨부하니 많은 활용하기 바란다. 물론 결록에 있고 산도가 눈에 익은 것은 혈 사진과 함께 소개하였다. 이 책을 열심히 정독하면서 답산하면 혈을 알아보고 용산도 할 수 있을 것이다.

신비한 동양철학 60 | 전항수·주장관 편저 | 378면 | 26,000원 | 신국판

음택양택

현세의 운·내세의 운

이 책에서는 음양택명당의 조건이나 기타 여러 가지를 설명하여 산 자와 죽은 자의 행복한 집을 만들 수 있도록 했다. 특히 죽은 자의 집인 음택명당은 자리를 옳게 잡으면 꾸준히 생기를 발하여 흥하나, 그렇지 않으면 큰 피해를 당하니 돈보다도 행·불행의 근원인 음양택명당에 관심을 기울여야 한다.

신비한 동양철학 63 | 전항수·주장관 지음 | 392면 | 29,000원 | 신국판